Gerlach/Nejedly

Kanuwandern
in Deutschland

Jürgen Gerlach/Heinrich Nejedly

Kanuwandern in Deutschland

48 ausgewählte
Flusswanderungen

Inhalt

Übersicht der Touren

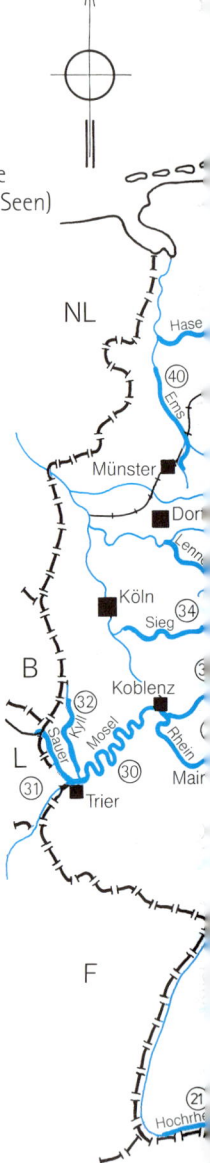

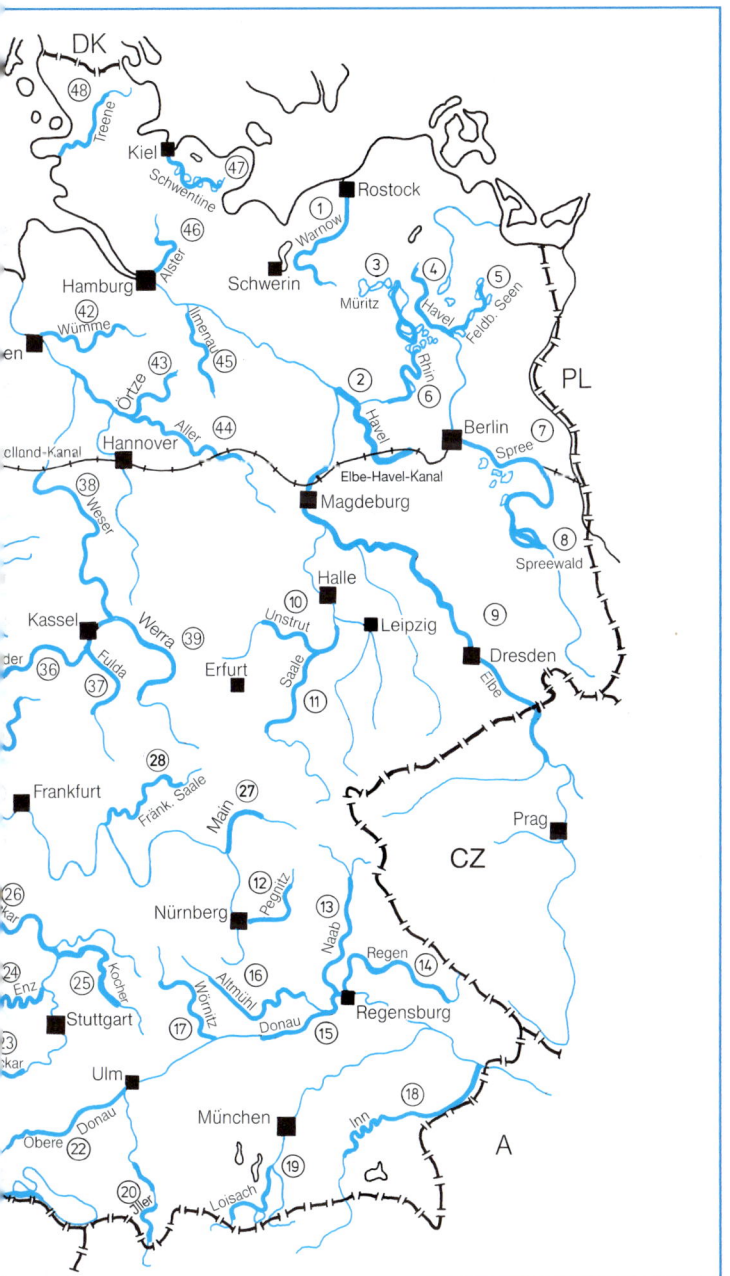

DK

48

Treene

Kiel
Schwentine
47

46
Alster

1 Rostock
Warnow

Hamburg
42
Wümme
en

Schwerin

3

Müritz

4

5
Feldb. Seen

Havel
Rhin

2

Berlin
Spree
7

43
Örtze
45

Ilmenau

44
Aller
Hannover
clland-Kanal
Elbe-Havel-Kanal

6

Havel

38
Weser

Magdeburg

8
Spreewald

Kassel
36
der

Werra
39
Fulda
37

Halle
10
Unstrut
Saale

Leipzig

9

Dresden
Elbe

Erfurt

11

28

Frankfurt
Fränk. Saale

Main
27

Prag

CZ

26
kar

12
Pegnitz
Nürnberg

13
Naab

24
Enz
25
Kocher

16
Altmühl
Wörnitz
Donau

Regen
14

Regensburg

17

15

Stuttgart

23
kar

Ulm
Donau
Obere
22

München

18

Inn

A

19
Loisach

20
ller

Einführung

Viele von uns können sich noch erinnern, schon als Kind magisch vom Zauber des fließenden Wassers angezogen worden zu sein. Am kleinen Bach, am Teich oder am Ufer eines Stromes spielend, ließen wir unsere Papierschiffchen auf dem Wasser treiben, dabei träumend, es sei ein wirkliches Schiff auf einem großen Fluss. Und mancher hegt auch als Erwachsener den Wunsch, im eigenen Boot einen Fluss zu befahren, der Hektik des Alltags zu entkommen und sich an der vorbeiziehenden Landschaft zu erfreuen. Wer einmal eine solche Fahrt mitgemacht hat, kommt immer wieder zurück zum Fluss und wird oft begeisterter Anhänger einer idealen Freizeit- und Familiensportart: dem Wasser- oder Kanuwandern.

Es kann bei uns auf eine sehr lange Tradition zurückblicken. Schon vor mehr als 140 Jahren wurden einzelne Paddler auf deutschen Flüssen gesichtet und nur wenig später die ersten Vereine und Paddler-Clubs gegründet. Seit 1910 unternahmen manche Faltbootfahrer ausgedehnte Kanutouren in ganz Europa und das Faltboot wurde »salonfähig«. Zum richtigen Volkssport jedoch stieg das Wanderpaddeln in den Dreißigerjahren auf, als die Begeisterung für das »freie Naturleben« ihren Höhepunkt erreicht hatte und Tausende von Faltbootfahrern und -fahrerinnen in ihrer Freizeit fast alle, damals noch naturerhaltenen und unverbauten, Flüsse und Seen unserer Heimat befuhren. Der Krieg und die schwere Zeit danach unterbrachen diese Entwicklung, und es dauerte fast 15 Jahre, bis sich der Wandersport wieder erholte.

Doch der Rückschlag ließ nicht lange auf sich warten. Rücksichtslos wurden in den Sechziger- und Siebzigerjahren Flüsse zu Wasserstraßen kanalisiert, mit Stauwehren verbaut, von der Industrie verschmutzt und von der Landwirtschaft vergiftet und mancher noch übrig gebliebene Fluss oder Bach für Kanufahrer gesperrt.

In den letzten Jahren hat sich da manches geändert. Neue Kläranlagen wurden in Betrieb genommen und Wasserschutzgebiete ausgewiesen; auch bemüht man sich sogar um eine Renaturierung einiger Bäche. Die Wasserqualität vieler Flüsse hat sich spürbar gebessert, und heute finden wir in Deutschland mehrere hundert lohnende, für den Kanusportler befahrbare Gewässer. Nur 48 davon als »klassische Kanuflüsse« auszusuchen, war keine leichte Aufgabe.

Der Kanuführer ist so gestaltet, dass außer einer Touren- und Landschaftsbeschreibung sowie einer kurzen Flusscharakterisierung noch auf Sehenswertes im Tal sowie auf Zelt- und Campingmöglichkeiten, Kartenmaterial und Kanuliteratur hingewiesen wird. In den dazu gehörigen Flussskizzen

sind Hindernisse (Wehre, Schleusen, Gefahrenstellen u. a.) sowie Umtragemöglichkeiten, Ortschaften, Zufahrtsstraßen und Campingplätze eingezeichnet. Die Bilder, die sämtlich auf unseren Touren entstanden, sollen über die typischen Merkmale einzelner Flüsse informieren und die Erinnerungen an schöne Wanderfahrten wach halten.

Doch jede Tourenbeschreibung wird mit der Zeit überholt; es ändern sich Wehre, Verbauungen, Zeltplätze etc. Flussabschnitte werden gesperrt, neue Befahrungsregelungen erlassen. Für jeden Hinweis, jede Ergänzung oder kritische Anmerkung sind wir offen und wollen diese in der nächsten Auflage berücksichtigen.

Manche Tour führt durch öffentliche Schifffahrtsstraßen, also Seen oder Flüsse, auf denen besondere Verkehrsregeln und Verordnungen gelten. Die wichtigste Verordnung ist die Binnenschifffahrtsstraßenordnung, die auf den allermeisten Flüssen Gültigkeit hat; für die Donau und den Rhein gibt es eigene, etwas abweichende Verordnungen. Alle Texte dieser Verordnungen sind im Buchhandel erhältlich, und wer öfter auf großen Flüssen paddelt, sollte sich mit den betreffenden Bestimmungen bekannt machen. Hier kann nur auf das Wesentlichste eingegangen werden: Auf allen diesen Gewässern gilt die Ausweichpflicht für Sportboote gegenüber dem Großschiffsverkehr sowie eine Kennzeichnungspflicht der Boote mit einem Bootsnamen (außen) und Adresse (innen). Auf Seite 236/237 sind die

△ *Im Kanu genießen wir die Schönheit der Natur.*

wichtigsten Verkehrszeichen sowie Licht- und Tonsignale dargestellt und erläutert.

Bei den leidigen Befahrungsregelungen auf unseren Flüssen scheint der Höhepunkt überschritten. Eine Novelle zum Bundesnaturschutzgesetz sieht umfangreiche positive Veränderungen zu einem landschaftsverträglich ausgeübten Kanusport vor. Weil Kanufahrer immer ein enges, positives Verhältnis zur Natur haben, verhalten wir uns auf den Fahrten entsprechend umweltbewusst: In jedem Falle müssen wir Flurschäden an den Einsetzstellen vermeiden (Treppchen, Rampen benutzen!); wir legen nicht überall an, nutzen dazu vorhandene Raststellen, entfachen keine Lagerfeuer außerhalb von Feuerstellen und zelten auf ausgewiesenen Plätzen oder nach Absprache mit Grundbesitzern. Unsere Abfälle sammeln wir wieder ein, und für unsere Bedürfnisse halten wir einen Klappspaten bereit. Am Fluss lärmen wir nicht, fahren nicht zu dicht an Schilfgürtel heran (brütende Wasservögel!) und beachten die Angler und ihre teuren Geräte – kurz und gut, wir verhalten uns als Kanuwanderer vorbildlich.

Noch ein paar Sätze zur Sicherheit beim Kanuwandern: Jeder, der in einem Boot paddelt, muss schwimmen können! Es empfiehlt sich, die Boote unsinkbar zu machen (Spitzenbeutel u.ä.), alle mitgeführten Sachen in wasserdichte Säcke zu verpacken und Reservekleidung mitzunehmen. Auf großen Gewässern gehört eine Schwimmweste zur Ausrüstung. Vor einer Fahrt informieren wir uns über den Wasserstand am Fluss; bei Hochwasser nicht fahren! Wehre als künstliche Flusshindernisse stellen eine Gefahrenquelle dar; Steilwehre und Sohlstufen mit Tosbecken (Rücksog) sind immer lebensgefährlich und dürfen nicht befahren werden. Schrägwehre mit ablaufendem Wasser können bei entsprechendem Wasserstand eine sportliche Bereicherung einer Wandertour sein, doch ein Umtragen der Boote zeugt von Umsicht. An Bootsschleusen oder Bootsgassen lesen wir aufmerksam die Bedienungsanleitung, bevor wir mit dem Schleusenmanöver beginnen. Unsere Bootsfahrten sollten wir nie alleine unternehmen; ideal ist eine kleine Gruppe, in der wir die Schönheiten des Flusses gemeinsam entdecken.

Und falls jemand noch Kanusport-Anfänger ist: Es gibt zwar eine Vielzahl von Lehrbüchern, aus denen man sich theoretische Kenntnisse über Ausrüstung, Paddeltechnik und Bootsbeherrschung aneignen kann, doch mehr Spaß macht es in einem der vielen Vereine des Deutschen Kanu-Verbands, deren geschulte Wandersport-Übungsleiter und erfahrene Kanuwanderer viele Tipps und Kniffe dieses schönen Natursports vermitteln.

Einen Verein in Ihrer Nähe nennt Ihnen der Deutsche Kanu-Verband (DKV) gerne telefonisch unter 0203/997590 oder im Internet unter www.kanu.de.

Jürgen Gerlach und
Heinrich Nejedly

⮑ 75 km

🕐 3–4-Tage-Fahrt

Von ihrem Quellgebiet in den Feuchtwiesen bei Grebbin bis zur Mündung als Unterwarnow in die Ostsee bei Warnemünde legt die Warnow – im Oberlauf als verträumtes, windungsreiches Wiesen- und Waldflüsschen, im Unterlauf als breiter Fluss in einer eiszeitlichen Schmelzwasserrinne fließend – über 140 km zurück. Dabei durchbricht sie zwischen Sternberg und Warnow in einer eindrucksvollen Waldschlucht die fast 100 m hohen Endmoränenhügel, die den nördlichen Mecklenburger Landrücken begrenzen.

Bei sehr gutem Wasserstand ist die Warnow mit Einerbooten schon ab Bülow befahrbar, doch für eine Wanderfahrt setzen wir die Kanus in Barnin ein. Diesen kleinen Ort am gleichnamigen See erreichen wir auf einer guten Straße von Crivitz aus. Auf der einladenden Terrasse am Seebad können wir noch eine Kleinigkeit essen, bevor wir in den See stechen und die nördliche Richtung ansteuern.

Am jenseitigen Ufer liegt im Schilf versteckt der Seeabfluss, und die erste Umtragestelle – ein Schützenwehr – lässt nicht lange auf sich warten. In kleinen Schleifen pendeln wir anschließend durch Wiesen und Weiden und erreichen die Rönkendorfer Mühle, heute ein Bildhaueratelier.

Ab der Straßenbrücke (der Pegel sollte wenigstens 0,85 m anzeigen) wird aus dem regulierten Wiesenfluss schlagartig ein natürlicher Waldfluss, der mit kleinen Biestereien, wie umgestürzten Bäumen, scharfen Haarnadelkurven und seichten Stellen, unsere Kanuwanderung würzt. Das Wasser ist fast glasklar und im sandigen Bett stecken große Flussmuscheln. Hin und wieder schwirren Eisvögel wie blaue Edelsteine von Ast zu Ast, und gelbe Teichrosen bedecken die ruhigen Gumpen. Einige Male müssen wir aussteigen und schieben das Kanu über die im Fluss liegenden Stämme.

Nach diesem ursprünglichen Abschnitt wird es steinig. Kleine Sohlschwellen lassen hier und da das Wasser aufspritzen. Drei Steinwurfstufen zwingen uns dann zum Treideln oder Umtragen. Verstreute Pflastersteine liegen im Flussbett. Linksufrig mündet der Mühlen-

△ *Auf der Warnow pendeln wir gemütlich zwischen Wiesen und Weiden.*

fließ, durch den mancher Wanderpaddler vom Schweriner See über den Pinnower See herüberkommt. Am Wehr bei Gneven sowie am Vorbecker Wehr tragen wir kurz rechts um.

Nach der Brücke von Kritzow beginnt das Naturschutzgebiet Karnin und gleichzeitig eine sehr anspruchsvolle Strecke voller schmaler Kehren und umgestürzter Bäume.

Vor dem alten Holzbrückenwehr der Riechenberger Mühle booten wir links aus und tragen unsere Kanus ungefähr 200 m weit zur Einsetzstelle bei der Naturschutzstation. Nach Anfrage dürfen wir am Stationsgelände übernachten sowie auch an geführten Exkursionen in das Naturschutzgebiet teilnehmen. Den Weg zum Mickowsee versperrt noch das unbefahrbare Betonsohlenwehr von Zaschendorf. Die vielen Schwäne am See gehören wahrscheinlich zum lebenden Inventar des Nutteler Schlösschens, dessen Türmchen weithin sichtbar

sind. Das Doppelwehr vor Nutteln leitet eine regulierte, etwas eintönige Strecke ein.

Es folgen eine niedrige Holzbrücke und vor Weitendorf das Wehr. Also wieder aus den Booten, links hinübertragen und dasselbe noch einmal kurz danach an der nächsten Brücke (Vorsicht, im linken Brückenjoch Pfähle!). Im künstlichen Bett windet sich der Fluss weiter, leider fehlen die Uferbäume, man spürt, dass hier reine Technokraten am Werk waren.

Um so kontrastreicher wirkt nach der Mildenitzmündung der Warnow-Durchbruch. Frisch auflebend hüpft hier in herrlichen Schwällen die Warnow über Felsbrocken und Rippen in mehreren Schleifen durch eine einsame Waldschlucht. Mit vorsichtigen Paddelschlägen ziehen wir das Kanu knapp an umgestürzten Bäumen vorbei und lassen die Insel nach dem Holzsteg links liegen. Wundervoll, diese Flusslandschaft!

Vor Eickhof beruhigt sich die Strömung, am Wehr tragen wir um. Wer ein wenig Wildwassererfahrung mitbringt, kann die kurze Schwallstrecke bei gutem Wasserstand auf der rechten Seite befahren. Hier ist auch ein Zeltplatz für Wasserwanderer entstanden.

Bei Pustohl überrascht uns noch eine liebliche Waldpassage. Nach der Brücke vor Bützow (die Straße führt zum Bahnhof) teilt sich die Warnow. Wir nehmen erst den lin-

◁ *Im Warnow-Durchbruch warten manche Baumhindernisse auf uns.*

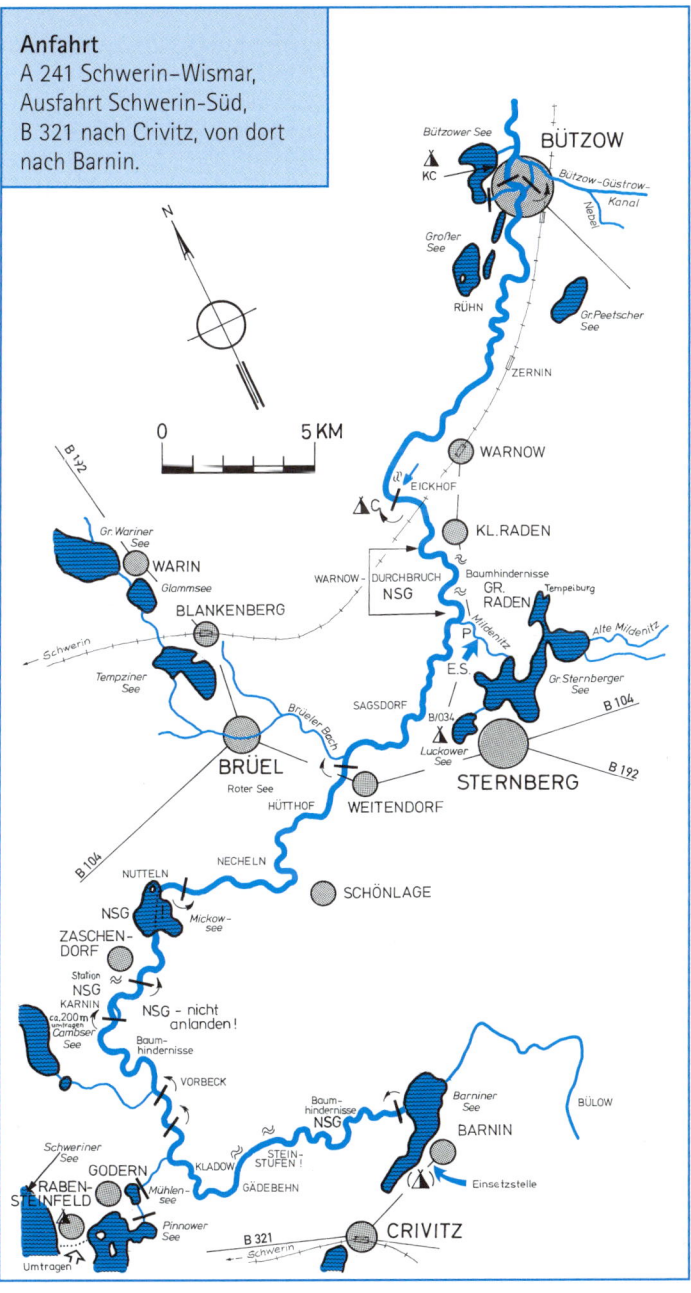

Anfahrt
A 241 Schwerin–Wismar,
Ausfahrt Schwerin-Süd,
B 321 nach Crivitz, von dort
nach Barnin.

ken, dann den rechten Flussarm (Kanus am Wehr umtragen), gelangen dann nach etwa einem Kilometer links in den Bützower See

und beenden unsere Warnow-Wanderung am Vereinsgelände des Kanu-Clubs Bützow am städtischen Rastplatz.

Charakter, Tipps

Landschaftlich und wassertechnisch sehr abwechslungsreicher Wanderfluss, fast ganzjährig ab Barnin mit Einern und Zweiern (keine Mannschaftskanus) befahrbar. Mehrere sportlich anspruchsvolle Abschnitte verlangen eine gute Paddeltechnik sowie eingespielte Mannschaften in den Zweierbooten. Die teils noch unberührte, einsame Flusslandschaft, gute Strömung und sauberes Wasser machen die Befahrung zu einem unvergesslichen Erlebnis.

Als Variante einer Warnow-Tour bietet sich eine vorherige Befahrung des Schweriner Sees (oder Elde-Befahrung) an, um nachher bei Raben-Steinfeld ca. 1 km über Land in den Pinower See umzusetzen, dessen Abfluss (Mühlenfließ) bei Godern die Warnow erreicht. Auch der rechte Zufluss der Warnow, die liebliche Mildenitz, bietet uns, besonders für Einerboote geeignet, vom Kanu-Club-Zeltplatz am Goldberger See eine reizende 2-Tage-Tour an. Hier erleichtert uns die Lokalbahn die Rückkehr zu den in Goldberg abgestellten Autos. Im NSG nicht anlanden, Hinweisschilder beachten, nur zwischen 10 und 16 Uhr paddeln! Beide Flüsse nur in kleinen Gruppen befahren. Infos über Wasserstände u. Ä.: Wolfgang Klein, Tel. 0171/ 4517958.

Zeltmöglichkeiten

Barnin (nach Erlaubnis am Seebad NSG-Station Karnin (Anfrage Tel. 03866/757), Raben-Steinfeld; Sternberg: Luckower See; Bützow (am See) Kanustation Eickhof

Sehenswertes

Bülow: Spätgotische Dorfkirche, barockes Herrenhaus.
Crivitz: Pfarrkirche (Holzgewölbe), KZ-Gedenkstätte.
Gr. Raden: Tempelburg (Freilichtmuseum – slawische Siedlung).
Sternberg: Pfarrkirche (14. Jh.).
Bützow: Pfarrkirche mit herrlicher Ausstattung, Heimatmuseum, Altst. Schloss.

Auto nachholen

Regelmäßige Bahnverbindung zwischen Bützow und Crivitz (mit Umsteigen in Schwerin). In Crivitz ca. 1 Stunde Fußmarsch zum See. Pkw-Kontakt nur an wenigen Brücken möglich.

Karten, Kanu-Literatur

Generalkarte 1:200 000, Blatt 30, Wasserwanderatlas Mecklenburger Gewässer; Wassersportwanderkarte 1:450 000, Nr. 6.

⮌ 91 km

🕐 4–5-Tage-Fahrt

Die Havel ist ein ganz besonderer Fluss, der mit seinen Schönheiten wie kein anderer die Landschaft prägt. Schon kurz nach der Quelle reiht sie wie große kostbare Edelsteine einen See nach dem anderen auf ihr grünblaues Band. Nach langem Hin und Her entscheidet sie sich in ihrer Fließrichtung für den Nordwesten und trifft bei Havelberg auf die Elbe. Wir befahren den sehr ruhigen und einsamen Unterlauf der Havel unterhalb von Brandenburg. Mindestens ein bis zwei Tage sollten wir der auf mehreren Inseln liegenden alten Chur- und Bischofsstadt widmen. Viele Baudenkmäler wurden bereits restauriert und zeugen von der bewegten 1000-jährigen Stadtgeschichte.

Am Vereinsgelände des BKV »Freie Wasserfahrer« neben der Eisenbahn- und Straßenbrücke können wir nach Absprache zelten und unsere Kanus einbooten. Bei Tourenbeginn an einem der anderen Bootshäuser erleben wir auf gut beschildertem Wasserweg eine interessante Fahrt durch die Stadt. Die Kähne der Berufsschiffer fahren durch den Silo-Kanal, verlassen nach Überqueren des Plauer Sees das Havelbett und benutzen weiter den Havel-Elbe-Kanal. Wenn nicht gerade Wochenende ist, können wir eine stille und einsame Kanutour genießen.

Am ausgedehnten Stahlwerkskomplex zu unserer Rechten vorbeipaddelnd, lassen wir eine Fähre den Fluss kreuzen und erreichen den Breitlingsee, der sich mit dem Plauer See zu einer großen Wasserfläche zusammenschließt. Mehrere Inseln (Werder) und eine reich gegliederte Uferlinie machen die Befahrung des Sees zu einem einzigartigen Landschaftserlebnis. Die kürzeste Paddelstrecke führt am Buhnenwerder (NSG) vorüber zum nördlichen Seeufer, an dem wir uns bei westlichem Gegenwind nur mühsam vorbeischieben. Am Zeltplatz und der schwimmenden Fischzuchtanlage am Margarethenhof vorüber unterqueren wir die Stahldoppelbogenbrücke bei Plaue. Die Havel schiebt uns mit leichter Strömung in nördlicher Richtung durch ein seeartig sich erweiterndes und wieder schmäler werdendes Flussbett. Kleine Leuchttürme markieren die halsartigen Engen. Viele Ferienhäuser säumen die grü-

△ *Die untere Havel ist ein idealer Fluss für die ganze Familie.*

nen Flussufer, und bei Krahnepuhl legen wir an der Klubgaststätte »Havelidylle« zu einer Erfrischungspause an. Zum Tagesziel Pritzerbe ist es nicht mehr weit. Im Vorort Kützkow bauen wir linksufrig am Campingplatz unser Zelt auf. Eine Fähre bringt uns abends in das stille Städtchen Pritzerbe, das zu den ältesten Siedlungen im Havelland gehört.

Anderntags erwartet uns nach ca. 4 km die erste selbst bedienbare Sportbootschleuse (rechter Flussarm), anschließend strömt die Havel ungehindert durch eine flache, waldlose Niederung Rathenow entgegen. Hier können wir nach Anfrage bei den Rudersportlern zelten.

Die Havel teilt sich in zahlreiche Flussarme und Kanäle; wir halten uns rechts, bewältigen die Stadtschleuse und paddeln bald wieder in der offenen Landschaft. Im Frühjahr erwartet uns hier ein vielstimmiges Konzert, wenn wir an der ausgedehnten Vogelschutzinsel nördlich von Rathenow leise (!) vorbei paddeln. Der 76 m hohe Eichberg zwingt die Havel mit seinem bewaldeten Hang zu einem Bogen, und von rechts mündet der Abfluss des lang gezogenen Hohenauer Sees.

Nach Grütz (letzte offizielle Zeltmöglichkeit vor Havelberg) betätigen wir wieder eine Sportbootschleuse und paddeln nach Garz oder wechseln vis-à-vis von Molkenberg rechts in die idyllische und einsame Gülper Havel (zwei Schleusen) über, die uns bei Strodehne wieder in die Havel zurückbringt. 3 km später drehen wir die Bootsspitzen in westliche Richtung und erspähen rechts die Mündung der neuen Dosse. Weitere Natur-

Der sehr ruhige und einsame Unterlauf der Havel im abendlichen Gegenlicht.

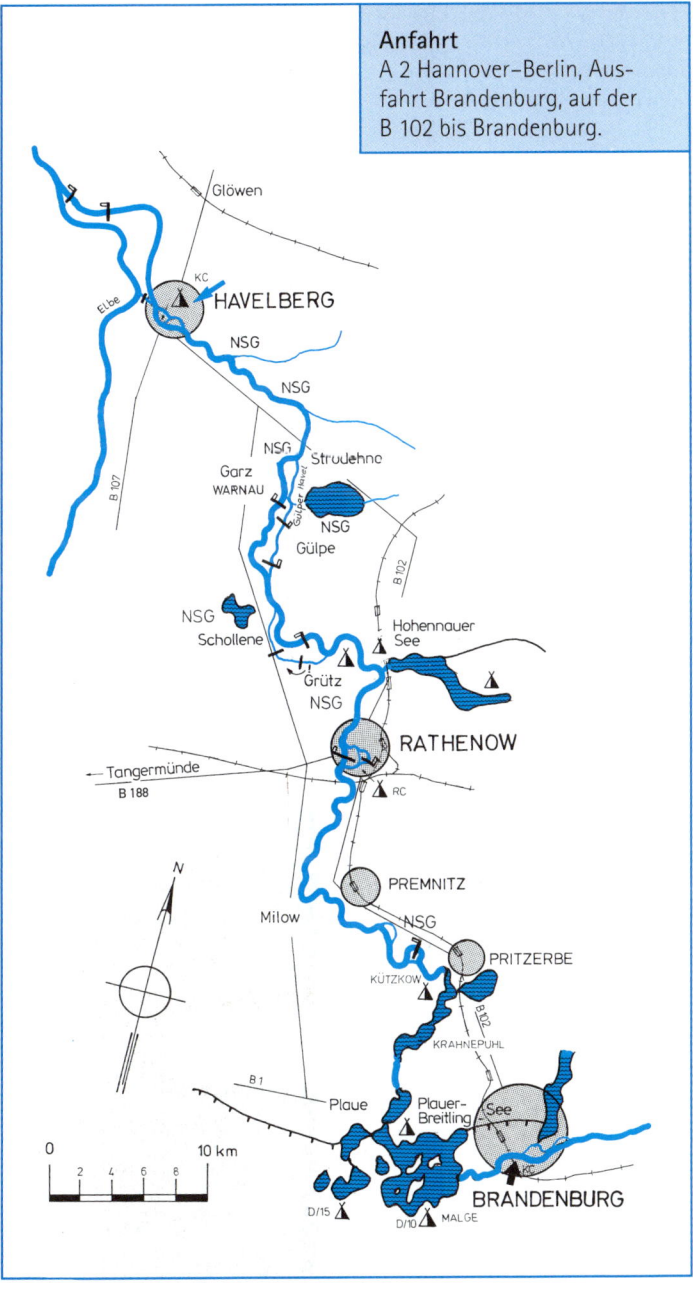

Anfahrt
A 2 Hannover–Berlin, Ausfahrt Brandenburg, auf der B 102 bis Brandenburg.

Glöwen

Elbe

KC
HAVELBERG

NSG

NSG

NSG

B 107

NSG
Strodehne

Garz
WARNAU

Gülper Havel

NSG
Gülpe

B 102

NSG
Schollene

Hohennauer
See

Grütz
NSG

RATHENOW

Tangermünde
B 188

RC

N

PREMNITZ

NSG

Milow

PRITZERBE

KÜTZKOW

B 102

KRAHNEPUHL

B 1

Plaue

Plauer-
Breitling

See

0   10 km

2   4   6   8

D/15

D/10   MALGE

BRANDENBURG

und Vogelschutzgebiete begleiten den Havellauf; Feuchtwiesen und breite Schilfgürtel bieten den verschiedensten Vogelarten und seltenen Tieren ideale Lebensbedingungen.

In der Ferne zeigt sich nun das rote Dach des Havelberger Doms. Wir nähern uns schnell unserem Ziel und beenden bei Kanufreunden auf der Spülinsel, gegenüber dem Altstadtpanorama, unsere Wanderfahrt auf dem abwechslungsreichen Fluss. Neben der Besichtigung der Dom- und »Pferdestadt« sollten wir noch einen Auto-Abstecher elbeaufwärts ins geschichtsträchtige Tangermünde machen.

Charakter, Tipps

Ein Fluss der Niederung, der mit sehr schwacher Strömung viele Seen durchfließt. Mit allen Kanutypen befahrbar. Auch für wenig erfahrene Wanderer geeignet. Doch Vorsicht: am Plauer See bei Westwind starke Wellenbildung! Landschaftlich sehr abwechslungsreich. Im NSG Untere Havel vom 15.3.–15.6. Anlegeverbot außerhalb von Orten und Schleusen.

Zeltmöglichkeiten

Brandenburg-Malge; Plaue; Pritzerbe-Kützkow; Milow (an der Stremme); Rathenow RC (nach Anfrage); Grütz; Havelberg (Spülinsel).

Sehenswertes

Brandenburg: Altstadt, Rathaus mit Roland (15. Jh.), Wehrtore, Dom St. Peter u. Paul (12. Jh., Dominsel), Domschatzmuseum, Petri-Kapelle (13. Jh.), Katharinenkirche (14.–16. Jh.), Paulskirche (Ruine), Heimatmuseum, Fritz-Bollmann-Brunnen; Brandenburg-Plaue: Barockschloss (18. Jh.), romanische Backsteinkirche. *Pritzerbe:* 1400 Jahre alte Siedlung, Barockkirche (Orgel 18. Jh.). *Rathenow:* Stadtkirche St. Marien (15. Jh.), Museum, Kurfürstendenkmal; Schollene: Herrenhaus (18. Jh.).

Havelberg: Dom (12. Jh.), Domherrenhöfe, Domschule, Altstadt mit Bürgerhäusern (17.–18. Jh.), Stiftsgebäude (Prignitzmuseum, 12.–14. Jh.), Laurentiuskirche, Schiffswerft, Salzmarkt (Beguinenhaus), Pferdemarkt (September).

Auto nachholen

Regelmäßige Bahnverbindungen zwischen Brandenburg und Rathenow.

Zwischen Rathenow und Havelberg keine akzeptablen Verbindungen.

Karten, Kanu–Literatur

ADAC-Freizeitatlas Berlin Brandenburg 1:100 000, Wassersportwanderkarte 1:450 000. Teil 6; Wasserwanderatlas Teil Märkische Gewässer; Wassersportkarte Havelgewässer.

⮞ ca. 130 km Rundtour

🕐 Kleine Ferienfahrt

Inmitten der Mecklenburger Seenplatte liegt die Müritzer Großseenlandschaft, an die sich in südlicher Richtung das reich gegliederte Seen- und Gewässergebiet um Mirow herum anschließt, das uns eine Verbindung von der Müritz in die Havel anbietet. Am Wasser begegnen wir einer für Mitteleuropa unglaublich reichen Vogelwelt – ca. 250 Arten, einschließlich der so seltenen Kraniche, See- und Fischadler, die hier noch ihre Horste bauen. Am Ostufer der Müritz – nach dem Bodensee zweitgrößter See in Deutschland – breitet sich ein über 6000 ha großes NSG, das Kerngebiet des Müritz-Nationalparks, aus, das zur Erhaltung dieses Artenreichtums dient und selbstverständlich nur auf den ausgewiesenen Wegen betreten werden darf.

Unsere Wanderfahrt beginnt auf der Binnenmüritz in der Stadt Waren, die fast wie auf einer Insel von Seen umschlossen wird. Am Campingplatz C/100 oder bei einem der Vereinsbootshäuser können wir unsere Faltboote aufbauen und sie in das saubere Wasser hinablassen, um anschließend durch den 250 m breiten »Hals« zur Müritz zu gelangen. Rechtsufrig wecken das moderne Ferienhotel »Müritz« sowie das reich gegliederte Schloss Klink unsere Aufmerksamkeit. Wie eine breite Flussmündung mutet der Trichter der Röbelschen Binnenmüritz an, der uns nach Röbel führt.

Röbel, einst eine slawische Wallburg inmitten von Sumpfwiesen, hat uns allerhand an historischen Baudenkmälern zu bieten, und auch die Umgebung lädt zu Wanderungen ein. Um das Naturschutzgebiet Zähner Lank herumpaddelnd erreichen wir am nächsten Tag das schöne Seebad in Ludorf (unweit des C/72) und queren bei gutem Wetter bei Zielow (Strandbad) die Müritz in östlicher Richtung (ca. 2 km, Peilung Rechliner Kirche).

Nach der Werft und einer verschilften Bucht säumen kiesige, mit großen, runden Findlingen übersäte Ufer den See, die uns an die Ostsee erinnern. Eine Schutzmole, die weit in die Müritz hineinragt, zeigt uns die Einmündung zum Bolter-Kanal

△ *Die Seen zwischen Waren und Mirow halten viele schöne Kanuwege bereit.*

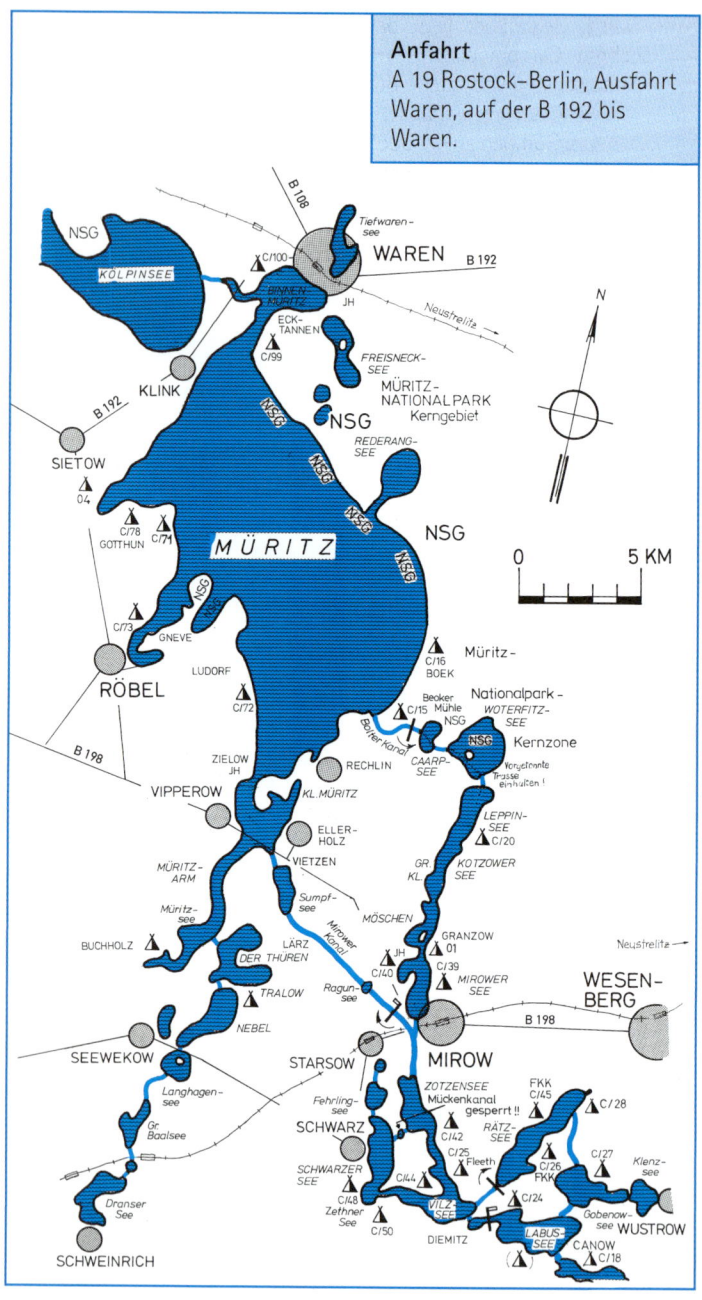

Anfahrt
A 19 Rostock–Berlin, Ausfahrt Waren, auf der B 192 bis Waren.

NSG

KÖLPINSEE

B 108

Tiefwaren-see

C/100

WAREN

B 192

BINNEN-MÜRITZ

JH

Neustrelitz

ECK-TANNEN

C/99

FREISNECK-SEE

MÜRITZ-NATIONALPARK
Kerngebiet

KLINK

B 192

NSG

REDERANG-SEE

SIETOW

04

C/78
GOTTHUN

C/74

NSG

NSG

NSG

NSG

MÜRITZ

NSG

C/73

GNEVE

LUDORF

RÖBEL

C/72

B 198

ZIELOW
JH

VIPPEROW

KL. MÜRITZ

ELLER-HOLZ

VIETZEN

MÜRITZ-ARM

Müritz-see

BUCHHOLZ

LÄRZ
DER THUREN

Sumpf-see

Mirower
Kanal

MÖSCHEN

TRALOW

Ragun-see

NEBEL

SEEWEKOW

Langhagen-see

Gr.
Baalsee

Dranser
See

SCHWEINRICH

STARSOW

Fehrlinge-see

SCHWARZ

SCHWARZER
SEE

C/48
Zethner
See

C/50

DIEMITZ

MIROW

B 198

WESEN-BERG

Neustrelitz

ZOTZENSEE
Mückenkanal
gesperrt !!

C/142

C/25

Fleeth

RÄTZ-SEE

C/144

VILZ-SEE

C/24

FKK

LABUS-SEE

CANOW

C/18

Gobenow-see

WUSTROW

Klenz-see

C/27

C/26
FKK

FKK
C/45

C/28

JH

C/140

C/39

GRANZOW

01

MIROWER
SEE

GR.
KL.

KOTZOWER
SEE

LEPPIN-SEE

C/20

CAARP-SEE

NSG

Becker
Mühle
NSG

C/15

Bolter Kanal

WOTERFITZ-SEE

Kernzone

Vorgestante
Trasse
einhalten !

Nationalpark-

Müritz-

C/16
BOEK

RECHLIN

0   5 KM

N

20

(Alte Fahrt). Gegenüber liegt der ausgedehnte Campingplatz C/15. Sich leicht schlängelnd, zieht der Kanal an schönen Ferienhäusern vorbei bis zum Gumpen an der Boeker Mühle, wo wir vor dem Steg anlegen und unsere Boote ca. 150 m über eine Straße tragen oder mit dem dort vorhandenen, gummibereiften Bootswagen umkarren.

Wir erreichen die »Kernzone« des Nationalparks und den mit Seerosen bedeckten Caarpsee. Im Kanal zum runden Woterfitzsee verengen einige gefällte Bäume die Fahrrinne. Auf einer kleinen Insel inmitten des Sees nisten Schwäne; wir halten genügend Abstand von ihnen und paddeln weiter bis zum Zeltplatz C/20 am schmalen Leppinsee. Erst hier dürfen wir anlanden. Es folgen die Mössel und die beiden Kotzower Seen. Wie Kulissen schieben sich die bewaldeten, leicht gewellten Ufer an uns vorbei, und die Strecke nach Granzow ähnelt eher einem breiten Fluss als einem See.

Vor Mirow können wir dann rechts zum paddlerfreundlichen Zeltplatz C/40 (Jugendherberge C/7) abbiegen oder am Mirower See auf dem C/39 bleiben.

Am nächsten Morgen führt uns der Wasserweg südlich an vielen zu Ferienhäusern umgebauten Bootsschuppen vorbei zum Zotzensee (Camping C/42) und über den schmalen Mössensee zum breiten Vilzsee, an dessen Südufer das liebliche Diemitz liegt.

Von Diemitz aus paddeln wir in nordöstlicher Richtung zur Fleether Mühle (rechts kurz umtragen), um danach den verträumten Rätzsee zu erreichen. Motorboote sind hier verboten, und so genießen wir das Plätschern der Paddel auf der ruhigen Wasserfläche. Der enge Hals des Drosedower Bek führt uns zum Campingplatz C/27 am Gobenowsee, wo wir übernachten.

Am nächsten Vormittag paddeln wir der Sonne entgegen, überqueren den See in südlicher Richtung und steuern Canow am Labussee an, den Wendepunkt unserer Tour. An der Diemitzer Schleuse müssen wir etwas warten, und nach der Schleusung nehmen wir, wieder am Vilzsee angelangt, Kurs auf Mirow, an den Seerosenfeldern des schmalen Mössensees vorsichtig vorbeipaddelnd. Vor Mirow teilt sich der Wasserweg, und wir steuern links zur Schleuse (Bootsrampe mit Wagen) in den Mirower Kanal. Dieser führt zum seichten Sumpf-

▷ *Die Kirche von Röbel grüßt den Kanuten auf einer Müritztour.*

see, unter der Brücke der B 198 hindurch in die Kleine Müritz. Links, an Vipperow vorüber, bietet sich durch den Müritzarm ein schöner Abstecher zum einsamen, sauberen Nebelsee an (Camping, Strandbad), den wir nicht versäumen sollten. Wieder zurück bei Vipperow, geht es am Richtungsfeuer bei Zielow vorbei in die Müritz, die wir am westlichen Ufer entlang durchpaddeln (Ostufer ist Sperrgebiet: Nationalpark; außerdem gefährliche Wellenbildung!), um wieder in Waren, dem Ausgangsort unserer Wanderung, zu landen.

Charakter, Tipps

Die Müritz, ein Paradies für Wassersportler, Vogelliebhaber und Angler, ist mit ihren 117 km^2 ein großer, bei schlechten Wetterverhältnissen auch gefährlicher Binnensee, den man nicht unterschätzen sollte. Bei steifem Wind bauen sich sehr schnell steile Wellen auf, die schon manches Boot zum Kentern gebracht haben. Am Ostufer darf man auf einer Länge von ca. 10 km nicht anlanden oder sich dem Ufer nähern (Tonnen, 500 m vom Ufer NP!).

Am See schöne Badestellen; leider ist durch intensive Landwirtschaft am Westufer das Wasser belastet (Algenbildung). Es wird Berufsfischerei ausgeübt; Netze und Reusen bitte immer umfahren! An der »Alten Fahrt« paddeln wir teils durch das Kerngebiet des Nationalparks Müritz – nicht anlegen, kein wildes Zelten!

Zeltmöglichkeiten

Binnenmüritz (Waren): C/100; Müritz: Sietow 04, Gotthun C/78, 71, Röbel C/73, Ludorf C/72, Bolter Kanal C/15, Boek C/16, Ecktannen C/99; Leppinsee, Zietlitz C/20; Mirow C/39; Zethner See C/48, C/50; Vilzsee C/44; Mössensee C/25; Zotzensee C/42; Nebelsee C/37; Gobenowsee C/27, Labussee C/24.

Sehenswertes

Waren: Marienkirche (13. Jh.), frühgotische Georgenkirche, Müritzmuseum, Weinbergschloss (Bibliothek), Rathaus, Alter und Neuer Markt, Löwenapotheke, Müritz-Nationalpark; Klink: Schloss, Findling, Kirche.
Röbel: Frühgotische Pfarrkirche St. Marien, Hallenkirche St. Nikolai, Fachwerkhäuser, Rathaus, Reste der Stadtmauer; Ludorf: Dorfkirche, barockes Herrenhaus.
Vipperow: Dorfkirche (13. Jh.).
Rechlin: KZ-Gedenkstätte.
Mirow: Ehemalige Residenzstadt, barockes Schloss auf der Schlossinsel, gotische Kirche mit Gruft.

Karten, Kanu-Literatur

Generalkarte 1:200 000, Blatt 31, 30; ADAC-Freizeitatlas 1:100 000 Brandenburg/Berlin; Wassersportwanderkarte 1:100 000, Teil 6; Wasserwanderatlas Teil Mecklenburger Seen.
Reisehandbuch Mecklenburger Seen.

🐍 58 km

🕐 3–4-Tage-Fahrt

Die über 340 km lange Havel, deren Quellgebiet in den kleinen Seen südwestlich von Ankershagen liegt, ist schon bald, ab dem Käbelicksee, mit Kanus befahrbar. Auf ihrem Weg, zuerst als kleiner, verschilfter Wiesenbach, dann als breiter Fluss viele Seen verbindend, wechselt sie ständig ihr Aussehen. Dabei durchquert sie, anfangs in südlicher Richtung fließend, die Mecklenburger Seenplatte, eine von eiszeitlichen Gletschern geformte, abwechslungsreiche Landschaft voller Kiefern-, Eichen- und Buchenwälder, Sandhügel und unendlich vielen Seen. Nachdem die Havel vor Zehdenick das Gebiet der Jungmoränenplatten berührt, tritt sie bei Oranienburg schon als gemächlicher Fluss, mit künstlichen Kanälen durchflochten, in das Berliner Urstromtal und durchzieht in einer ausgedehnten Seenkette die mit weiten Kiefernforsten bedeckte oder als Weideland genutzte Talsandniederung. Als beschiffbarer Großfluss die nördliche Richtung ansteuernd, mündet die Havel knapp 100 km Luftlinie von ihrer Quelle bei Havelburg in die Elbe.

In Kratzeburg am kleinen Sandstrand am Nordufer des Käbelicksees oder am Campingplatz C36 können wir unsere Faltboote aufbauen und die Kanus beladen. Die Autos lassen wir am Parkplatz oder am Bahnhof stehen; von unserem Ziel Fürstenberg kommt mehrmals täglich ein Zug an.

Es geht in südlicher Richtung über den runden See, an einer kleinen, bewaldeten Insel vorbei. Vielleicht haben wir Glück und können die Flugkünste des See- und Fischadlers beobachten, der auf Leitungsmasten im ehemaligen militärischen Übungsgebiet seine Horste baut. Bis jetzt waren hier die streng geschützten Greifvögel gut aufgehoben, doch wie wird es ihnen in Zukunft ergehen?

Die ausfließende Havel finden wir leicht; rechts zwischen Weiden und Schilf läuft sie dem Granziner See entgegen. Dort steuern wir links zum Seeauslauf, unter der Straßenbrücke am roten Haus hindurch.

Eine gute Strömung zieht uns in den kleinen Schulzensee. Nach ca. 300 m, an einer ehemaligen Panzerdurchfahrt in unmittelbarer Nähe der Granziner Mühle, booten wir

△ *Die obere Havel verbindet viele Seen miteinander.*

*Schilf und Feuchtwiesen um-
säumen den Jäthensee.*

aus und setzen etwa 750 m mittels
Bootstransportwagen über Land
zum Pagelsee um, da die Müritz-
Nationalpark-Verwaltung für diesen Flussabschnitt, der renaturiert
wurde, ein Paddelverbot verhängt
hat.

Am Pagelsee peilen wir die linke
Halbinsel an, unter der Holzbrücke
hindurch, über die der Sandweg
nach Krienke führt. Über einen kurzen Kanal erreichen wir den Zotzensee. Hier und auf dem Jäthensee (Kernzone des Nationalparks)
markieren gelbe Bojen die Fahrrinne, von der wir nicht abweichen
dürfen. An der ersten Schleuse, bei
Babke, rollen wir die Boote mit dem
Gleiswagen über die Rampe.

Nach dem flachen, von Feuchtwiesen umsäumten Jäthensee können
wir an der Einfahrt in die Havel
rechts abbiegen; ein kleiner Kanal

führt uns nach ca. 300 m zum Jamelsee, wo der Zeltplatz »Hexen-
wäldchen« (C05) liegt. Doch es ist
vormittags, und wir wollen noch im
»Tante-Emma-Laden« in Blanken-
förde etwas einkaufen; hier gibt es
für den Wanderfahrer ein gut ab-
gestimmtes Sortiment. Gegenüber
der schönen, leider verkommenen
Fachwerkkirche sitzen wir auf
Holzbänken im Schatten der alten
Bäume und trinken unser wohlver-
dientes Bier.

Anschließend paddeln wir an meh-
reren Bootsschuppen vorbei zum
Görtowsee. Ein besonders schöner
Abschnitt der Havel schlängelt sich
danach durch ein urwaldähnliches
Naturschutzgebiet.

Auf dem Wasser des Useriner Sees
begegnen wir vielen Faltbooten,
doch für Motorboote ist der See –
wie auch alle Seen flussaufwärts –
gesperrt.

Gegenüber am Ostufer besuchen
wir in Userin die unweit der Bade-
stelle gelegene Vylymhütte, in der
wir eine vorbildliche Ausstellung
über die Fauna dieses Gebietes bewundern können. Doch am ganzen
weitläufigen See gibt es außer dem
FKK Camping C/59 keine Zeltmöglichkeit für Wasserwanderer.

Das weit sichtbare Silo der Useriner
Mühle ansteuernd, erreichen wir
durch einen kurzen Kanal die
Schleuse (Gleiswagen mit Rampe),
anschließend den Großen Labussee. Der Zwenzower Zeltplatz bietet die erste Übernachtungsmöglichkeit (C/56).

In östlicher Richtung paddelnd
überqueren wir unweit des Bahnhofs Groß Quassow die schmale Ei-

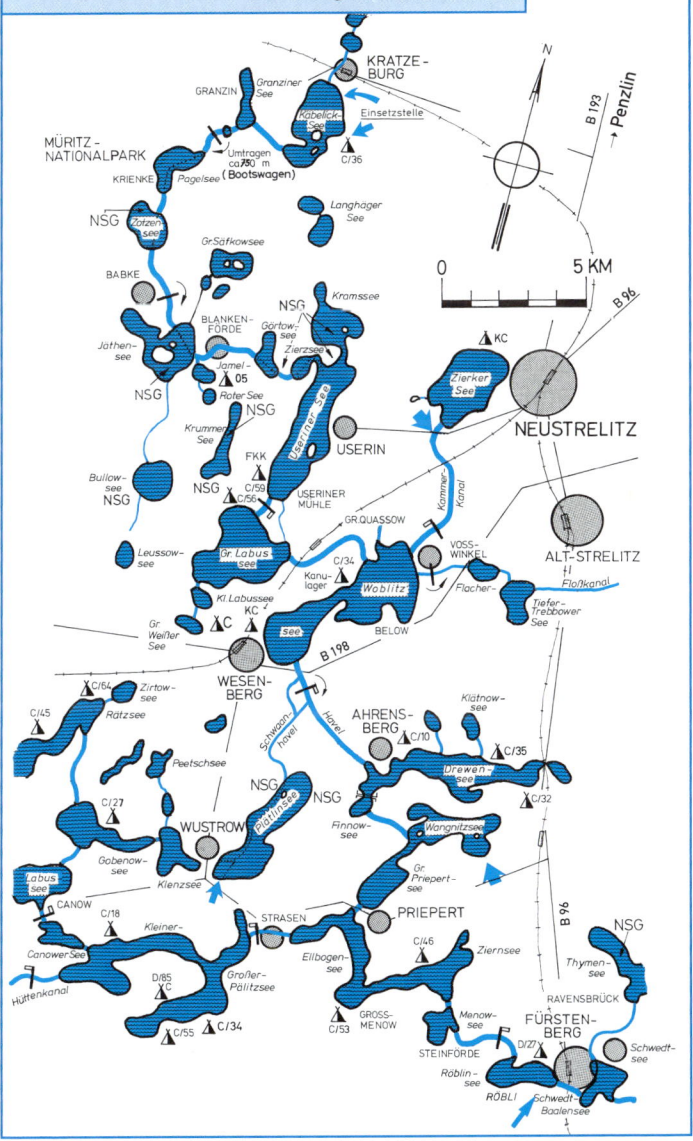

senbahnbrücke. An der Mündung zum Woblitzsee liegt auf einem Hügel der große Campingplatz C/34. Er entstand in den sechziger Jahren mit Hilfe vieler begeisterter Kanutouristen als »Kanulager der DDR«, wovon leider nur der Name in Erinnerung geblieben ist. Hier können wir einen Abstecher nach Neustrelitz machen, das wir nach 2 Paddelstunden über den Kammerkanal und den Zierker See erreichen. Bei der Weiterfahrt über den Woblitzsee ist bei starkem Westwind Vorsicht geboten. Sehr schnell bauen sich hier dann kurze, steile Wellen auf. Am Kanu-Bootshaus in Wesenberg können wir anlanden (DKV-Mitglieder dürfen auch zelten) und das alte Städtchen besichtigen.

An der Burgruine vorbei fließend unterquert die Havel die B 198. Kurz nach der Wesenberger Schleuse (Bootsschleppe mit Gleiswagen) führt rechts die Schwaanhavel zum kristallklaren Plätlinsee. Mit einer Umtragestelle in Wustrow können wir von diesem See aus u. a. auch die Rheinsberger Seen erreichen.

Die begradigte Havel führt uns nach Ahrensberg. Der von tiefen Wäldern umschlossene, wunderschöne Drewensee bleibt links liegen, wir unterpaddeln die überdachte Holzbrücke, berühren den kleinen, mit Seerosen fast zugewachsenen Finowsee und biegen links in den stillen, bewaldeten Flussabschnitt ein.

Eine weiße Bake kündigt den ruhigen Wangnitzsee an (keine Motorboote!), und wir steuern rechts zur nächsten Bake, die uns die Einfahrt zum Großen Pripertsee anzeigt. Die restaurierte Fachwerkkirche an seinem Südufer sollten wir besichtigen, bevor wir unsere Paddel in den schmalen Ellbogensee eintauchen. Hier trennen sich zwei Wege: Rechts paddelnd erreichen wir über die Schleuse Strasen die Rheinsberger Gewässer und die Müritz, links fließt die Havel nach Fürstenberg. In wunderschöner Lage siedelte sich bei Großmenow der Zeltplatz C/53 an. Trotz regem Bootsverkehr begegnen wir auch hier dem Eisvogel, der auf über das Wasser geneigten Erlenstämmen geduldig auf seine Beute wartet.

Eine Halsenge verbindet den Ellbogensee mit dem Ziernsee, den wir nur kurz rechtsufrig streifen. Vor der Brücke in Steinförde legen wir am einladenden Wirtshaus an, um bei Kaffee und Kuchen den Verkehr am Wasser zu beobachten. An der folgenden Steinschleuse wird in der Sommersaison zu jeder vollen Stunde kostenlos geschleust.

Bald danach erreichen wir die Einfahrt in den Röblinsee und steuern links unser Ziel, Fürstenberg, an. Am Zeltplatz D/27 vor dem Seebad finden wir einen günstigen Abbauplatz. Wir können aber auch in den Schwedtsee hineinpaddeln (Schleuse), wo wir am Bootshaus des Segel-Clubs unsere Havel-Wanderung beenden.

Charakter, Tipps

Die von der oberen Havel durchflossene Landschaft ist mit ihren idyllischen, teils einsamen Waldseen und romantischen Flussläufen und Kanälen ein Kanuwanderparadies. Abgesehen von der Umtragestelle nach Granzin weist die Havel keine nennenswerten Schwierigkeiten auf und ist mit allen Kanutypen ganzjährig auch für Anfänger befahrbar. Die vielen Zeltplätze ermöglichen eine variable Aufteilung der Tagesetappen. Reiche Tier- und Pflanzenwelt, Kerngebiet des Müritz-Nationalparks (teils Sperrzone!). Außerhalb der Ferienzeiten erleben wir eine einsame Wanderung. Pkw-Begleitung nicht möglich, nur Kontakt in den Ortschaften. Die geringe Strömung erlaubt eine Befahrung auch flussaufwärts. Auf den Seen des Wandergebiets bei ungünstigen Windlagen Gefahr durch Wellenschlag. (Vorsicht mit Anfängern!)

Zeltmöglichkeiten

Kratzeburg: C/36 am Käbelicksee; Blankenbörde: C/05 – Jamelsee; Useriner See C/59 (FKK); Zwenzow: Großer Labussee C/56; Groß Quassow C/34 am Woblitzsee; Drewensee C/10, C/35; Ellbogensee: Großmenow C/53; Ziernsee C/46; Fürstenberg: Röblinsee C/27.

Sehenswertes

Ankershagen: Gedenkstätte für Heinrich Schliemann; Pieversdorf: slawischer Burgwall, Hünengräber.
Neustrelitz: Spätgotische Stadtkirche, Schlosskirche, Luisenturm, Stadtpark, Orangerie, Tierpark, Rathaus, Bürgerhäuser, Palaisbauten, Marktplatz mit Rondell, Friedrich-Wolf-Theater.
Wesenberg: Stadtkirche St. Marien, Marktplatz (Findling), Burgruine.
Priepert: Dorfkirche (Fachwerkbau).
Fürstenberg: Ehemalige Wasserburg (Schule), St.-Hedwigs-Kirche, Stadtkirche, Kriegerdenkmal; Ravensbrück: Mahn- und Gedenkstätte (Frauen-KZ).

Auto nachholen

Zwischen Fürstenberg und Kratzeburg mehrmals täglich gute Bahnverbindung (teilweise mit Umsteigen in Neustrelitz).

Karten, Kanu-Literatur

Generalkarte 1:200 000, Blatt 31, 30; Wasserwanderatlas Teil Mecklenburger Gewässer; Wanderkarte 1:120 000; ADAC-Freizeitatlas 1:100 000 Brandenburg/Berlin; Reisehandbuch Mecklenburger Seen.

⮂ 26 km

🕐 1–2-Tage-Fahrt

Dieser Tourenvorschlag führt uns zu einem der schönsten und geographisch interessantesten Gebiete der Mecklenburger Seenplatten, zur Feldberger Seenlandschaft. Hohe Kuppen, ausgedehnte Plateaus, steile, bewaldete Hänge und viele größere und kleinere, sehr saubere Seen sowie quirlige Wasserläufe prägen das Bild dieses typischen Eiszeit-Endmoränen-Landstrichs, dessen Schönheit schon über Jahrzehnte Tausende von Erholungssuchenden anzieht, ohne dass er dabei seinen Zauber verliert. Unter den vielen Wanderfahrten in dieser kontrastreichen Seenlandschaft erfreut sich der Küstrinchener Bach, eine Verbindung zwischen den Feldberger Seen und den in südwestlicher Richtung liegenden Lychener Gewässern, großer Beliebtheit.

Am Breiten Luzin, mit 58 m dem tiefsten der Feldberger Seen, können wir die Kanufahrt beginnen. Geeignete Einsetzstellen finden wir am Zeltplatz C/30 sowie am Erddamm, der den Breiten vom Schmalen Luzin trennt. Auch können wir an der Landstraße, unweit vom Tornowhof, unsere Kanus in den Lütter See hinablassen, um von dort über den Breiten Luzin unter der Erddammbrücke hindurch zum 7 km langen Schmalen Luzin zu gelangen. Hohe Buchenwaldhänge umfassen diesen tiefen, etwas geheimnisvollen See, an dessen Ufer schon die Menschen des Bronze-

zeitalters und später Slawenstämme ihre Siedlungen hatten. Heute führen etliche Wanderwege zu schönen Aussichtspunkten. Eine handbetriebene Kettenfähre verbindet die beliebten Waldgaststätten »Hullerbusch« mit Luzinhalle.

Durch einen engen Hals, »Schmal« genannt, erreichen wir den abgeknickten Südzipfel des Sees, und vor uns, hoch am Bergrücken, liegt Carwitz, das auf einer Halbinsel zwischen dem Schmalen Luzin und dem Dreetzsee Platz gefunden hat. Die »Bäk«, ein seichter und steiniger Graben (Faltboote und Zweier treideln!) führt uns zum Carwitzer See, der mit seinen vielen Inseln und stark gegliederter Uferlinie einen lohnenden Aufenthalt verspricht (Zeltplätze in Carwitz und bei Conow). Um Carwitz herum durch einen »toten Wald« von abgestorbenen Erlen, paddeln wir weiter

△ *Die Kirche von Lychen bewacht die alte Stadt.*

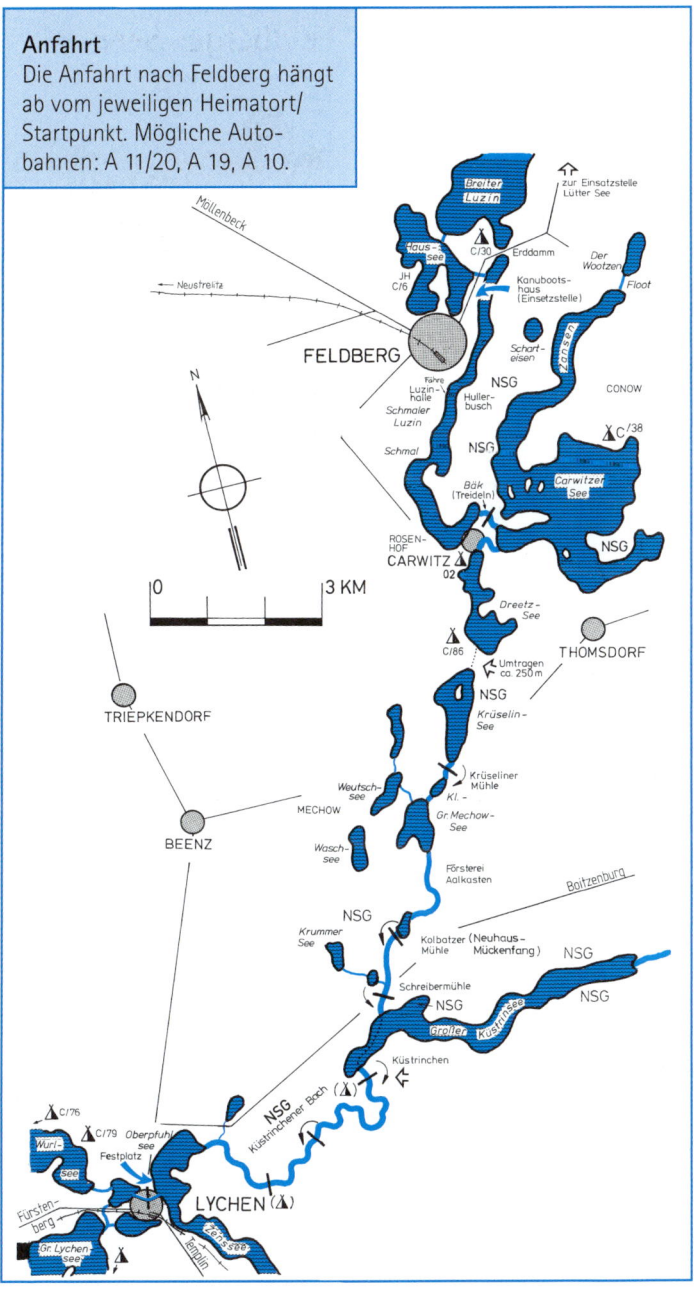

Anfahrt

Die Anfahrt nach Feldberg hängt ab vom jeweiligen Heimatort/ Startpunkt. Mögliche Autobahnen: A 11/20, A 19, A 10.

zur Einsatzstelle
Lütter See

Breiter
Luzin

C/30   Erddamm

Der
Wootzen

Haus-
see

JH
C/6

Kanuboots-
haus
(Einsetzstelle)

Floot

← Neustrelitz

Mollenbeck

FELDBERG

Schart-
eisen

N

Fähre
Luzin-
halle

NSG

CONOW

Huller-
busch

Schmaler
Luzin

C/38

Schmal

NSG

Carwitzer
See

Bäk
(Treideln)

NSG

0   3 KM

ROSEN-
HOF

CARWITZ
02

Dreetz-
See

THOMSDORF

C/86

Umtragen
ca. 250 m

TRIEPKENDORF

NSG

Krüselin-
See

Weutsch-
see

Krüseliner
Mühle

MECHOW

Kl.-
Gr. Mechow-
See

BEENZ

Wasch-
see

Försterei
Aalkasten

Boitzenburg

NSG

Krummer
See

Kolbatzer (Neuhaus-
Mühle   Mückenfang)

NSG

Schreibermühle

NSG

NSG

Großer   Küstrin-see

Küstrinchen

C/76

NSG

Küstrinchener Bach

C/79   Oberpfuhl-
see
Festplatz

Würl-
see

LYCHEN

Fürsten-
berg

Gr. Lychen-
see

Templin

Zens-see

zum Dreetzsee, dessen Westufer Wochenendhäuser beleben. Wir landen am Südufer beim Strandbad. Vom Dreetzsee zum 10 m tiefer liegenden Krüselinsee versickert das Wasser unterirdisch; wir müssen unsere Boote ca. 250 m am Campingplatz vorbei zur Einsetzstelle durch den Wald tragen.

Als Entschädigung erlaubt uns nachher das klare Wasser des Krüselins tiefe Einblicke in die vielfältige Pflanzenwelt am Grunde. An der kleinen Insel vorbei steuern wir direkt das große Mühlengebäude an (heute Gaststätte) und tragen die Kanus ca. 150 m um das Ausgleichsbecken.

Es folgt ein flacher und enger Bachabschnitt zu den Mechower Seen, die einsam im dichten Wald liegen. Seerosen und die gelbe Mummel bedecken große Flächen des Wasserspiegels und lassen nur eine schmale, gewundene Fahrrinne frei. An der Försterei Aalkasten (Fischsperre) wird rechts kurz umgetragen; weitere Umtragestellen erwarten uns an der Kolbatzer Mühle (Neuhaus-Mückenfang) und an der Küstrinsee zum südwestlichen Abfluss.

Die nach dem Wehr Küstrinchen folgende Strecke ist bei gutem Wasserstand ein Leckerbissen. Liegt der Pegel allerdings unter 30 cm (meist Ende Mai bis Oktober) verzichten wir auf eine Befahrung. Anfangs etwas seicht (Zweier vielleicht treideln), aber mit guter Strömung schlängelt sich der Küstrinchener Bach – liebevoll von hiesigen Kanuten »Küstrinchen« genannt – in unzähligen Haarna-

Der Küstrinchener Bach schlängelt sich an schönen Waldlichtungen, Wildschweinsuhlen und Tümpeln vorbei.

delkurven unter mächtigen Erlen-, Eschen- und Eichenkronen an kleinen Waldlichtungen, Wildschweinsuhlen und Tümpeln vorbei. Kleine Überraschungen wie umgestürzte Bäume würzen die sportliche Fahrt. Vor der Mündung in den Oberpfuhler See beruhigt sich das Flüsschen.

Gegenüber liegt Lychen; die mächtige Feldsteinkirche bewacht wie eine riesige Glucke die alte Stadt, die auf einer Seeinsel gegründet wurde. Am Festplatz neben dem Kanuverleih können wir unsere Wanderung beenden; hier warten die schon vorher abgestellten Autos.

Charakter, Tipps

Die Verbindung zwischen den Feldberger Seen und den reizvollen Lychener Gewässern über den Küstrinchener Bach kann sportlich als Tagesfahrt oder bequem in zwei Tagen bewältigt werden. Der grundverschiedene Charakter der einzelnen Streckenabschnitte, die sportliche Note des »Küstrinchens« und die relativ einsame Landschaft machen aus der Wanderung eine Genussfahrt. Anfänger sollten sich erfahrenen Kanuten anschließen. Wegen mehrerer Umtragestellen sind Kunststoff-Einer die idealen Boote, aber auch Zweier kommen bei günstigem Wasserstand, abgesehen von gelegentlichen Treidelstellen, gut durch. Von den Lychener Gewässern gibt es über den Großen Lychensee, die Woblitz und den Stolpsee eine befahrbare Wasserstraßenverbindung nach Fürstenberg und damit einen Anschluss an die Havel (Ferienfahrt).

Zeltmöglichkeiten

Campingplätze Feldberg: Breiter Luzin C/30; Conow: Carwitzer See; Carwitz: Dreetzsee C/86; Ly-

chen: Wurlsee C/76, 79; Großer Lychensee.

Sehenswertes

Feldberg: Drostenhaus (Fachwerk-Amtshaus), Heimatstube, Kirche; Schlossberg: slawische Wallanlage, Schlicht-Hünengräber der Bronzezeit, NSG Hauptmannsberg, NSG Heilige Hallen (Urwald).

Carwitz: Fachwerkkirche, Glockenturm, Gedenkstätte für Hans Fallada (Schriftsteller); Thomsdorf: Dorfkirche.

Lychen: Stadtkirche St. Johannes (13. Jh.), barockes Rathaus, Stadtmauerreste (Stargarder Tor), alter jüdischer Friedhof.

Auto nachholen

Zwischen Feldberg und Lychen kein akzeptabler öffentlicher Nahverkehr.

Karten, Kanu-Literatur

Generalkarte 1:200 000, Blatt 31; Wanderkarte Feldberger Landschaft 1:30 000 (Tourist Verlag); Wasserwanderatlas Teil Mecklenburger Gewässer; Wassersportwanderkarte 1:100 000, Blatt 6. Deutsches Flusswanderbuch.

2 36 km

2-Tage-Fahrt

Auf dem Weg von seiner Quelle unter dem 111 m hohen Blocksberg bei Wallitz bis zur Mündung in die Havel durchquert der 105 km lange Rhin eine hügelige, seen- und waldreiche Landschaft von außerordentlicher Schönheit. Die ausgedehnte Seenkette, die der kleine, saubere Fluss zwischen Zechlin-Dorf und Rheinsberg durchfließt, wird südlich vom Grienericksee von einer breiten Endmoräne begrenzt. Durch dieses sandige und steinige Eiszeitgeschiebe windet sich der Rhin in einer engen Schmelzwasserrinne als Seeabfluss südwärts bis nach Zippelsförde und erreicht hier die zum Schiffskanal ausgebaute Wasserstraße nach Lindow. Die runden Sandhügel der Kragener Heide drängen ihn nach Nordwesten ab, doch am Zermützelsee steuert er wieder die südliche Richtung an, umfließt die am lang gezogenen Ruppiner See liegende Stadt Neuruppin und schlängelt sich als Alter Rhin durch das von Entwässerungsgräben zerfurchte Rhinluch. Im teils kanalisierten Flussbett eingezwängt, durchströmt er das NSG Gülper See, bevor er bei Strodehne, südöstlich von Havelberg, in die Havel mündet.

Wenn wir nicht schon mit dem Boot von den Mirower Gewässern angepaddelt kommen, beginnen wir am Rheinsberger See beim Warenthiner Bootshaus oder auf dem Zeltplatz D/98 unsere Wanderfahrt. Auch in Rheinsberg finden

wir neben dem Bootsverleih eine gute Einsetzstelle. Doch vorher sollten wir noch das »Sanssouci« von Brandenburg, das barocke Schloss, besichtigen. Die im 18. Jahrhundert an der Stelle einer früheren Wasserburg errichtete U-förmige Dreiflügelanlage ist von einem Wassergraben und einem weitläufigen Park umgeben.

Anschließend verlassen wir an der Billardbrücke den See und werfen noch einen Blick auf die weiß leuchtenden Gebäude des Schlosses. Kurz danach steigen wir aus den Booten und tragen diese an der Stadtmühle rechts um. Der Pegel an der Straßenbrücke sollte wenigstens 65 cm anzeigen, damit wir überall durchkommen. Zwei Straßenbrücken, ein Holzsteg (hier auch Einsetzmöglichkeit, Parkplatz an der Hainstraße in Bahnhofsnähe) und bunte Gartenhäuschen beglei-

△ *Der Rhin durchfließt eine wunderschöne, waldreiche Landschaft.*

ten uns im Stadtgebiet. Unter dem niedrigen Brückendurchlass am Ferienheim Untermühle erwartet uns ein kleiner Schwall mit Stufe (Faltboote bei Niedrigwasser treideln!). Flott zieht der Rhin durch ein einsames Waldgebiet, wo nur ganz wenige Wochenendgrundstücke bis an die Ufer reichen. Eine umgestürzte Kiefer zwingt uns, die Boote umzutragen. Links mündet die klare Döllnitz. Eine alte, mit Feldsteinen gepflasterte Furt deutet darauf hin, dass hier irgendwo ein Bauernhof liegt. Es folgen einige Flussschlingen, und rechts lugt der Kirchturm von Zechow über die Ufer. Unter der Straßenbrücke wird es steinig, kurz danach macht uns eine Informationstafel auf einen Rastplatz aufmerksam. An der Rheinshagener Rohrbrücke verschwindet der Fluss in zwei engen Öffnungen. Wir tragen links um.

Eine Brücke kündigt Zippelsförde an. Bald erreichen wir das Wehr und die Brücke an der Fischaufzuchtstation. Über die Straße tragen wir die Boote ins Unterwasser. Als Alternative kann man die Kanus ca. 200 m über eine Wiese tragen, in den Rhinkanal einsetzen und links über den Gudelacksee (Zeltplatz D/94) nach Lindow paddeln. Doch wir bleiben auf dem Rhin, der kurz nach dem Wehr scharf nach rechts knickt und nach 1 km in der zum Rhinkanal ausgebauten Wasserstraße mündet. Wir paddeln nun durch das eindrucksvolle Auwald-

gebiet »In der Plagge«. Lange Schwimmbalken, als Wellenbrecher an Pfählen verankert, schützen das empfindliche Pflanzen- und Vogelrefugium gegen die Motorbootfahrer, die hier manchmal zu schnell vorbeipreschen.

Am Zermützelsee befinden sich zwei schöne Zeltplätze, und rechts führt ein Abstecher durch den Rottstielfließ zum Nordende des klaren Tornowsees. Etliche Campingplätze bieten Übernachtungsmöglichkeiten. Wir sollten auch einen Spaziergang zum geologisch interessanten Naturschutzgebiet Kalksee einplanen. Wieder am Zermützelsee zurück, besuchen wir noch kurz das Waldmuseum bei Stendenitz.

Über den schmalen Teetzen- und Molchowsee, deren Ufer von vielen Bungalows zersiedelt sind, erreichen wir die Schleuse Neumühle, wo jede Stunde geschleust wird. Auch eine Bootsschleppe mit Gleiswagen steht zur Verfügung.

△ *Das barocke Schloss von Rheinsberg ist von See und Wassergraben umgeben.*

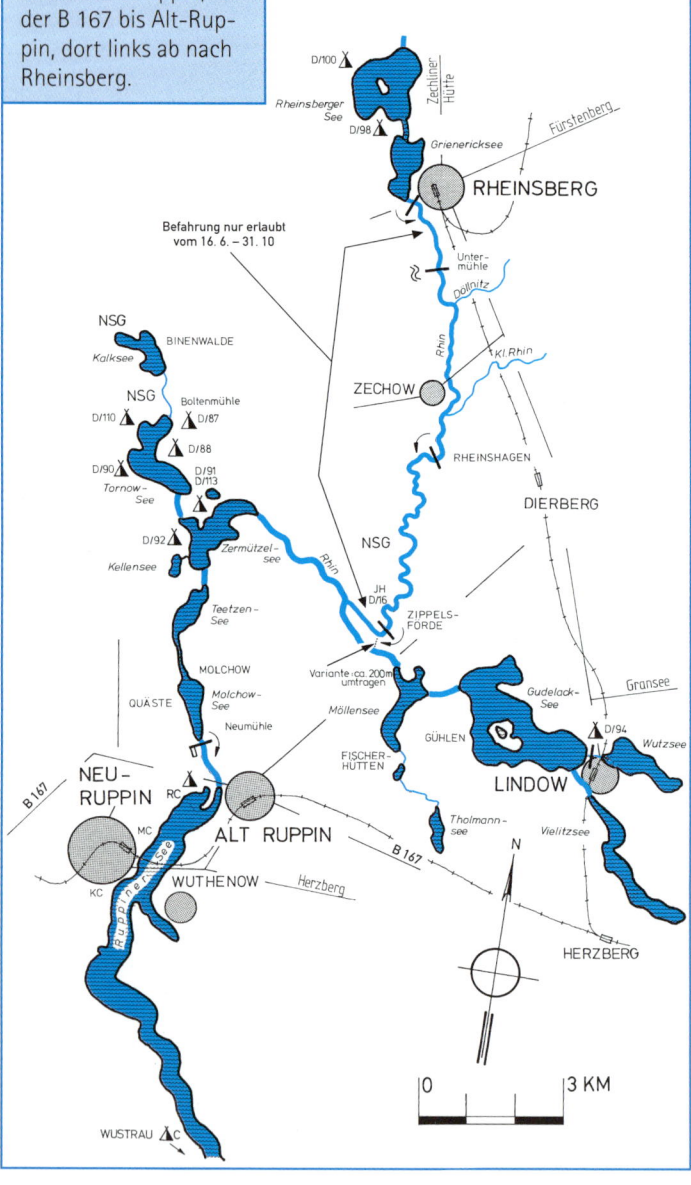

Anfahrt
A 24 Hamburg–Berlin,
Abfahrt Neuruppin, auf
der B 167 bis Alt-Rup-
pin, dort links ab nach
Rheinsberg.

D/100

Rheinsberger
See
D/98

Zechliner
Hütte

Grienericksee

Fürstenberg

RHEINSBERG

Unter-
mühle

Dollnitz

Befahrung nur erlaubt
vom 16. 6. – 31. 10

Rhin

Kl. Rhin

NSG

Kalksee

BINENWALDE

ZECHOW

NSG

Boltenmühle

D/110

D/87

RHEINSHAGEN

DIERBERG

D/90

D/91
D/113

D/88

Tornow-
See

D/92

Zermützel-
see

Kellensee

NSG

Rhin

JH
D/16

ZIPPELS-
FORDE

Teetzen-
See

MOLCHOW

Variante ca. 200 m
umtragen

Gudelack-
See

Gransee

QUÄSTE

Molchow-
See

Möllensee

GÜHLEN

D/94

Wutzsee

Neumühle

FISCHER-
HÜTTEN

LINDOW

B 167

NEU-
RUPPIN

RC

ALT RUPPIN

Tholmann-
see

Vielitzsee

B 167

MC

WUTHENOW

Herzberg

N

KC

HERZBERG

|0   3 KM

WUSTRAU C

Nach den Straßenbrücken von Alt-ruppin öffnet sich der Blick über den Ruppiner See. Von weitem grüßt uns schon die doppeltürmi-ge Silhouette der gotischen Klos-terkirche von Neuruppin. Einen guten Anlegeplatz finden wir am Steg des MC Neuruppin oder nach der Eisenbahn- und Straßenbrücke an den Bootshäusern des Kanuver-eins.

Charakter, Tipps

Brandenburgs schönster Klein-fluss. Im Abschnitt Rheinsberg-Zippelsförde munteres Wald- und Wiesenflüsschen mit leichtem Wildwassercharakter. (Hier nicht aufwärts paddeln – Gegenver-kehrsbehinderung und Natur-schutzgründe!) Ideal für Kunst-stoffboote; bei Faltbooten Gefahr bei Grundberührungen. Nachher Seen und seenartiger Fluss mit vielen Badestellen und schönen Zeltplätzen. Touren-Varianten: Von Zippelsförde über den Gude-lacksee nach Lindow bzw. vom Zermützelsee über den Rottstiel-fließ zum Tornowsee (Ruppiner Schweiz). Nach Norden besteht eine Gewässerverbindung über den Jagow- und Hüttenkanal zur Müritz-Havel-Wasserstraße (Fe-rienfahrt). Nur in kleinen Gruppen paddeln, nicht wild zelten und sich naturschutzgemäß verhalten.

Zeltmöglichkeiten

Rheinsberger See: D/98–D/100; Zermützelsee: D/91, D/113; D/92; Tornowsee: D/87–90, D/110; Ruppiner See-Wustrau; Lindow; Gudelacksee D/94.

Sehenswertes:

Rheinsberg: Barockschloss, Schlosspark, Schlosstheater, Pfarrkirche (Feldsteinbau), Reste der Stadtmauer, Postmeilensäule. *Lindow:* Klosteranlage mit Park (Altersheim), barocke Pfarrkirche. *Neuruppin:* Zweitürmige Kloster-kirche, Siechenkapelle, Hospital, St.-Georgs-Hospitalkapelle, Tem-pelgarten, Löwenapotheke (Ge-burtshaus Theodor Fontanes), Pfarrkirche, Wallanlagen, Bürger-häuser mit frühklassizistischen Fassaden (Zopfstilornamentik), Heimatmuseum, Geburtsort von K. F. Schinkel; *Altruppin:* frühgo-tische Pfarrkirche; *Molchow:* Glockenturm; *Wustrau:* barockes Herrenhaus; *Stendenitz:* Wald-museum u. a.

Auto nachholen

Zwischen Rheinsberg und Neu-ruppin kein akzeptabler öffent-licher Nahverkehr.

Karten, Kanu-Literatur

Generalkarte 1:200 000, Blatt 31, 33; Wasserwanderatlas Teil Mär-kische Gewässer; Wanderkarte Rheinsberger Landschaft 1:50 000; Touristenkarte Mecklenburger Seenplatte 1:120 000; Wasser-sportwanderkarte 1:450 000, Teil 6. Tourist-Wanderatlas Rheins-berg-Neuruppin.

≥ 151 km

🕐 Ferienfahrt

An den Westhängen des 583 m hohen Kottmar bei Ebersbach entspringend, eilt die junge Spree entlang der böhmischen Grenze durch das Oberlausitzer Bergland, die sagenumwobenen Aussichtsberge wie Czorneboh und Bieleboh hinter sich lassend. Bei Bautzen, der »heimlichen Hauptstadt« der Lausitz, wagt sie sich in die Niederung und durchquert das mit vielen Teichen übersäte Oberlausitzer Heideland. Mehrmals zu großen Speicherbecken aufgestaut, mogelt sich der Fluss an der Mondlandschaft des größten europäischen Braunkohlereviers vorbei und erreicht die alte Handelsstadt Cottbus. Im Spreewald, einer einmaligen Flussbeckenlandschaft, verästelt sich die Spree in unzählige Arme und Kanäle. Hier, im dichten Netz von Wasserstraßen, liegen die nur schwer zugänglichen Siedlungen der Sorben, eines slawischen Stammes, der diese Flussaue schon über Jahrhunderte bewohnt und bewirtschaftet. Am Neuendorfer See erreicht die Spree, den Osten ansteuernd, die leicht wellige Grundmoränen- und Sandhügellandschaft der Beeskower Platte. Die Begradigung durch den Oder-Spree-Kanal ist nur ein kurzes Intermezzo, denn nicht weit von Fürstenwalde mäandert der Fluss schon wieder kräftig, diesmal als Müggelspree, durch das Berliner Urstromtal, bevor er über den Großen Müggelsee als viel befah-renes Stadtgewässer nach einer fast 400 km langen Reise in Berlin-Spandau in die Havel mündet.

Dieser Wandervorschlag führt uns trotz Großstadtnähe auf einen noch recht ursprünglich gebliebenen Flussabschnitt; um so kontrastreicher wirkt die Einfahrt in die Berliner Gewässer. In Lübben, einer kleinen ehemaligen Residenzstadt, beginnt die Tour. Wenn wir nicht schon per Kanu nach Lübben angepaddelt kommen (Aufenthalt im Spreewald), finden wir unweit des Kahnfährhafens am Bassin des Stadtgrabens (nur wenige Schritte vom Campingplatz Z/20) eine gute Einsetzstelle. Unter der Spreebrücke liegt die schmale Kanuschleuse; für einen kleinen Obolus wird hier geschleust. Rechtsufrig nach der Brücke können wir auch einsetzen, eine Treppenanlage führt im Park zum Fluss (Parkplatznähe).

△ *Die Spree erlaubt ganzjährig gemütliches Wasserwandern.*

Anfahrt
A 13 Dresden–Berlin, Ausfahrt Duben, auf der B 87 nach Lübben.

BERLIN

KÖPENICK

KC

RAHNSDORF

Stienitzsee

Gr. Müggel-See

Neu Venedig

E/43

I/4

Kalksee

Langer See

I/2

Flakensee   E/37   E/38

Peetz-see

Möllen-see

I/6

Seddinsee

ERKNER

E/40

Krossinsee

E/34   E/33

S-Bahn

A 12

A 10

Müggelspree

HANGELS-BERG

0   10 KM

Krüpelsee

KABLOW

Oder - Spree Kanal

D/67   BINDOW

A 12

FÜRSTENWALDE

Schl. Gr. Tränke

BERKENBRÜCK

JH

Dolgensee Langer See

WOLZIG

D/61   D/64   D/56

Wölziger See

A 12

Dehmsee

PRIEROS

STORKOW

NSG

GROSS KÖRIS

Hölzerner See

SELCHOW

Gr. Starkower See

BAD SAAROW-PIESKOW

Dahme

E/5   E/30

E/17

Drahendorf

Gr. Selchower See

Scharmützelsee

Neu-brück

MÄRKISCH BUCHHOLZ

Neuendorfer See

E/10

B 246

Raßmanns-dorf

Radinkendorf

Wergen see

Z/16

Z/14

Gr. Kossenblatter See

E/53

Köthener See

Neuen-dorf

E/51

ALT SCHADOW

BEESKOW

NSG

B 87

KÖTHEN

LEIPSCH

WERDER

Oegelsee

KC

Z/13   Z/15

Unterspree-wald

KOSSEN-BLATT

NSG

SCHLEPZIG

BRIESCHT

E/13

Schwarzer Kater

E/4

Leißnitz-see Leißnitz

FRIEDLAND

Petkamsberg

TREBATSCH

GLOWE

E/9

NSG

WIESENAU

B 87

E/15

Z/10

NIEWISCH

E/11

Schwielochsee

ZAUE

E/12

LÜBBEN

B 168

GOYATZ-GUHLEN

Z/9

E/14

Z/20

Z/8

△ *Willkommene Abwechslung für Kanu-Kinder: Enten füttern.*

Türme und Reste der Wehrmauer begleiten uns bis zum Stadtrand. Links mündet die Berste, die wir mit Kanus auch befahren können (zwei Schleusen). Eine Holzbrücke, über die der Wanderweg zum Aussichtshügel Pfaffenberg führt, überspannt den Fluss, die Eisenbahnbrücke folgt.

Wir durchpaddeln eine einsame, mit einzelnen Bäumen aufgelockerte Wiesenlandschaft. Ab der Hartmannsdorfer Schleuse ändert sich die Umgebung; dichte Waldbestände – der Untere Spreewald – säumen bald beide Flussufer. Bei Petkamsberg, einer idyllisch liegenden Gastwirtschaft, können Wasserwanderer auf der Wiese zelten (bitte anmelden!). Die kurz danach links abzweigende Wasserburger Spree ist aus Naturschutzgründen zwischen 15.2. und 15.5. bis zum Krausnitzer Kanal auch für den Kanufahrer gesperrt. Wir dürfen den Puhlstrom benutzen, um in den Unteren Spreewald zu gelangen (Naturschutzgebiet mit sehr schönen Auwaldbeständen).

Auf der Hauptspree bleibend erreichen wir das verträumte Dorf Schlepzig. Die alte Schleuse unter der Brücke ist nicht mehr in Betrieb; also paddeln wir links, am kleinen Kahnhafen vorbei, in die Quaasspree hinein. Die neue Schleuse liegt flussaufwärts der Verbindungsstraße zwischen Schlepzig und Krausnick (Selbstbedienung).

An der nächsten Gabelung kehren wir rechts über den Zerniasfließ in die Große Spree zurück. Vorsicht bei der nächsten, veralteten Schleuse, deren Tore nicht ganz schließen und deren Bedienung viel Kraft verlangt! Nach der Leipscher Brücke wurde die Bootsrampe am alten Nadelwehr durch eine funktionierende Doppelschleuse ersetzt. Links zweigt der Umflutkanal zum stark verwachsenen Köthener See und von dort in die Dahme ab, doch wir schleusen rechts, um in der Spree zu bleiben. Vor der Mündung in den Neuendorfer See lässt die Strömung nach. Wir paddeln über den See und landen am Nordufer am schönen Zeltplatz bei Alt-Schadow.

Am nächsten Tag wartet ein viel gewundener, einsamer Flussabschnitt auf uns, der an den Sandhügeln der Blocksberge vorbeiführt. In Alt-Schadow wird ab 9 Uhr alle 2 Stunden geschleust, und an der halb zerfallenen Schleuse vor Kossenblatt müssen wir in den Kanal steuern und hier rechts umtragen. Nachher können wir uns beim »Schwarzen Kater« in Briescht mit einem Bier erfrischen. Die Schleuse von Trebatsch ist ständig offen, und nach der B 87-Brücke zweigt rechts der Sawaller Altarm zum Schwielochsee ab. Geradeaus paddelnd landen wir an der See-Enge »Hals«; links geht es weiter zum seichten, stark verkrauteten Glower See. Über den Leißnitzsee, an gelben, ausgedehnten Sandstränden und Kiefernwäldern vorbei, fließt die Spree seenartig erweitert in Richtung Beeskow, dessen Kirchturm weit sichtbar ist. Am Bootshaus des Kanuvereins lassen wir die Boote liegen und besichtigen die teils noch mit Wehrmauern umsäumte, im Krieg stark beschädigte Stadt. Im rechten Flussarm umtragen wir die gesperrte Schleuse. Mit vielen Windungen, überraschend gut strömend, trägt uns die Spree in nördlicher Richtung an winzigen, von der Welt scheinbar vergessenen Siedlungen vorbei.

Vor dem Wergensee steuern wir links zur Schleuse in die Drahendorfer Spree hinein. Diese pendelt noch völlig unverbaut durch ein fast geschlossenes Auwaldgebiet

nach Drahendorf (Bootsschleuse) und mündet beim Spreeforsthaus in den Oder-Spree-Kanal, der das Berliner Urstromtal ansteuert. Unter der Autobahnbrücke hindurch (Jugendherberge) erreichen wir Fürstenwalde.

Die Bootsschleppe liegt mittig in der Doppelschleuse. Das spätgotische Rathaus und die Marienkirche lohnen einen Besuch, bevor wir die Müggelspree vor der Schleuse »Große Tränke« anpaddeln. Hier heißt es nochmals die Boote mit dem Wagen hinüberrollen. In Hangelsberg liegt unweit vom Fluss ein netter Campingplatz mit Anlegesteg.

Eine ansprechende Parklandschaft begleitet uns in Richtung Berlin. Am Horizont zeichnen sich die Krengelsberge ab, und nach der lärmenden Autobahnbrücke säumen immer mehr Wochenendkolonien die Ufer.

Am Dämeritzsee begegnen wir den großen Fahrgastschiffen der Weißen Flotte, und links zeigen uns Baken die Richtung an. Von den Ufern des Hessenwinkels leuchten weiße Villen, umgeben von Gärten voller Rhododendronbüsche, zum See hinab. Wir steuern die Spree an, auf der ein starker Motorbootverkehr herrscht.

Ein Abstecher in die verwinkelten Kanäle der Bungalow- und Feriensiedlung »Neu-Venedig« ist sehr lohnend. Am Kleinen Müggelsee liegt der Zeltplatz I/4, doch bei gutem Wetter paddeln wir über den großen Müggelsee, an vielen Strandbädern vorbei, bis nach Köpenick.

Unweit der Baumgarteninsel, am Bootshaus des Kanu-Clubs, können wir anlegen; von hier sind es zum Bahnhof nur wenige Minuten.

Charakter, Tipps

Durch Wald- und Wiesengebiete langsam fließender Flachlandfluss, der teils kanalisiert, teils völlig natürlich erhalten, auch Anfängern ganzjährig eine schöne Wanderung erlaubt. Wasser relativ sauber, nur wenig Schiffsverkehr (Ausnahme in Berlin). Am Neuendorfer sowie Schwieloch- und Leißnitzsee schöne Badestrände. Viele Zeltplätze an den Ufern ermöglichen variable Etappenaufteilung. Eine Ferienfahrt können wir mit einem mehrtägigen Aufenthalt im Spreewald beginnen. Der Spree-Dahme-Kanal (Umflutkanal) ermöglicht uns einen Abstecher in das viel besuchte Teupitz-Köriser Seengebiet bzw. zum Scharmützelsee. Fast alle Schleusen auf der Spree sind noch in Betrieb und werden überwiegend von Personal betreut. Teils Selbstbedienung bzw. Bootsrampen mit Gleiswagen. Pkw-Begleitung ist kaum möglich, manche Flussabschnitte über Straßen nicht erreichbar.

Zeltmöglichkeiten

Lübben: Am Burglehn; Petkamsberg: Neuendorfer See: Z/13–16; Glower See: E/4, E/9; Schwiolochsee: E/11–12, 14–15, Z/8–11; Beeskow (Anmeldung am Bootshaus); Neuhaus: Wergensee; Hangelsberg; Müggelheim: Kleiner Müggelsee I/4.

Sehenswertes

Lübben: Stadtbefestigung mit Türmen, Wiekhaus, Schloss, barockes Ständehaus (Archiv), Paul-Gerhardt-Kirche, Postmeilensäule, Weinbauerdenkmal; Lübben-Steinkirchen: Dorfkirche, Herrenhaus.

Beeskow: Schloss (biologisches Heimatmuseum), Stadtmauer mit Wiekhäusern und Türmen, mittelalterliche Häuser, Marktplatz, gotische Pfarrkirche St. Marien (teils Ruine), Kietz (ehemalige Fischersiedlung).

Rahnsdorf: »Neu-Venedig« (idyllische Siedlung an Kanälen).

Köpenick: Barockschloss (Kunstgewerbemuseum), Schlosspark, Rathaus (Hauptmann von Köpenick), Pionierpark Wuhlheide, Müggelturm u. a.

Auto nachholen

Zwischen Lübben, Beeskow, Fürstenwalde und Köpenick regelmäßiger Nahverkehr mit Bus und Bahn.

Karten, Kanu-Literatur

Generalkarte 1:200 000, Blatt 35, 33; ADAC Freizeitatlas 1:100 000 Brandenburg/Berlin, Wasserwanderatlas Teil Märkische Gewässer, Touristen-Karte Berlin-Süd 1:100 000; Wanderkarte Spreewald 1:50 000.

≥ 17–28 km

🕐 3 Tagesrundtouren

Etwa 100 km südöstlich von Berlin liegt in der lang gestreckten Niederung das Baruther Urstromtals der Spreewald. Hier, in der flachen Senke, bildete die Spree zusammen mit der Malxe in Jahrtausenden auf einer Länge von ca. 75 km ein fast 15 km breites, dicht verästeltes Netz von Bächen und Wasserläufen (Fließen). Die dort lebende sorbische Bevölkerung ergänzte das Gewirr von Flussarmen mit künstlich angelegten Gräben (Groblje), Kanälen und kleinen Häfen, und so entstand diese einzigartige, seltsame Kulturflusslandschaft, die in Europa ihresgleichen sucht. Bei Lübben, wo sich die leicht gewellten Ränder des Urstromtals der Flussniederung bis auf 1 km nähern, befindet sich die Grenze zwischen dem touristisch erschlossenen Oberspreewald und dem nördlicher liegenden, kleineren Unterspreewald, der ursprünglicher geblieben und als Naturschutzgebiet nur einem engeren Kreis von Besuchern bekannt ist.

Von Lübbenau aus unternehmen jährlich Hunderttausende von Touristen auf flachen Holzkähnen kürzere oder längere Fahrten durch den Oberspreewald, besuchen das Freilichtmuseum im 600 Jahre alten Dorf Lehde, das Lübbenauer Schloss und die idyllisch liegende Waldgaststätte »Wotschofska«. An Sonn- und Feiertagen sind dann die Kanäle voller Kähne und es hallen Musik, Gelächter und Stimmengewirr durch die Baumalleen. Doch ein wirklich unvergessliches Erlebnis ist eine Fahrt im eigenen kleinen Boot, sei es ein Faltboot oder Kanadier, mit dem wir an ruhigen Tagen oder zeitig am Morgen, wenn noch die Nebelschwaden über den Gewässern stehen, die Wasserfließe durchpaddeln. Da ruhen noch die touristenbringenden Holzkähne im Lübbenauer Hafen. In solchen Stunden hören wir nur das regelmäßige Zischen der eintauchenden Paddelblätter und das Trommeln der Wassertropfen auf der gespannten Haut unserer Faltboote. Leise schieben sich die Baumreihen an uns vorbei. Vielleicht beäugt uns neugierig ein Reh vom Ufer aus oder es schwimmt eine Bisamratte eilig zu ihrem Versteck. Von den unzähligen Wandermöglichkeiten, die uns das Biosphärenreservat Spreewald bietet,

△ *In einer der zahlreichen Schleusen des Spreewalds.*

sollen hier drei Rundfahrten vorgestellt werden, die von den Cottbuser Kanusportlern ausgeschildert wurden und uns in verschiedene Stromgebiete des Spreewaldes führen. Wir starten dabei immer in Lübbenau, wo man sich ein Kanu ganztägig auch leihen kann. Wegen des regen Verkehrs ist der Kahnfährhafen für Sportboote gesperrt, doch viele vom Bahnhof kommende Faltbootfahrer setzen an seinem Nordostende ein. Gute Einsetzmöglichkeiten finden wir am Campingplatz »Am Schloss« (Infotafel über die Rundtouren) oder als Gäste beim Bootshaus der TSG Lübbenau.

Kleine Leiper-Tour
Die erste Erkundungsfahrt, markiert durch einen schwarzen Kreis

auf gelbem Untergrund (17 km), führt uns von Lübbenau hinaus und in nordöstlicher Richtung an schönen alten Blockhäusern und am Café »Venedig« vorbei nach Lehde. Dort gibt uns der Besuch im sehenswerten Freilandmuseum einen Einblick in das harte Leben der sorbischen Bewohner in dieser amphibischen Landschaft, die erst 1929 mit einer Straße teilweise erschlossen wurde.

Nach der Besichtigung paddeln wir weiter auf dem Lehder Graben bis zur Kreuzung mit dem Bürgerfließ, geradeaus in den Wehrkanal und landen dann im kleinen Hafen der »Wotschofska«, einer beliebten Waldgaststätte. Hier finden wir unter alten Bäumen auf den rustikalen Holzbänken Platz, holen an der Theke unser Bier und warten geduldig auf das Essen.

Gesättigt setzen wir auf dem Burg-Lübbenauer-Kanal unsere Fahrt in östlicher Richtung fort. Nach der ersten Schleuse (ca. 2 km) biegen wir rechts in den engen Jankenskanal ein, um von dort nach ungefähr 1 km nochmals rechts den Schlapigkfließ anzusteuern. Dieser endet auf der Hauptspree, unmittelbar an der Schleuse in Leipe, wo wir zu einer Kaffeepause in der Dorfgaststätte einkehren.

Zurück nach Lübbenau paddeln wir in südwestlicher Richtung auf der Unteren Boblitzer Kahnfahrt zum südlichsten Fließ des Spreewaldes, dem Leineweberfließ (Gorroschoa), um hier bei guter Strömung die

◁ *Auf der Leiper-Tour kommen wir am Freilandmuseum vorbei.*

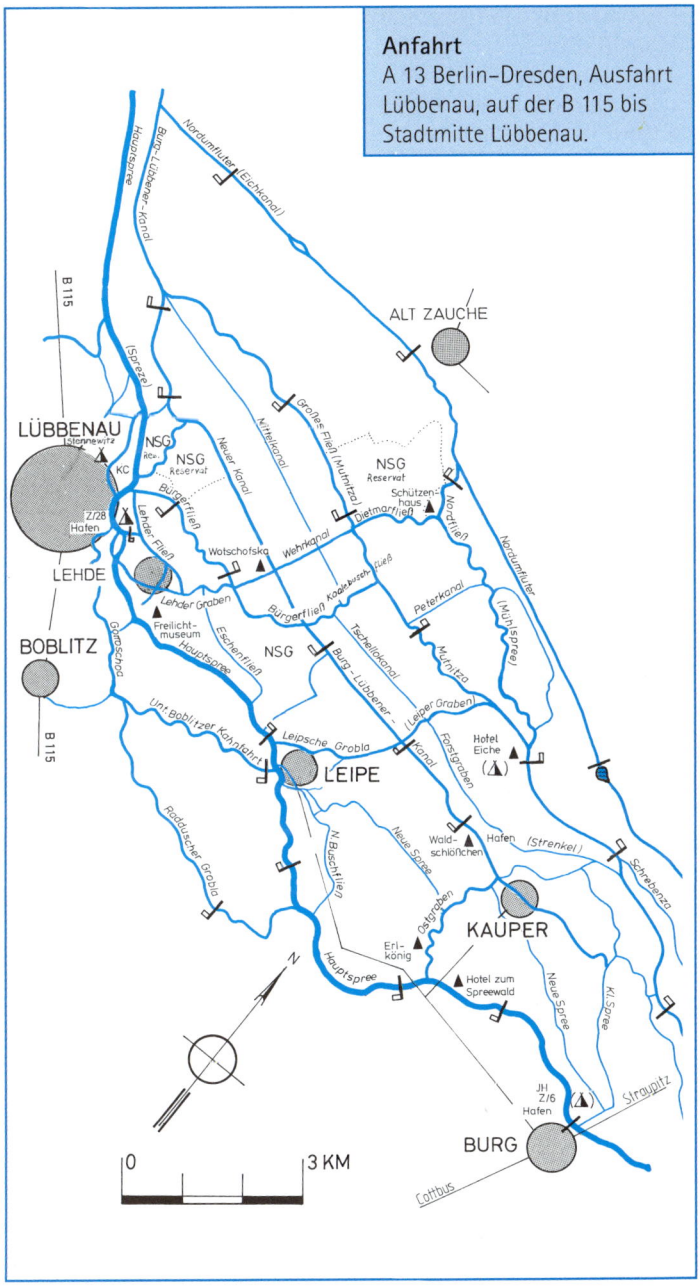

Anfahrt
A 13 Berlin–Dresden, Ausfahrt Lübbenau, auf der B 115 bis Stadtmitte Lübbenau.

letzten 4 km zum Ausgangspunkt zurückzulegen.

Große Leiper-Tour

Bei dieser ca. 20 km langen Tagestour, die mit einem weißen Viereck auf rotem Untergrund markiert ist, paddeln wir zunächst wie bei der Kleinen Leiper-Tour von Lübbenau aus in Nordostrichtung nach Lehde. Der Lehder Graben führt uns dann bis zur Kreuzung mit dem Bürgerfließ. Auf diesem stark gewundenen Gewässer geht es weiter zum Burg-Lübbener-Kanal, den wir überqueren und so in den Hulebusch- oder Koalebusch gelangen. Im Frühsommer liegt hier ein betörender Duft von blühenden Holunderbüschen über dem Wasser, in dem sich mächtige alte Erlen- und Eichenstämme spiegeln. Dieser wunderbare Wasserweg endet am Großen Fließ (Mutnitza), an dem wir ostwärts, gegen die schwache Strömung paddelnd, die Polenzschenke erreichen. Unsere Bootsspitzen wenden sich rechts in den Leiper Graben, der uns stromabwärts nach Leipe trägt.

Nach einer Vesperpause paddeln wir weiter auf der Hauptspree in Richtung Lübbenau (Schleuse) und biegen nach etwa 3 km links in einen Wiesenfließ ab, der uns bald zum Leineweberfließ (Gorroschoa) bringt. Ab hier geht es gemütlich zurück zum Startplatz.

Hochwald-Tour

Mit ihren 28 km Länge verlangt diese Tagestour (Markierung blaues Dreieck auf weißem Grund) vom Kanufahrer schon eine gewisse Portion Ausdauer. Doch sie ist sehr lohnend und führt uns zu dem wohl schönsten und etwas ruhigeren Abschnitt des Spreewaldes, dem Hochwald. Bis nach »Wotschofska« ist die Strecke identisch mit der Kleinen Leiper-Tour. Wir starten wieder in nordöstlicher Richtung nach Lehde, um dann auf dem Lehder Graben die uns schon bekannte Waldgaststätte anzulaufen.

Nach einer Erfrischung steuern wir unsere Boote auf die lange Gerade des Wehrkanals zu, der am Großen Fließ (Mutnitza) endet. Wir erreichen somit die südliche Begrenzung des Hochwaldes, eine sehr ursprüngliche Spreewaldlandschaft. Links vom Dittmarfließ, der unsere Kanus aufnimmt, liegt das für Touristen generell gesperrte Naturreservat.

Am Forst- und Schützenhaus vorbei biegen wir rechts in die Mühlspree (Nordfließ) ein. Diese schlängelt sich in vielen Windungen durch den wunderschönen Hochwald und trifft nach 4 km unmittelbar am »Hotel Eiche« auf den Leiper Graben.

Wir paddeln den Leiper Graben weiter stromabwärts bis nach Leipe, wo uns eine einladende Gaststätte erwartet. Die restlichen 5 km legen wir auf der gut strömenden Hauptspree zurück und landen abends etwas müde, aber mit vielen schönen Erinnerungen an eine einzigartige Landschaft am Zeltplatz in Lübbenau.

Charakter, Tipps

In einer seltenen Wald-, Wiesen- und Flusslandschaft langsam strömendes Labyrinth von ca. 300 Kanälen und Fließen, ganzjährig ohne nennenswerte Schwierigkeiten mit allen Kanutypen befahrbar. Eine genaue (Kanu-)Wanderkarte (min. 1:50000) ist zu einer zuverlässigen Orientierung zwingend notwendig. Drei markierte Kanuwanderwege helfen bei ersten Erkundungsfahrten. Schleusen werden größtenteils vom Personal oder von Einheimischen gegen einen kleinen Obolus bedient; manche Wehre sind auch befahrbar. Der rege öffentliche Kahnverkehr verlangt von Kanuten rücksichtsvolles Verhalten. Der Spreewald wurde zum Naturschutzgebiet erklärt, manche Reservate dürfen nicht betreten sowie Fließe nicht befahren werden (Sperrschilder an den Zufahrten). Die wenigen Zeltplätze sind in der Saison voll belegt (Vorbestellung). Im Sommer zeitweise starke Mückenplage. Anfang Oktober »Internationale Spreewaldfahrt« (DKV). Der kaum bekannte Unterspreewald (NSG) ist nur auf wenigen Fließen für Kanufahrer erschlossen. Bootsverleih: Campingplatz Lübbenau.

Zeltmöglichkeiten

Lübbenau: Am Schloss; Lübbenau-Steunewitz: Privatzeltplatz (Fr. Hirte, Tel. 03542/36 37); Unterspreewald, Lübben: Am Burglehn (Tel. 03546/7053); bedingt Petkamsberg; Neuendorfer See (Tel. 035473/7 08); Cottbus: Vereinsgelände ESV Lok RAW (nur DKV-Mitglieder, Tel. 0355/796230, auch gute Infos). Wildes Zelten nicht gestattet – wird kontrolliert und mit Bußgeld geahndet.

Sehenswertes

Burg (Borkowy): Schöne Holzhäuser, Kirche, Aussichtsturm; Burg-Kauper: Waldschlösschen; Burg-Dorf: alte Kähne.
Straupitz: Doppeltürmige Kirche.
Leipe (Lipje): Hotel »Spreewald«.
Lübbenau (Lubnjow): Schlossbezirk mit Spreewaldmuseum, Orangerie, barocke Pfarrkirche; Lübbenau-Kaupen: Kahnbauerei, Gaststätte »Wotschofska« (Holzbau).
Lehde (Ledy): Freilandmuseum, Blockhäuser
Lübben (Lubin): Siehe Tour 7.
Schlepzig (Slopisca): Fachwerkbauten, Kirche, Agrarhistorisches Museum.
Krausnick (Ksuswica): Fachwerkkirche mit Holzturm, Krausnicker Wehlaberg (Aussicht).

Karten, Kanu-Literatur

Generalkarte 1:200000, Blatt 35; KOMPASS-Wanderkarte 1:50000, Blatt 1018; Wasserwanderatlas Teil Märkische Gewässer. ADAC-Freizeitatlas 1:100000 Brandenburg/Berlin
Infoblätter des Sportvereines ESV Lok RAW Cottbus (H. R. Sturtz, Tel. 0355/79 62 30).

⇄ 381 km

🕐 Ferienfahrt

Auf ihrem Weg von der Quelle am felsigen Kamm des Riesengebirges bis zur deutschen Grenze bei Schmilka hat die Elbe, zuerst als famoser Wildbach, später als ruhiger Wanderfluss, bereits 365 km durch die Tschechische Republik zurückgelegt. In Děčín, wenige Kilometer vor der Grenze, erreicht sie mit dem Eintritt in das Böhmisch-Sächsische Sandsteingebirge, das sie in einem eindrucksvollen Canyon in mehreren Schleifen durchsägt, ihren landschaftlichen Höhepunkt. Bei Pirna verlässt sie die hohen Tafelberge und bizarren Felsbastionen und erreicht die Dresdner Elbtalniederung. Nur von wenigen Brücken überspannt durchfließt sie das barocke Dresden, umspült die mächtige Albrechtsburg in Meißen und steuert durch ein relativ einsames Urstromtal zur Nordsee, um hier in einem breiten Mündungstrichter ihre fast 1200 km lange Reise durch Europa zu beenden.

Das katastrophale Hochwasser des Jahres 2002 hat glücklicherweise den Lauf des Flusses nicht verändert. So beginnen wir unsere Fahrt in Krippen, doch seit der Liberalisierung des Grenzverkehrs mit der ČR lohnt es sich, mit einer Tagesetappe schon in Děčín anzufangen. Gegenüber dem weiß leuchtenden Děčíner Schloss, unter dem Zoo, können wir unsere Boote in die schnell fließende Elbe setzen. Die vor uns liegende, mit Felswänden und -türmen gesäumte Strecke ist sehr eindrucksvoll. Am Grenzübergang gibt es keine Schwierigkeiten; wir legen rechts an der Zollabfertigungsstelle für Sportboote an und können nach wenigen Minuten weiterpaddeln, um bald danach in Schmilka anzulegen.

Nach dieser Tagesfahrt packen wir am nächsten Morgen unsere Zelte, laden die Boote, und schon schaukelt uns die Elbe am etwas mondänen Bad Schandau vorbei; vor uns beherrscht der mächtige Lilienstein, ein typischer Tafelberg, den Horizont. Nach dem nächsten Flussbogen gesellt sich der Königstein dazu. Noch lange nach der engen Flussschleife überwacht die uneinnehmbare, am Berg thronende Festung unsere Paddelschläge, um uns nachher in das Herrschaftsgebiet der Bastei zu entlassen. Diese fantastisch geformte

△ *Bizarre Felsformationen begleiten unsere Kanus.*

Felsengruppe begleitet wie eine breite Kulisse unsere Kanus bis zur Stadt Wehlen. Hier werden die Waldhänge niedriger und die Felsen rarer; wir nähern uns Pirna, der »anmutigen Stadt an der Elbe«, wie schon Goethe schrieb. Der zierlich gegliederte Turm des Rathauses, der Dom und der Marktplatz mit den alten Patrizierhäusern stehen in Kontrast zu den großen Baukomplexen der vielen Fabriken und den modernen Siedlungen, die die Altstadt umringen. Vom Bootshaus des Kanuvereins sind es nur ein paar Schritte in die sehenswerte Altstadt.

Wieder in den Booten sitzend erreichen wir den ersten Alb-Auwald, die Pillnitzer Insel, die schon lange als Naturschutzgebiet ausgewiesen ist. Wir paddeln rechts vorbei, und schon schweift unser Blick zu der langen Front des ostasiatisch anmutenden Pillnitzer Schlosses. In Hosterwitz blickt die kleine Schifferkirche Maria am Wasser auf uns herab. Langsam rücken die Villensiedlungen der Loschwitzer Höhen heran. Vor dem »Blauen Wunder«, der Stahlhängebrücke, die schon über ein Jahrhundert die Elbe überspannt, liegen linksufrig mehrere Vereinsbootshäuser, an denen wir nach Anfrage auch zelten können. In Dresden, das früher die schönste Barockstadt nördlich der Alpen war, gibt es auch heute viel zu bewundern. Die vielen Profanbauten, Kirchen, Museen und Galerien verlangen einen längeren Aufenthalt.

Dresden wieder verlassend, sehen wir noch links die seltsame »Moschee« der ehemaligen Tabakfabrik Yenitze, und rechts oben zeigen sich die aufsteigenden Weinberge von Radebeul. Wie eine offene, gelbe Wunde kündigt ein großer Steinbruch das Spaargebirge vor Meißen an, und wir steuern zum Steg des Campings Scharfenberg. Von hier sind es knapp 3 km zur Meißener Altstadt. Einen der schönsten Blicke auf die mächtige Albrechtsburg und den Dom haben wir vom Fluss aus, wenn sich beide, beleuchtet von der niedrig stehenden Morgensonne, im ruhigen Wasser der Elbe spiegeln.

Nach Meißen wird die Landschaft zwar flacher, keineswegs aber langweilig. Immer wieder treten sehenswerte Städte und Orte an den zügig fließenden Strom heran. Fast in jeder Stadt gibt es bei Wassersport- und Kanuvereinen schöne Zeltplätze (Anfrage) und so brauchen wir unsere Tagesetappen nicht zu weit in die Länge ziehen; dafür bleibt mehr Zeit für Besichtigungen und kleine Wanderungen zu Naturschutzgebieten. Zum Baden ist die Elbe nur bedingt zu empfehlen, doch mit der Zeit wird sich auch das ändern.

Nach der geschäftigen Industriestadt Riesa lugt das Schloss in Strehla über die Baumgipfel zum Fluss hinüber, und bald lockt das Belgerner Rathaus mit seinem Roland zum Anlegen. Doch den städtebaulichen Höhepunkt dieses Elbeabschnitts bietet die Renaissancestadt Torgau mit gut erhaltener Altstadt, dem Schloss Hartenfels, der mächtigen Marienkirche und dem historischen Rathaus.

Die steil aufragende Kulisse der »Bastei« lädt uns zu einer längeren Pause auf dem sandigen Ufer der Elbe ein.

Bei den nächsten Flusskilometern zwingen uns bei Niedrigwasser die vielen Buhnen und Seilfähren zu erhöhter Aufmerksamkeit beim Paddeln. Von rechts mündet die Schwarze Elster in die Elbe, und bald dürfen wir die besondere Atmosphäre der Stadt Wittenberg schnuppern. Im Krieg nur wenig beschädigt, lädt die Stadt Luthers, Cranachs und Melanchthons mit ihren alten Häuserzeilen und weiten Grünanlagen zu ausgedehnten Spaziergängen ein. Nachher genießen wir, wieder in den Booten sitzend, die Ruhe am Fluss, machen bei Coswig einen Abstecher zum einmaligen Landschaftspark in Wörlitz und vergessen nicht, in Dessau das berühmte Bauhaus anzuschauen. Zwischen Aken und Barby breitet sich im Mündungsbereich der Saale beidufrig das UNESCO Biosphärenreservat »Mittlere Elbe« aus; erhaltene, vergessene Altarme, Moorgebiete und kleine, verwachsene Fließe bieten einer artenreichen Vogel- und Kleintierwelt sicheren Lebensraum. Das Anlegen ist hier nur an bezeichneten Rastplätzen erlaubt.

Die nächste Etappe führt uns am sehenswerten Barby vorbei nach Magdeburg, wo wir auf der Elbinsel bei manchem Wassersportverein nach Anfrage zelten dürfen. In der Stadt gibt es viel zu sehen, sogar einen zoologischen Garten können wir besuchen. Manche beenden schon hier ihre Fahrt, doch es ist auf jeden Fall lohnend, wieder in die Kanus zu steigen und über Rogätz (mehrere NSG) bis zu der alten Hansestadt Tangermünde zu paddeln und erst am Zeltplatz des WSV die Boote trockenzulegen.

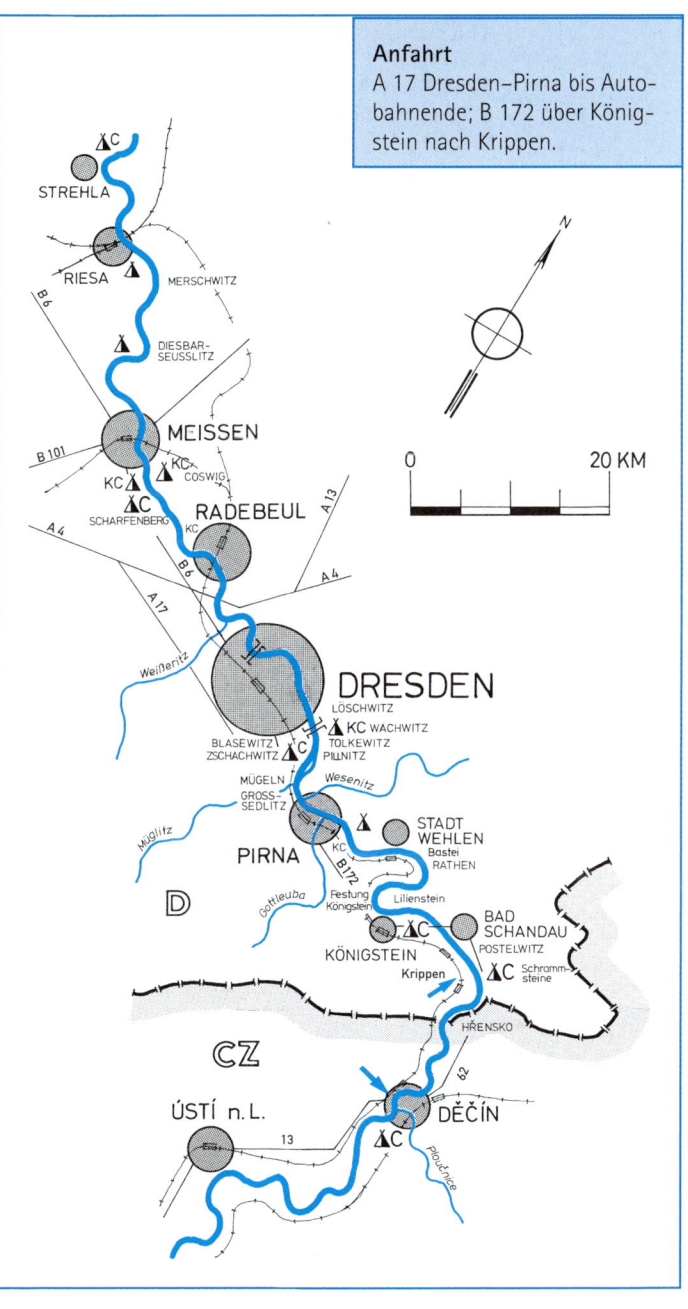

Anfahrt
A 17 Dresden–Pirna bis Autobahnende; B 172 über Königstein nach Krippen.

STREHLA

RIESA

MERSCHWITZ

DIESBAR-SEUSSLITZ

B 6

B 101

MEISSEN

KC
COSWIG

KC

SCHARFENBERG

KC

RADEBEUL

A 13

B 6

A 4

A 4

A 17

Weißeritz

DRESDEN

LÖSCHWITZ

KC WACHWITZ

TOLKEWITZ

PILLNITZ

BLASEWITZ

ZSCHACHWITZ

C

Wesenitz

MÜGELN

GROSS-SEDLITZ

Müglitz

D

PIRNA

KC

B 172

STADT WEHLEN

Bastei

RATHEN

Gottleuba

Festung Königstein

Lilienstein

BAD SCHANDAU

POSTELWITZ

KÖNIGSTEIN

Krippen

Schramm-steine

HŘENSKO

CZ

ÚSTÍ n. L.

13

HŘENSKO

62

DĚČÍN

C

Ploučnice

0   20 KM

N

Charakter, Tipps

Zügig strömender, bei gutem Wasserstand fast 100 m breiter Wanderfluss. Mit allen Bootstypen ganzjährig befahrbar, auch für Anfänger geeignet. Wasser mäßig verschmutzt (Besserung ist angesagt, Kläranlagen im Bau), Baden nur bedingt zu empfehlen. Ab Ústí n. L. (CR) kein einziges Wehr! Im Jahresablauf stark schwankender Wasserstand lässt in den Sommermonaten viele Kies- und Sandbänke hervortreten. Bei solchen Verhältnissen findet fast keine Berufsschifffahrt statt, nur die Personenschiffe der Weißen Flotte verkehren weiter. Binnenschifffahrtsstraße – Kennzeichenpflicht unserer Boote! Vorsicht an Seilfähren, die im beschriebenen Abschnitt noch immer ihren Dienst tun! Lohnend sind Wanderungen im Bereich des Elbsandsteingebirges.

Befahrungsregelung

Zwischen Coswig und der Saalemündung bestehen (ausgeschilderte) links- und rechtsseitige Anlegeverbote außerhalb der Ortslagen.

Zeltmöglichkeiten

Camping Děčín (CR); Schmilka; Königstein; Zschachwitz; Scharfenberg (bei Meißen); am Fluss liegen mehrere Bootshäuser und Zeltplätze verschiedener Kanuvereine in: Wehlen, Pirna, Laubegast, Tolkewitz, Loschwitz, Radebeul, Coswig, Meißen, Riesa, Strehle, Torgau, Elster, Wittenberg, Dessau, Aken, Breitenhagen, Barby, Gommern, Schönebeck, Magdeburg, Rogätz, Tangermünde. An manchen Bootshäusern können wir nach Anfrage auch zelten.

Sehenswertes

Entlang der Elbe locken viele Sehenswürdigkeiten. Sie an dieser Stelle alle aufzuzählen würde den Rahmen des Buches sprengen. Stellvertretend für Meißen, Wittenberg, Coswig, Dessau sei hier nur Dresden genauer beschrieben. *Dresden:* Zwinger, Theaterplatz, Semperoper, Hofkirche, Residenzschloss, Sandsteinbrücke (Brücke der Einheit), Ruine der Frauenkirche, Kreuzkirche u. a. Kirchen, Neues Rathaus; Neustadt: Goldener Reiter, Straße der Befreiung (Promenade); Loschwitzer Schlösser, Brücke Blaues Wunder; Radebeul: Karl-May-Museum u. v. a.

Auto nachholen

Zwischen Krippen und Tangermünde gut ausgebauter Nahverkehr mit Bus und Bahn.

Karten, Kanu-Literatur

Generalkarte 1:200 000, Blatt 10; 12 (Großraumausgabe); ADAC-Freizeitatlas 1:100 000 Brandenburg/Berlin; Deutsches Flusswanderbuch, DKV-Verlag. Wassersport-Wanderatlas 1:100 000, Elbe E1, Jübermann Verlag

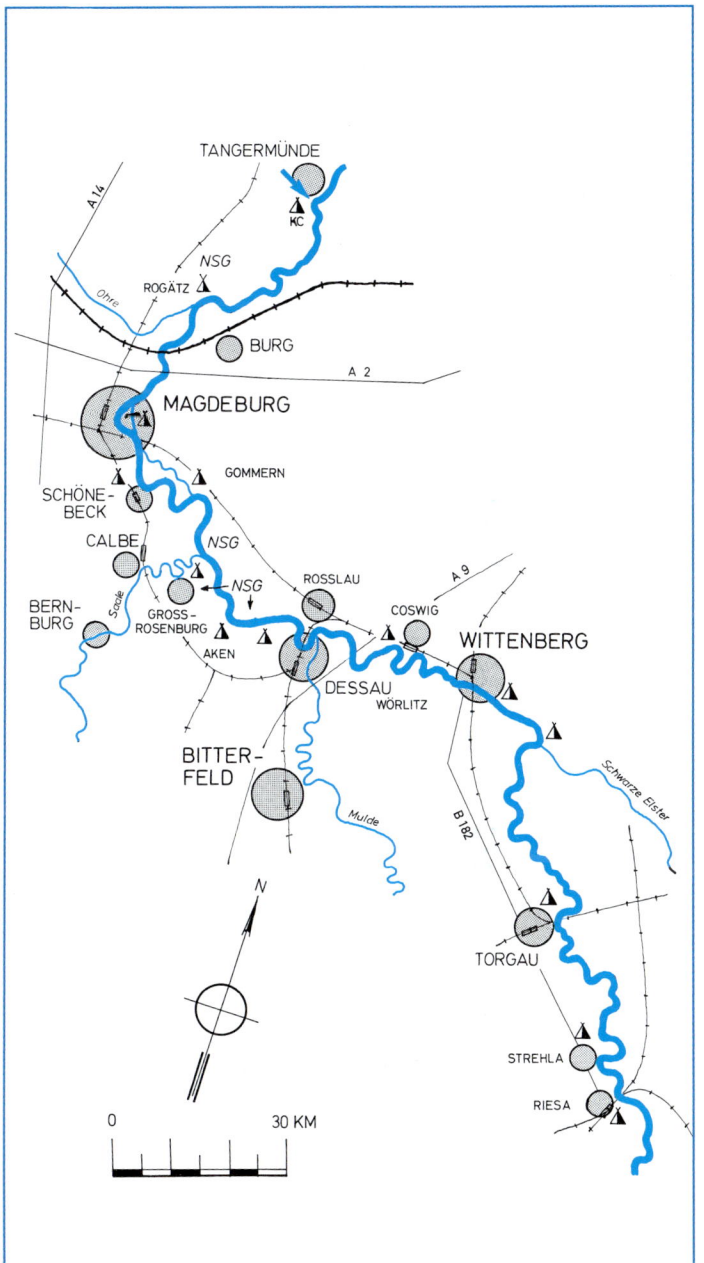

⚡ 61 km

🕐 2–3-Tage-Fahrt

Von ihrem Quellgebiet bei Dingelstädt im südlichen Eichsfeld zieht die Unstrut als schmales Flüsschen im weiten Bogen durch das flache Thüringer Becken. Gesäumt von den Sachsenburgen und dem Schloss von Heldrungen, überwindet sie in der Thüringer Pforte die Höhenzüge von Hainleite und Schmücke und nimmt bei Artern die von Nordwesten kommende Helme auf. Bei Großjena, vor den Toren Naumburgs, vereint sich die Unstrut nach einer 192 km langen Reise mit der Saale.

Im hübschen Städtchen Artern, am Zeltplatz des Kanu- und Wandervereins, beginnt unsere Tour. Kaum in den Booten sitzend, überrascht uns die spritzige Durchfahrt am verfallenen Wehr von Ritteburg (hier Zeltmöglichkeit und Gaststätte), kurz vor der Helme-Mündung der erste Brückenschwall, in Schönewerda rauscht ein zweiter. Doch nachher beruhigt sich die Unstrut und es folgt ein etwas eintöniger Flussabschnitt. Nach Bottendorf (gute Einsetzstelle) und Roßleben zeigt sich links oben die auf einem Muschelkalkplateau liegende Burgruine Wendelstein. An dem nach der Brücke folgenden Schrägwehr tragen wir rechts kurz über die Schleuseninsel um (oder können schleusen lassen). Zwischen hohen Ufern paddelnd, sehen wir vom Boot aus nur wenig von der altehrwürdigen Klosteranlage Memleben, die noch an die ersten deutschen Kaiser erinnert.

Berg- und Felshänge treten bald näher an den Fluss, und in einer Linksschleife grüßt uns mit seiner Löwenbrücke Nebra, ein kleines, an einer alten Furt entstandenes Städtchen, wo wir außer einem Schloss und der romanischen Kirche noch schmucke steinerne Portale an mehreren Bürgerhäusern entdecken.

Nach dem Landgang wieder in den Booten sitzend, nähern wir uns dem weithin sichtbaren Renaissanceschloss Vitzenburg. In Reinsdorf lugt der goldene Helm der spätromanischen Kirche über die Baumkronen; vom ehemaligen Benediktinerkloster blieben nur ein paar Grundmauern übrig. Karsdorf sagt sich an mit einem Zementwerk, dessen graue Staubablagerungen noch hunderte von Metern weit die Vegetation bedecken.

Die schöne Zwiebelturmkirche von

△ *Unter den alten Weinberg-*
terrassen von Großjena.

Wennungen bleibt rechts liegen, und vor uns, umgeben von Gartenterrassen, schimmert rötlich über der Unstrut die barocke Sandsteinfassade des Schlosses Burgscheidungen.

An der Schleuse steuern wir in den linken Flussarm hinein (Mühlenkanal), am Wehr vorbei. Hier erwarten uns drei spritzige, aber harmlose Schwallstufen (Vorsicht, links Pfähle!). Unter der Brücke der alten Mühle kehren wir in das Hauptflussbett zurück. Eine lange Eisenbahnbrücke überspannt anschließend das Tal, und vor Laucha prägen rote Felswände und steile Weinberge das Landschaftsbild. Eine Besichtigung der »Glockengießerstadt« ist zu empfehlen.

An der Schleuse können wir wieder schleusen oder tragen unsere Boote links über die Straße um. Bei höherem Wasserstand und Regen ist der unbefestigte Steg sicher verschlammt.

Nach Weischütz, einem verträumten Unstrutdörfchen, folgt bald die Zeddenbachschleuse. Wir tragen rechts um oder schleusen.

Kurz nach dem mit Sonnenenergie beheizten Freyburger Schwimmbad folgt ein Wehr mit Schleusenanlagen.

Weinberge begleiten uns bis in die Stadt, die von der mächtigen Burganlage Neuenburg beherrscht wird. Der Blick von der Feste in das enge Unstruttal hinunter ist unvergesslich.

Zur Mündung der Unstrut in die Saale ist es nachher nicht mehr weit. Beinahe unmerklich vereinigen sich beide Flüsse unter den alten Weinbergterrassen von Großjena, wo die Reste des fast 200 m langen »Steinernen Bilderbuches«, eines einmaligen Sandsteinreliefs

Das »Steinerne Bilderbuch«, ein Felsrelief über die Geschichte des Weinbaus an der Unstrut, finden wir in Großjena.

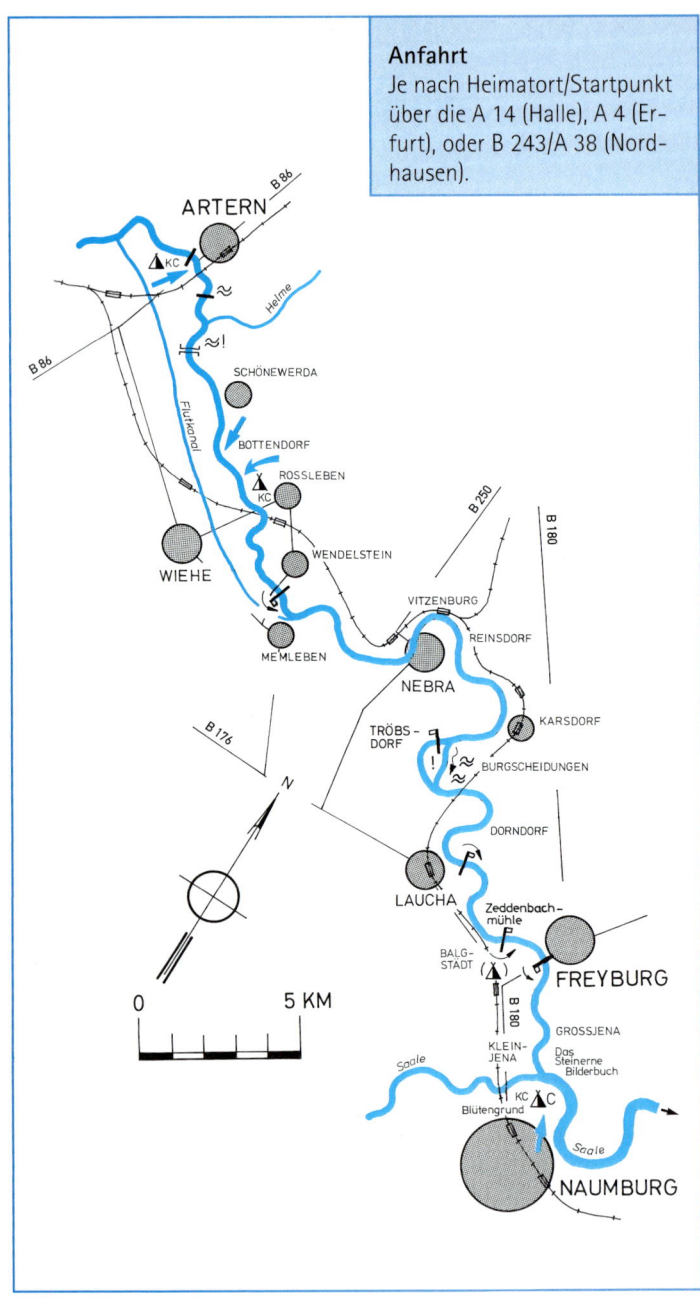

Anfahrt
Je nach Heimatort/Startpunkt über die A 14 (Halle), A 4 (Erfurt), oder B 243/A 38 (Nordhausen).

ARTERN

B 86

KC

Helme

≈

⊨ ≈!

SCHÖNEWERDA

B 86

Flutkanal

BOTTENDORF

ROSSLEBEN

KC

WENDELSTEIN

WIEHE

VITZENBURG

B 250

B 180

REINSDORF

MEMLEBEN

NEBRA

KARSDORF

B 176

TRÖBS-DORF

!

≈

≈

BURGSCHEIDUNGEN

N

DORNDORF

LAUCHA

Zeddenbach-mühle

0   5 KM

BALG-STADT

FREYBURG

B 180

GROSSJENA

KLEIN-JENA

Das Steinerne Bilderbuch

Saale

KC

C

Blütengrund

NAUMBURG

Saale

zur Geschichte des Weinbaus im Unstruttal, ihrem Verfall preisgegeben sind.

Am Gelände des gastfreundlichen Kanuvereins von Naumburg endet unsere Unstrut-Wanderung. Nur wenige Schritte entfernt liegt der Campingplatz Blütengrund. Eine Buslinie führt von hier in die sehenswerte Altstadt.

Charakter, Tipps

Klassischer mitteldeutscher Wanderfluss, der leider durch rücksichtslose Begradigung und wasserbauliche Maßnahmen viel von seinem Reiz verloren hat. Doch die landschaftlichen Schönheiten und die Fülle der historischen Sehenswürdigkeiten des viel gewundenen Tales wiegen den entstandenen Nachteil auf. Das teils zügig fließende Gewässer können wir mit allen Kanutypen ganzjährig befahren. Viele der alten Unstrutschleusen wurden schon renoviert und sind wieder in Betrieb, an wenigen wird noch gebaut. Schleusenzeiten: April bis September 9–12 und 13–18 Uhr. Leider gibt es am Fluss nur wenige Anlegestellen, hohe Steilufer erschweren das Anlegen und Aussteigen. Eine viel befahrene Eisenbahnstrecke führt durch das Unstruttal; auch Pkw-Begleitung ist möglich.

Zeltmöglichkeiten

Roßleben (am Bootshaus); Laucha (Kanuvereinsgelände); Balgstädt (Sportplatz nach Anfrage); Naumburg: Kanugelände, Camping am Blütengrund.

Sehenswertes

Memleben: Rest einer Kaiserpfalz (Sterbeort Kaiser Ottos I.), ehemaliges Benediktinerkloster, Burg Wendelstein mit Schlosskapelle.
Nebra: Kirche St. Georg, schöne Portale an Bürgerhäusern, Schloss, Burgruine; Vitzenburg; Renaissanceschloss.
Reinsdorf: Spätromanische Kirche (ehemaliges Benediktinerkloster).
Burgscheidungen: Vierflügelige barocke Schlossanlage, Schlossgarten, Dorfkirche.
Laucha: Pfarrkirche St. Martin, Glockengießerei-Museum, Obertor, Renaissance-Rathaus.
Freyburg a. d. U.: Schloss Neuenburg mit Museum, Turnvater-Jahn-Museum, Marienkirche, Rathaus; Zscheiplitz: Kirche, solarbeheiztes Schwimmbad, Stadtmauer.
Großjena: Weinberge, »Steinernes Bilderbuch« (Relief zur Weinanbaugeschichte).
Naumburg: Siehe Tour 11.

Auto nachholen

Zwischen Artern und Naumburg regelmäßige Verbindungen der DB.

Karten, Kanu-Literatur

Generalkarte 1:200 000, Blatt 1 (Großraumausgabe), ADAC-Freizeitatlas 1:100 000 Thüringen

🝔 118 km

🕐 Kleine Ferienfahrt

Als Sächsische oder Thüringische Saale am Großen Waldstein im Fichtelgebirge entspringend, eilt sie als quirliges Flüsschen durch das Vogtland bei Hof, durchsägt im viel gewundenen, tiefen Tal den Frankenwald und, in Talsperren aufgestaut, das Thüringer Schiefergebirge. Ab Saalfeld überwindet die Saale, nur wenig reguliert, die Buntsandstein- und Muschelkalkschichten des Vorlandes und fließt weiter in nördlicher Richtung durch die Leipziger Tieflandbucht, um als schiffbarer Fluss nach 430 km langer Reise bei Barby in die Elbe zu münden.

Für unsere Wanderung wählten wir den Mittellauf der Saale, der, als Tal der Burgen und Schlösser bekannt, von Kanuten seit eh und je befahren wird. Eine gute Einsetzstelle samt Übernachtungsmöglichkeiten finden wir im Rudolstädter Stadtteil Volkstedt am Bootshaus der Kanuten, unweit des Wehres. Auch am großen Festplatz in der Nähe des Thüringer Bauernhausmuseums können wir in die Boote steigen (Bahnhof 10 Minuten; Parkplatz).

Wenn wir frühzeitig die Stadt verlassen, leuchtet hoch über den Häuserdächern in der Morgensonne das prunkvolle Barockschloss Heydecksburg. Von einer Seite des Tales zur anderen stetig pendelnd, trägt uns die im Sommer sehr seichte Saale an kleinen Ortschaften vorüber. Rechts auf einem bewaldeten Steilhang liegt das Schloss Weißenburg. Kleine Schwallstrecken zwischen hervortretenden Kiesbänken sorgen für stetige Abwechslung.

Am schrägen Wehr von Uhlstädt tragen wir die Boote rechts um; in der Sportgaststätte können wir uns mit einem kühlen Getränk erfrischen. Der Flussbogen vor Zeutsch wurde reguliert. Eine Stromzunge zieht uns unter die Straßenbrücke. Kurz danach fahren wir am durchgebrochenen Wehr in den linken Flussarm; die rechts abzweigende »Alte Saale« ist ausgetrocknet.

An die Orlamünder Brücke tasten wir uns vorsichtig heran; die im Fluss verstreuten Eichenpfähle der alten Brücke haben schon manches Faltboot aufgeschlitzt. Nach der Eisenbahnbrücke mündet von rechts die Orla, ein im Frühjahr befahrbarer Wildbach. Die kleine Flussinsel

△ *Die Saale ist ein klassischer Wanderfluss mit guter Strömung.*

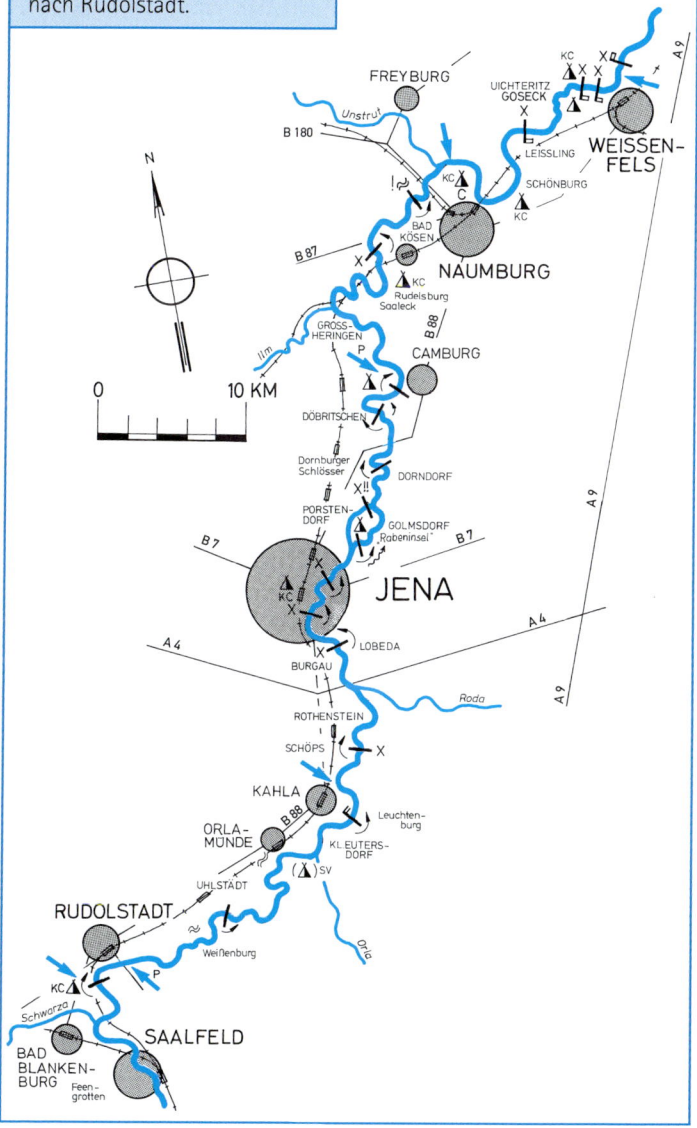

Anfahrt
A 4 Erfurt-Dresden, entweder Ausfahrt Weimar oder Jena-Göschwitz, B 85 oder B 88 nach Rudolstadt.

FREYBURG

UICHTERITZ
GOSECK

WEISSEN-
FELS

LEISSLING

B 180

Unstrut

SCHÖNBURG

KC

BAD
KÖSEN

B 87

NAUMBURG

KC
Rudelsburg
Saaleck

N

GROSS-
HERINGEN

Ilm

CAMBURG

B 88

0   10 KM

DÖBRITSCHEN

Dornburger
Schlösser

DORNDORF

PORSTEN-
DORF

GOLMSDORF
Rabeninsel

B 7   B 7

KC

JENA

A 4   A 4

LOBEDA

BURGAU

Roda

ROTHENSTEIN

A 9

SCHÖPS

KAHLA

Leuchten-
burg

ORLA-
MÜNDE   B 88

KL.EUTERS-
DORF

SV

UHLSTADT

RUDOLSTADT

Weißenburg

Orla

KC

Schwarza

SAALFELD

BAD
BLANKEN-
BURG   Feen-
grotten

bei Kleineutersdorf umfahren wir links; eine Stromschnelle zeigt, wo. Am Wehr von Kahla tragen wir rechts um, weil links die Floßgasse gesperrt ist. Neben der alten Saalebrücke lassen wir unsere Boote liegen und besichtigen die mit mächtigen Wehrmauern umringte Stadt, die im Jahr 1990 ihren 1111ten Geburtstag feiern konnte. Auf dem Berg gegenüber lockt die weit sichtbare Leuchtenburg.

Später paddeln wir durch das linke Joch der nachfolgenden Brücke (steinig, nachher flach!), und am Schöpser Wehr wird links umgetragen. Eine Felswand kündigt Rothenstein an. In der folgenden Linkskehre steuern wir den spritzigen Schwall an und schießen knapp an den großen Steinblöcken vorbei. Bald nach der lärmenden Autobahnbrücke erreichen wir Jena. Hier strapazieren drei unbefahrbare Wehre unsere Muskeln. Die längste Umtragestelle ist am Steilwehr vor der Paradiesbrücke. Von hier ist die Altstadt am besten erreichbar, auch der Bahnhof liegt in der Nähe. Zelten können wir bei den Bootshäusern der Jenaer Kanuten am Mühlenwehr, gegenüber dem Fußballstadion (nur 20 Minuten ins Stadtzentrum). Flussabwärts von Jena wurde nach dem Porstendorfer Wehr das Freizeitzentrum »Rabeninsel« ausgebaut; ein schönes Seebad, Campingplatz und Restaurant locken viele Besucher an.

Wir bleiben im rechten Flussarm (bei NW Treidelstetten). Links liegt vor der Mühle ein lebensgefährliches Schützenwehr. Kurz nach dem Zusammenfluss beider Arme beschreibt die Saale eine große Schleife. Wir genießen den Blick zu den auf Muschelkalkfelsen hoch über dem Fluss thronenden drei Dornburger Schlössern, zu deren Besichtigung wir an der Brücke anlegen können. Der steile Weg hinauf wird durch eine herrliche Aussicht über das Saaletal belohnt. Am Dorndorfer Wehr schließen wir die Spritzdecken und rutschen in Einern über die Wehrkrone hinunter, den Kanadier schleppen wir links herum. Es folgt ein urwaldähnlicher Abschnitt, alte Buhnen ragen in die Strömung, später schiebt sich ein Zementwerk vorbei. Nach schönen Felsformationen, Stromschnellen und dem neuen Wehr in Döbritzschen (schwierige Umtragestelle!) fließt die beruhigte, aufgestaute Saale nach Camburg. Am schönen Freibad vorbei erreichen wir das Wehr. Hier wird kurz links umgetragen. An den Eisenbahnbrücken bei Großheringen gesellt sich die von Weimar kommende Ilm zu uns, und eine hell leuchtende Felswand zwingt den Fluss scharf rechts in östliche Richtung (seicht, Büsche!). In einer engen Schleife kämpft er sich wieder zurück. Zwischen schluchtartig abfallenden Kalksteinwänden zeigen sich Burg Saaleck und die südlich anmutende Rudelsburg. Vielleicht schrieb hier Heinrich Heine einst seine Verse: »Es steht eine Burg überm Tale und schaut in den Strom hinein...«

Der Stau des Kösener Wehres ermöglicht bis dorthin eine regelmäßige Personenschifffahrt; viele

Charakter, Tipps

Die gute Strömung, der stetige Wechsel von ruhigen Strecken und spritzigen Passagen, die verhältnismäßig wenigen Wehre, viele Zeltplätze und eine Menge kultureller sowie landschaftlicher Höhepunkte machen aus der Saale einen klassischen Wanderfluss. Alljährlich findet am zweiten Juli-Wochenende am Flussabschnitt Rudolstadt-Naumburg die gern besuchte »Internationale Saalefahrt« statt. Gute Einsetzstellen finden wir in Rudolstadt-Volkstadt, Kahla, Jena, Camburg, Naumburg. Ab Rudolstadt ganzjährig befahrbar, doch wie bei allen Mittelgebirgsflüssen im Sommer Niedrigwasser, dann seichte, steinige Stellen – Vorsicht mit Faltbooten! Wasser mäßig belastet.

Pkw-Begleitung möglich. Pegel Rudolstadt-Brücke 0,65 = gut befahrbar.

Zeltmöglichkeiten

Rudolstadt: Volkstedt (am Bootshaus); Orlamünde: am Sportplatz nach Anfrage; Jena: Bootshäuser der Jenaer Kanuten; Porstendorf: Camping Auensee; Camburg; Naumburg: Kanuclub, Camping Blütengrund; Schönburg: Zeltwiese, Bootshaus des Kanuvereins; Weißenfels: Bootshäuser, Kanuvereine.

Sehenswertes

Rudolstadt: Residenzstadt, Schloss Heidecksburg (Galerie, Waffenmuseum), Schloss Ludwigsburg, Stadtkirche, Rathaus mit Erkerturm, Bürgerhäuser, Freilichtmuseum »Thüringer Bauernhäuser«, Schillerhöhe; Großkochberg: Schloss.

Kahla: Stadtmauer, Marktplatz, Rathaus, Kirche, Leuchtenburg; Orlamünde: Burg.

Jena: Stadtkirche St. Michael, Rathaus, Marktplatz, Hahnfrieddenkmal, Collegium Jennense, alte Bürgerhäuser, Pulverturm, Johannistor, Uni-Hochhaus, Botanischer Garten, Zeiss-Planetarium u. a.

Bad Kösen: Kurort, Gradierwerk, Romanisches Haus (12. Jh.), Rudelsburg, Ruine Saaleck, Klosteranlage »Schulpforta« (12. Jh.).

Naumburg: Dom St. Peter u. Paul (Uta u. Ekkehart), Rathaus, Marktplatz, Marientor, Bürgerhäuser, Moritzkirche, Stadtkirche St. Wenzel, Museum u. a.

Weißenfels: Ehemalige Residenzstadt, Schloss Neu-Augustusburg (Schuhmuseum), barockes Rathaus, Geleitshaus, Novalishaus; Goseck: Schloss, Klosterkirche, Dorfkirche, Ruine Weißenfels.

Auto nachholen

Im Saaletal gut ausgebaute Verbindungen mit Bus und Bahn.

Karten, Kanu-Literatur

Generalkarte 1:200 000, Blatt 11 (Großraumausgabe); ADAC-Freizeitatlas 1:100 000 Thüringen; Deutsches Flusswanderbuch, DKV Verlag.

Besucher wandern von der Anlegestelle zur Burg hinauf. Auch wir befestigen unsere Boote an dem Anlegeponton und erklimmen beide Burgruinen (Gaststätte in der Rudelsburg), um den reizvollen Blick in das zerklüftete Saaletal zu genießen. In Bad Kösen erleichtern breite Treppen das Aus- und Einsetzen der Boote am unbefahrbaren, lebensgefährlichen Wehr (linksufrig im rechts abzweigenden Floßgraben anlegen). Ein nettes Eis-Café lädt zur Pause ein, die wir auch zu einem Spaziergang zum Gradierwerk mit dem interessanten Pumpwerk zur Förderung der Salzsole nutzen.

Dem Fluss, der mit gutem Gefälle gegen Naumburg zieht, nähern sich von Norden steile Weinberge. Wir sollten eine kurze Paddelpause im kleinen Wirtshaus »Fischhaus« einlegen, um auf der Terrasse unter alten Linden einen hiesigen Wein zu probieren. Auch können wir eine kurze Wanderung zum altehrwürdigen ehemaligen Zisterzienserkloster St. Maria de Porta unternehmen, das von 1544 bis 1935 als Sächsische Schulanstalt bekannt war und auch heute wieder eine Schule beherbergt. Zwei Steinwurfstufen sind nachher noch zu bewältigen: An der ersten tragen wir rechts um (bei gutem Wasserstand befahrbar); die zweite Stufe bereitet keine Schwierigkeiten.

Eine kleine Personenfähre kündigt die Unstrutmündung an. Rechts am Bootssteg des schönen Klubhauses der Naumburger Kanuten legen wir an und finden freundliche Aufnahme. Gleich daneben liegt der Campingplatz Blütengrund mit Freibad. Von hier können wir mit dem Bus in die sehenswerte Stadt fahren.

Am Flussabschnitt unterhalb von Naumburg strömt die Saale anfangs noch recht zügig, doch bald nach dem »Alten Felsenkeller« zeigt sich schon der Stau von Schönburg, wo wir manchmal vor der Schleuse dem Personenschiff »Weißenfels« begegnen, das täglich bis nach Naumburg fährt. Ruderer kommen uns in ihren schlanken Booten entgegen. Wir lassen uns noch zweimal durchschleusen und beenden in der ehemaligen Residenzstadt Weißenfels gegenüber dem Bahnhof bei der Bootsausleihstation oder am Gelände eines Kanuvereins unsere Saale-Wanderung.

⊋ 35 km

🕐 2-Tage-Fahrt

Hier ist es noch relativ ruhig. Der große Touristenrummel wie im Wiesenttal hat noch nicht stattgefunden; vielleicht, weil das Pegnitztal etwas abseits, am Rande der Fränkischen Schweiz liegt. Nur Bergsteigern und Naturfreunden ist der Name Hersbrucker Schweiz ein Begriff. Wahrscheinlich ist dies auch der Grund, warum wir auf dem dunklen Wasser der Pegnitz nur wenigen Kanadier- und Kajakfahrern begegnen. So ist es ein Genuss, einsam auf eigenem Kiel durch das stille, manchmal sehr enge grüne Tal zu gleiten. Wenige kleine, an den Felsen klebende Orte säumen die Flussufer, und im Sommer überziehen blühende Wasserpflanzenteppiche weite Abschnitte des Gewässers.

Die Wildwasserfahrer setzen ihre Einer bereits bei Michelfeld ein. Es folgt eine sehr windungsreiche, mit vielen Baumhindernissen gespickte Strecke. Die Wanderer schieben ihre Faltboot-Zweier und Kanadier erst in Neuhaus ins Wasser. Hier, unter dem wuchtigen Wehrturm der 1000 Jahre alten Burg Veldenstein, beginnt eine wunderschöne Wanderstrecke, die uns, vorbei am winzigen Städtchen Velden, durch das von Felsen eingeengte Tal führt. In Lungsdorf, einem für diese Gegend typischen fränkischen Dörfchen, lohnt es sich, die Fahrt zu unterbrechen und eine kurze Wanderung zu den Aussichtsfelsen über dem Ort zu unternehmen. Bei der Weiterfahrt sorgen mehrere harmlose Schwalle für angenehme Abwechslung. Wir paddeln unter schönen Holzstegen durch; direkt aus dem Wasser steigt die Rothenfelswand an. Ab Vorra wird das Tal allmählich breiter, und an den Ufern bleibt Platz für Wiesen und Felder mit Hopfenpflanzungen. Aus den fernen Waldkuppen leuchten schlanke Felsnadeln: die Klettergärten der fränkischen Bergsteiger. Die Pegnitz hat jetzt genug Raum zum Mäandern. Viele Windungen und schnelle Strömung sowie überhängende Büsche verlangen vom Kanufahrer eine gute Bootsbeherrschung. Welches Maß an Freude und Zufriedenheit solche Kanutage im Herzen einer über die Maßen schönen Landschaft mit ihren unterschiedlichen jahreszeitlichen Stimmungen vermitteln! Dies kann vielleicht nur

△ *Verborgene Ortschaften säumen das Pegnitz-Flüsschen.*

Anfahrt
Von Nürnberg über die B 14;
oder A 9 Nürnberg–Bayreuth,
Ausfahrt Plech, Neuhaus.

MICHELFELD
Naturpark
Veldensteiner Forst
nur im
Frühjahr
befahrbar!
Rauhenstein
RANNA
HAMMERSCHROTT
NEUHAUS
A 9
BAYREUTH
NÜRNBERG
VELDEN
E.S.
P
Gütersthal
LUNGSDORF
ROTHENBRUCK
NEUENSORG
Engenthal
Rothenfels-
wand
RUPPRECHTSTEGEN
ENZENDORF
N
ARTELSHOFEN
VORRA
Düsselbach
E.S.
ALFALTER
Hirschbach
ESCHEN-
BACH
Bäume!
0
5 km
NÜRNBERG B 14
HERSBRUCK
Strudelbad
günstige Aussetzstelle
HOHENSTADT
Högenbach
B 14 AMBERG

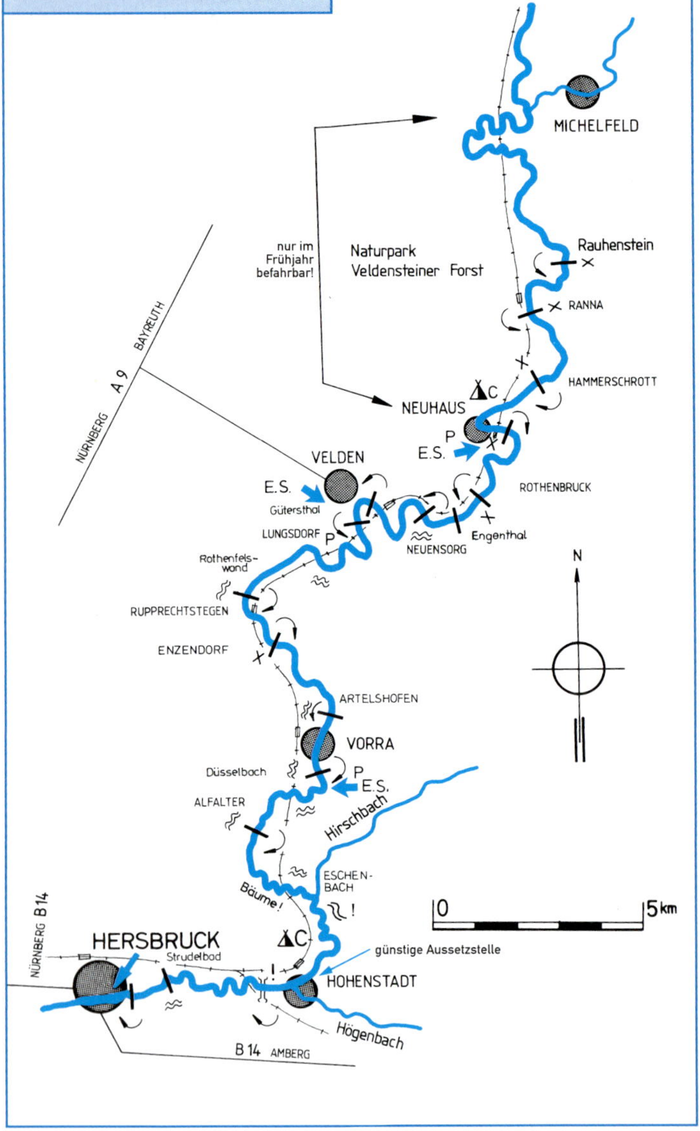

Charakter, Tipps

Ab Neuhaus im schmalen Juratal eingeengt, ruhig fließendes Kleinflüsschen, im südlichen Abschnitt flottere, sportliche Strecke. Sehr sauberes Wasser. Die niedrigen Wehre sind mit Einern teilweise bei gutem Wasserstand befahrbar, sonst leicht umzutragen. Geeignet für Kanuwanderer mit Erfahrung. Pkw-Begleitung möglich. Einsetzen in Neuhaus am Parkplatz der Raiffeisenbank.

Zeltmöglichkeiten

Camping Neuhaus; großer Campingplatz in Hohenstadt; preiswerte Gasthäuser.

Sehenswertes

Neuhaus: Burg Veldenstein, Maximiliansgrotte.
Velden: Pflegschloss, Pfarrkirche.
Artelshofen: Wasserschloss.
Vorra: Marienkirche.
Hohenstadt: Altar der Wenzeslaus-Kirche, Klettergärten.
Hersbruck: Stadtringmauer mit Türmen, alte Bürgerhäuser, Hirtenmuseum.

Auto nachholen

Mit der Bahn stündliche Verbindungen zwischen Hersbruck und Neuhaus.

Karten, Literatur

Generalkarte 1 : 200 000 Blatt 17; ADAC-Freizeitatlas Nördliches Bayern 1 : 100 000. Kanuwanderführer für Bayern.

---

derjenige nachempfinden, der es selbst bereits erfahren hat. Dabei sollten wir immer hellwach sein und nicht zu lange dösen, sonst steckt unser Kanu am Ufer fest, kracht auf einen Felsen oder treibt in ein Gebüsch. Das ist richtiges Kanuwandern: Man braucht Geschick und Einfühlung, um gut voranzukommen. Gewiss wünschen wir uns manchmal wegen schlechten Wetters, Durst, Hunger oder Müdigkeit, wir hätten das Tagesziel schon erreicht, aber alle diese kleinen Zwischenfälle und Stimmungen auf einer Tour tragen zum Erlebnisreichtum bei.

In Eschenbach mündet der muntere Hirschbach, der im Mittelalter mehrere Eisenhämmer antrieb. Ein lang gezogener Campingplatz signalisiert die Nähe von Hohenstadt. Vor der Hohenstädter Straßenbrücke winkt vom flachen Ufer ein guter Anlandeplatz. Bei einer Weiterfahrt bewältigen wir noch zwei Hindernisse, die uns in der Gestalt eines niedrigen Rohrstegs und nach einer Rechtskurve mit starker Strömung und Büschen den Weg versperren. Und nach einer kurzen Dschungelfahrt kommen wir dann zur großen Kunstmühle in Hersbruck, wo wir die Fahrt beenden.

Auch im Zweier-Kajak oder im Zweier-Kanadier können wir die Pegnitz ohne Schwierigkeiten befahren.

↻ 103 km

🕐 Ferienfahrt

Eigentlich wissen wir nicht genau, welche Länge der Naab zuzuschreiben ist, doch mit dem längsten ihrer drei Quellflüsse, der Waldnaab, sind es fast 190 km. Alle drei bieten gut befahrbares mittelschweres Wildwasser, besonders die Waldnaab zeigt reizvolle Abschnitte. Als Wanderfluss ist die Naab erst ab Oberwildenau einzuordnen. Hier, ein paar Kilometer südlich von Weiden, wo sich Heidenaab und Waldnaab vereinigen, ist ein guter Einsatzpunkt für eine Wanderstrecke, die uns nach ca. 100 km beschaulicher Kanufahrt in die Donau führt. In weit ausholenden Schleifen und Flusswindungen schaukeln die Boote durch die Oberpfälzer Ebene, an einsamen Orten, sehenswerten Burgruinen und Schlösschen vorüber. Die Flusslandschaft ist noch weitgehend erhalten; feuchte Wiesen und ausgedehnte Teichanlagen locken die sonst so raren Störche, Fischreiher und Kiebitze an. Nur die Autobahn A 93 zerschneidet diese Idylle, doch vom Fluss aus wirkt sie nicht störend. In den früheren Jahrhunderten war die Naab von Regensburg bis Weiden schiffbar; die vielen Wehre mit Floßgassen sind als stumme Zeugen übrig geblieben. Sie zerfallen langsam und können fast alle ohne Schwierigkeiten überwunden werden. Bei Schwandorf passieren wir das monumentale Dampfkraftwerk Dachelhofen, das sich in dieser flachen Feld- und Wiesenlandschaft recht störend ausnimmt, doch bald verschwindet diese Zivilisationsnarbe hinter unseren Rücken. Nach unzähligen Flusskehren erreichen wir Burglengenfeld, einen alten Marktort, überragt von der mächtigen, auf einem Schwammkalkfels aufgebauten Burg. Die Naab durchbricht hier auf ihrem weiteren Weg das Juragebirge, und aus der flachen Senke wird ein romantisches Flusstal. Das Landschaftsbild ändert sich, die ersten Steilhänge treten an die Ufer heran. Rechts zieht der lange Rücken des Kallmünzer Schlossbergs mit seinen Felsgruppen und Wacholdersäulen vorbei. Wir nehmen uns Zeit, steigen nach dem Wehr in Kallmünz aus den Booten und laufen die paar Serpentinen des steinigen Pfades zur Burgruine hinauf. Ein herrlicher Ausblick ins Naab-

△ *Das Kloster Pielenhofen leuchtet mit seiner breiten Gebäudefront dominierend über der Naab.*

Anfahrt
A 93 Regensburg–Weiden;
oder von Bayreuth auf der
B 22 über Kemnath nach
Weiden.

WEIDEN

Heidenaab

Waldnaab

600 m

Ober-
wildenau
E.S.

FORSTMÜHLE

Naabmühle

UNTERKÖBLITZ

A 93

NÜRNBERG   B 14

Pfreimd

PFREIMD   UNTERSTEINBACH

PERSCHEN

NABBURG   PC
WIESMÜHLE

Schwarzach

SCHWARZENFELD

DEISELKÜHN

ETTMANNSDORF

FRONBERG
KC

SCHWANDORF

DACHELHOFEN

NAABECK

KLARDORF-
STEGEN
KATZDORF

MÜNCHSHOFEN

SALTENDORF   C

SCHIRNDORF   P

WIESENWEHR   TEUBLITZ

ZAAR   NSG

C   BURGLENGENFELD

P.C   NSG   Eichenberg

Vils

KALLMÜNZ

B 15

WEIDEN

A 93

Regen

Heitzenhofen

N

Kloster Pielenhfn.

0   5   10 km

C   DISTELHAUSEN

PENK   KC

MARIA-
ORT

REGENSBURG

NÜRNBERG
A 3

Donau

PASSAU
A 3

und Vilstal ist eine erste Belohnung; die zweite holen wir uns, wieder unten angelangt, in einem der gemütlichen Wirtshäuser. Am Wehr in Heitzenhofen fahren wir in den rechten Kanal, der teilweise durch Büsche verdeckt ist. Von hier setzen wir leicht nach links um. Ein paar Kilometer flussabwärts erwartet uns noch eine Perle des Naabtales, Kloster Pielenhofen, das mit seiner mächtigen Gebäudefront dominierend über dem Wasser emporragt. Nicht weit von hier liegt am Fluss der Campingplatz von Distelhausen, ein ausgezeichneter Ausgangspunkt für Kanuwanderungen auf Naab, Vils, Lau-

Nabburg, ein nettes mittelalterliches Städtchen, lädt uns zu einer Besichtigung ein.

Charakter, Tipps

Ein ruhiger, ganzjährig befahrbarer Wanderfluss mit ziemlich sauberem Wasser; empfehlenswert auch für Anfänger. Keine sporttechnischen Schwierigkeiten. Im oberen Teil bis Nabburg teilweise sehr gute Strömung, schöne Badeplätze. Für sämtliche Bootstypen geeignet. Fast alle Wehre sind problemlos zu umtragen, mit Einern teilweise befahrbar. Vorsicht bei Wehren in Schwarzenfeld und Fronberg; hier rechtzeitig landen, bei höherem Wasserstand Sog! Pkw-Begleitung durchgehend möglich, jedoch im Abschnitt oberhalb Kallmünz nur gelegentliche Kontaktmöglichkeiten. NSG Eichenberg-Inseln nicht betreten!

Zeltmöglichkeiten

Weiden (KC); Nabburg (Paddlerclub e. V.); Schwandorf (TSV, Zeltwiese); Kallmünz; Camping Distelhausen; Penk (Zeltwiese); Regensburg, am Fluss schöne einsame Plätze.

Sehenswertes

Weiden: Alter Straßenmarkt, Renaissancehäuser.

Perschen: Bauernhausmuseum.
Nabburg: Mittelalterliches Städtchen, Pfarrkirche, Rathaus, Tore.
Fronberg: Schloss mit Kapelle.
Schwandorf: Historischer Marktplatz, Wallfahrtskirche am Kreuzberg.
Ettmannsdorf: Romanische Kirche (13. Jh.), Schloss.
Münchshofen: Renaissanceschloss.
Burglengenfeld: Gut erhaltene Altstadt, Burgruine, Schloss.
Kallmünz: Burgruine, Kirche, Rathaus, steinerne Naabbrücke.
Pielenhofen: Klosteranlagen (12. Jh.).

Auto nachholen

Zwischen Weiden und Regensburg regelmäßige Bahnverbindungen.

Karten, Literatur

Generalkarte 1 : 200 000 Blatt 17, 20; ADAC-Freizeitatlas Nördliches Bayern 1 : 100 000.
Kanuwanderführer für Bayern; Deutsches Flusswanderbuch.
Wassersport-Wanderkarte Nr. 4 – Naab 1 : 100 000 Verlag Jübermann

---

terach und Regen. In Penk, einem viel besuchten Ausflugsort, wo die Regensburger Kanuten eine Zeltwiese besitzen, können wir unsere Tour beenden. Bei unser Weiterfahrt nach Regensburg macht sich ab Etterzhausen der Rückstau des Donaukraftwerks Regensburg bemerkbar. Entschädigt werden wir dafür an der Bootsgasse des Wehres, wo die Boote mit rasanter Geschwindigkeit das Unterwasser erreichen. Nach 1 km am Bootshaus der Regensburger Turnerschaft angelangt, haben wir unser Ziel erreicht.

⮂ 156 km

🕐 Ferienfahrt

Der Regen ist ein fast idealer Ferienwanderfluss. Für seine Befahrung sollte man sich viel Zeit lassen, um das saubere Wasser, die abwechslungsreiche Landschaft und das gute Bier der anliegenden Gasthöfe zu genießen. Die schönste Zeit für diese Flusswanderung ist der Sommer; da vermischt sich der intensive Duft der schon gemähten Wiesen mit dem Harzgeruch der dunklen Fichten- und Tannenwälder, die den Fluss kilometerweit säumen.

Der erfahrene Kanute setzt bereits im Städtchen Regen sein Boot ins Wasser ein, um die Fahrt durch das noch ursprüngliche Tal des Schwarzen Regen auszukosten. Zweier mit Gepäck starten nur bei gutem Wasserstand. Mit schäumenden Wellen windet sich der Fluss zwischen den Felsen des Bärenlochs und verlangt sichere Bootsführung. Über 30 km sind es bis nach Viechtach; außer der Papierfabrik in Teisnach und Gumpenried treten keine Siedlungen an den Fluss. Doch diese zwei Stellen schmälern etwas den Genuss von »Klein Kanada«: An beiden Wehren muss man die schwer beladenen Kanus ca. 500 m umtragen. Ein mitgeführter Bootswagen erspart dabei viel Mühe. Ab Viechtach beruhigt sich der bisher sehr schnell laufende Fluss; er wird hier zum Höllensteiner und anschließend zum Blaibacher See aufgestaut. Vor uns liegen 8 km ruhiges Wasser

und zwei Umtragestellen. Auch hier leistet der Bootswagen gute Dienste. Oberhalb Pulling vereinigt sich der Schwarze Regen mit dem vom Arber fließenden Weißen Regen. Dem Anfänger wird empfohlen, erst am Parkplatz unterhalb der Blaibacher Staumauer, wo auch der neue Regen-Bootswanderweg beginnt, sein Kanu ins Wasser zu setzen. Wir paddeln durch ein freundliches Tal an Blaibach und Miltach vorüber. Es folgen ein Felslabyrinth (Urleiten) und mehrere leichte Schwalle. Danach schließt sich ein ruhiger Abschnitt an. Die früher ungefährliche Floßgasse in Chamerau bleibt nur Wildwasserexperten vorbehalten (Walze mit Rücksog!); der Wanderer zieht das Kanu über die Wehrkrone oder trägt das Boot linksufrig bis unter die Brücke um (ca. 200 m). Nach Chamerau

△ *»Klein-Kanada« im Tal des Schwarzen Regen. Wie Trapper im Kanu unterwegs.*

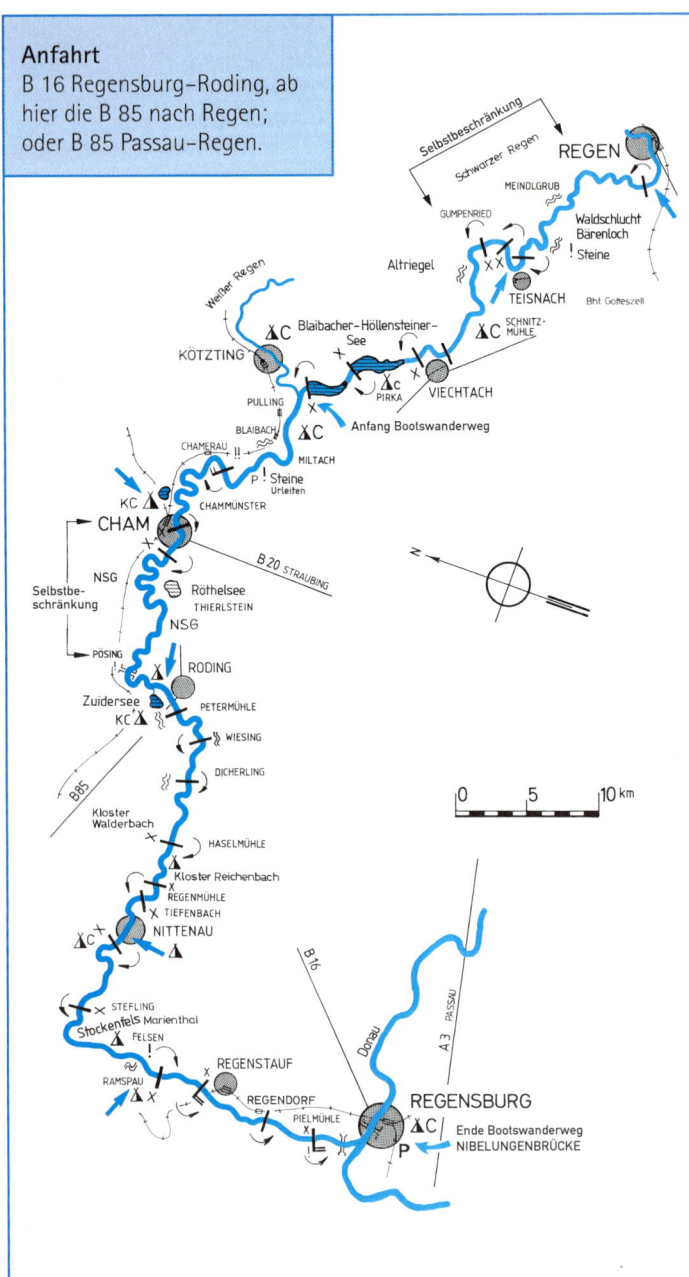

Anfahrt
B 16 Regensburg–Roding, ab hier die B 85 nach Regen; oder B 85 Passau–Regen.

REGEN

Selbstbeschränkung

Schwarzer Regen

MEINDLGRUB

GUMPENRIED

Waldschlucht
Bärenloch
⚠ Steine

Altriegel

X X

TEISNACH

Bht. Gotteszell

Weißer Regen

Blaibacher-Höllensteiner-
See

⚠C

SCHNITZ-
MÜHLE

⚠C

KÖTZTING

⚠C

PIRKA

X

VIECHTACH

PULLING

X

Anfang Bootswanderweg

BLAIBACH

⚠C

CHAMERAU

‼

MILTACH

P ⚠ Steine
Urleiten

CHAMMÜNSTER

KC ⚠

CHAM

B 20 STRAUBING

NSG

Röthelsee

THIERLSTEIN

Selbstbe-
schränkung

NSG

PÖSING

RODING

Zuidersee

PETERMÜHLE

KC ⚠

⚠ WIESING

B 85

⚠ DICHERLING

Kloster
Walderbach

X

HASELMÜHLE

Kloster Reichenbach

X

REGENMÜHLE

X TIEFENBACH

⚠C X

NITTENAU

⚠

X STEFLING

Stockenfels Marienthal

⚠ FELSEN

RAMSPAU

X ⚠

REGENSTAUF

X

REGENDORF

⚠ REGENSBURG

PIELMÜHLE

B 16

Donau

A 3 PASSAU

⚠C Ende Bootswanderweg
NIBELUNGENBRÜCKE

P

N

0   5   10 km

verlässt der Fluss das enge Tal und mäandert langsam durch die breite Further Senke Cham entgegen. Vor uns tauchen die Türme der St.-Jakobs-Kirche auf. Vor der Straßenbrücke liegt das neue Vereinsheim der Chamer Kanuten; hier dürfen wir nach Anfrage auch zelten. Die Altstadt lädt zum Aufenthalt ein. In einem ihrer Häuser wurde der berühmte Seemann Graf Luckner geboren, dem Frankreich für seine Verdienste die Marseillaise widmete. Bei der Stadtausfahrt bereitet uns das Wehr etwas Schwierigkeiten, eine längere Umtragestelle ist zu bewältigen. An den Röthelseeweihern vorbei erreichen wir nach einer gemächlichen Tagesfahrt den Markt Roding, einen Flecken mit gemütlichen Gasthäusern im alten Ortskern. Das zerfallene Wehr ist nach vorheriger Besichtigung befahrbar. Flussabwärts rücken die bewaldeten Hänge wieder näher, und das noch immer saubere Wasser trägt die Kanus an den beiden weit sichtbaren Klöstern Walderbach und Reichenbach vorüber nach Nittenau, dem Hauptort am unteren Regen. Nach der Nittenauer Ebene wird die Strömung schneller, die Landschaft romantischer. Riesige Findlinge liegen im Wasser. Vorbei an Hof, einem alten Adelssitz, kommen wir nach Stefling mit dem hoch am Felsen gebauten Schloss. Nach einem Wehr zwängt sich der Fluss in ein immer enger werdendes Tal.

Im Flussbett liegen hier und da Granitblöcke und Überreste von Felsriegeln, die der Regen auf seinem Weg durchs Gebirge durchbrochen hat. Wie vorsintflutliche Ungeheuer versperren sie den Weg und zwingen uns zum Manövrieren. Dort, wo das Gestein am härtesten ist, bildet der bisher nach Nordwesten fließende Regen einen scharfen Knick – das Regenknie – und sucht endgültig seinen Weg in südlicher Richtung. Hier am Regenknie, hoch oben am Berg, hausen in der Burgruine Stockenberg angeblich die Geister der Bierbrauer und Wirte, die es mit dem gerechten Maß und dem strengen Braugesetz bei Lebzeiten nicht so ernst genommen haben. Nach einigen Kilometern verschwinden die vielen Steine im Flussbett, die Berge treten zurück, und der Regen verlangsamt seinen Lauf. Am verspielten Barockschlösschen des Freiherrn von Pfetten in Ramspau tragen wir die Boote übers Wehr. Bald erreichen wir Regenstauf, wo sich vom Schlossberg eine weite Aussicht ins Tal bietet. Es erwarten uns noch zwei Floßgassen, deren hohe Wellen für eine feuchte Überraschung sorgen können. Man kann die Boote aber auch umtragen. Die Besiedlung wird dichter, der Fluss in ein begradigtes Bett gezwungen, und bei Regensburg erreichen wir die Donau. An der Nibelungenbrücke endet unsere Wanderfahrt.

Im urbayerischen Vohburg, das auf römischen Fundamenten erbaut wurde, wollen wir unsere Wanderung auf einem der schönsten Donauabschnitte beginnen. Bevor wir die Kanus in das grüne Wasser schieben, besichtigen wir die von Mauern und Toren beschirmte Altstadt, in der sich auch schon Napoleon aufhielt.

Nach dem Einsetzen trägt uns eine flotte Strömung durch den geschichtsträchtigen Landstrich. Links bleibt das Wackersteiner Schloss liegen, und von dem ins Nibelungenlied eingegangenen Pförring ahnen wir nur die mächtige romanische Kirche. Auch Neustadt an der Donau liegt nicht direkt am Fluss, doch eine Wanderung in die Stadt mit dem originellen Rathaus ist zu empfehlen.

In jedem Falle sollten wir am Fährengelände in Eining anlegen, um die gut erhaltenen Ausgrabungen des römischen Grenzkastells Abusina, das am rechten Hochufer der Donau erbaut wurde, zu besichtigen. Am anderen Ufer zieht sich in der Ferne der Limes hin, ein Grenzwall, der das römische Reich vor den »Barbaren« schützen sollte. Ein paar Kilometer von hier entfernt liegt der bekannte Kanuzeltplatz Haderfleck, Ziel unserer Tagesetappe.

Bei Stausacker nähern sich die ersten Felsen dem Fluss. Rechts vor uns erhebt sich auf einer schmalen Halbinsel zwischen steilen Fels-

≥ 63 km

🕐 **2–3-Tage-Fahrt**

wänden das berühmte Kloster Weltenburg. Wir legen am weißen Kiesstrand an, um dieses vermutlich älteste Kloster Bayerns zu besuchen und die herrliche Barockkirche der Gebrüder Asam zu bewundern. Anschließend laben wir uns am wohlschmeckenden Weltenburger Klosterbier.

Vielleicht erscheint nachher manchen Kanuten der Donaudurchbruch wirklich sehr eng, wenn die kleinen Boote an den senkrecht ins Wasser fallenden, fast 100 m hohen Dolomitfelsen vorbeigleiten. Zügig schiebt sich der Fluss, große Tellerwirbel und Pilze bildend, durch die Enge. Manche Felsgebilde haben einen Namen, wie »Frommer Bischof«, »Steinerne Kanzel« oder »Napoleon«, und es ist manche Legende mit diesem Durchbruch verknüpft.

Nach 6 km öffnet sich das Tal, wir

△ *Stimmungsvolles Ende eines Kanutages auf der Donau.*

verlassen das Felslabyrinth. Links, hoch am Michaelsberg, steht landschaftsbeherrschend der Monumentalbau der Befreiungshalle. An ihre Treppen schmiegt sich Kelheim, eine ehemalige Grenzfeste, heute das Tor zum Main-Donau-Kanal. Die herrliche Lage am Zusammenfluss von Altmühl und Donau und die vielen Sehenswürdigkeiten machen einen Stadtbesuch zum Erlebnis. In Kelheim beginnt die Bundeswasserstraße, doch es gibt nur wenig Großschiffsverkehr.

Nach Saal nimmt die bisher gute Strömung schnell ab, das Wasser der Abbacher Staustufe ist in Sicht. Am Wehr können wir rechts umtragen, aber auch eine Bootsgasse ist vorhanden, über die wir ins Unterwasser rutschen.

Unter gelben Felswänden duckt sich die lang gezogene Ortschaft Oberndorf, deren sehenswerte Kirche nur mit der roten Turmspitze über den Hochwasserschutzdamm ragt. In der Lohstädter Schleife säumen nochmals eindrucksvolle Felstürme das linke Donauufer, eine Fähre überquert den Fluss, und in der Ferne überspannt die Autobahnbrücke das Tal. Hier müssen wir auf vorbeiflitzende Wasserskisportler achten, die insbesondere an Wochenenden ihrem Hobby nachgehen.

Nach der zweiten Eisenbahnbrücke mündet von links die Naab in die Donau, und kurz danach erreicht der Strom bei Niederwinzer seinen nördlichsten Punkt, um anschlie-

ßend die südöstliche Richtung einzuschlagen. Rechtsufrig liegt neben dem Bootshaus der Regensburger Rudervereine der Städtische Campingplatz und kurz danach das schöne Gelände des Kanu-Clubs. Hier können wir unsere Tour beenden.

Auf Kanufahrer, die Regensburg vom Wasser aus erleben möchten, wartet am Stauwehr noch eine flotte Fahrt durch die Bootsgasse, die vom Boot aus mit einem Seilzugschalter zu bedienen ist. Am eindrucksvollen städtischen Panorama vorbei paddelnd steuern wir vorsichtig in die Stromzunge des zweiten Brückenjochs von rechts unter der alten Steinernen Brücke hindurch und huschen an der historischen »Wurstkuchel« vorbei. Die hohen Kaimauern erschweren

▷ *Hoch überragt die riesige Felswand den kleinen Kanadier.*

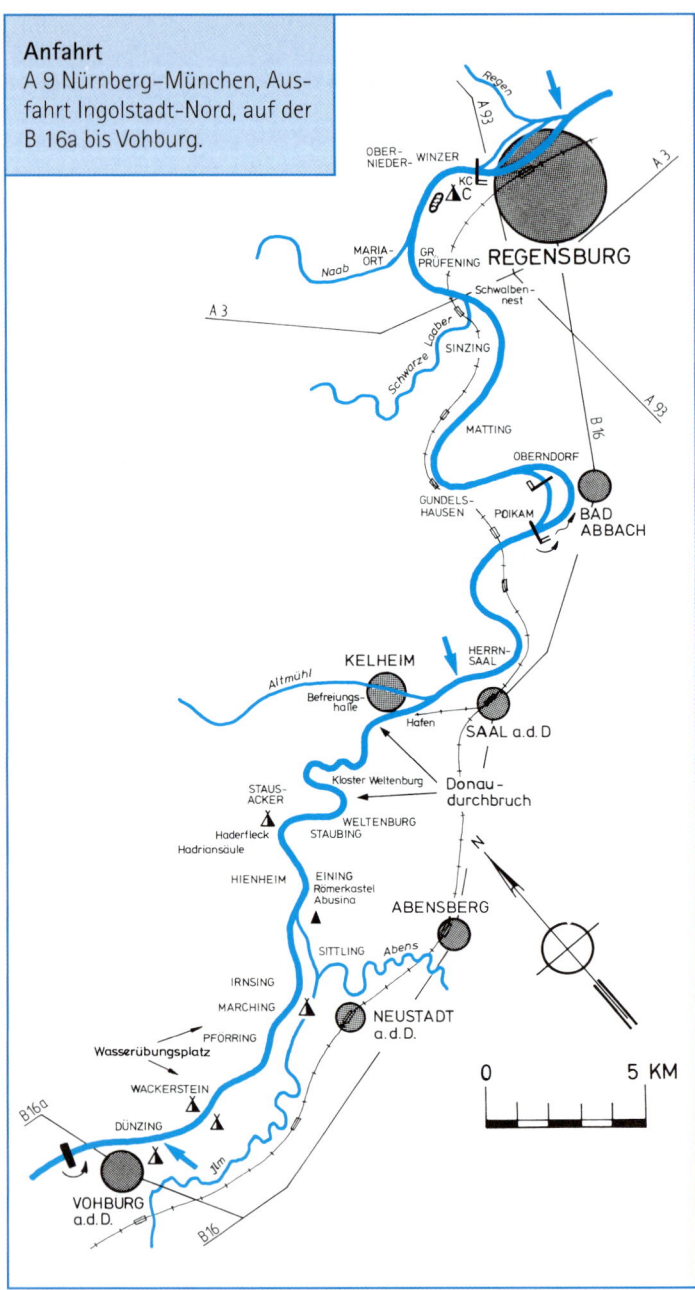

Anfahrt
A 9 Nürnberg–München, Ausfahrt Ingolstadt-Nord, auf der B 16a bis Vohburg.

Regen

A 93

A 3

OBER-
NIEDER- WINZER

KC
C

MARIA-
ORT

Naab

GR.
PRÜFENING

REGENSBURG

Schwalben-
nest

A 3

Schwarze Laaber

SINZING

MATTING

B 16

A 93

OBERNDORF

GUNDELS-
HAUSEN

POIKAM

BAD
ABBACH

KELHEIM

HERRN-
SAAL

Altmühl

Befreiungs-
halle

Hafen

SAAL a. d. D

STAUS-
ACKER

Kloster Weltenburg

Donau-
durchbruch

Haderfleck
Hadriansäule

WELTENBURG
STAUBING

N

HIENHEIM

EINING
Römerkastel
Abusina

ABENSBERG

SITTLING

Abens

IRNSING

MARCHING

NEUSTADT
a. d. D.

PFÖRRING

Wasserübungsplatz

WACKERSTEIN

B 16a

DÜNZING

Ilm

0   5 KM

VOHBURG
a. d. D.

B 16

Charakter, Tipps

Im beschriebenen Flussabschnitt ist die Donau ein gut strömender, ca. 80 m breiter, noch relativ sauberer Wanderfluss. Nur durch die Abbacher Staustufe unterbrochen, bietet sie eine sehr lohnende Wanderfahrt, die auch für wenig erfahrene Kanuten geeignet ist (Schwimmweste zu empfehlen). An Feiertagen und Wochenenden teils reger Motorbootverkehr oberhalb Regensburg, hier auch Wasserskilauf. Vorsicht auf Personenschiffe in der Enge von Weltenburg; am Kloster wird gewendet!

Die schönste Zeit für eine Donau-Wanderung ist der Hochsommer, wenn im Fluss oberhalb Kelheim gebadet werden kann und bei Niedrigwasser die vielen Kiesbänke hervortreten. An der Einsetzstelle neben der Vohburger Brücke Zeltmöglichkeit (Wasser und WC). Im Bereich des Wasserübungsplatzes Wackerstein Spannseile und Schwimmbrücken, kurzzeitige Durchfahrtsverbote. Unterhalb Kehlheim ist die Donau Bundeswasserstraße; hier für Sportboote Kennzeichnungspflicht!

Zeltmöglichkeiten

Vohburg; Wackerstein; Zeltplatz Haderfleck (im Wirtshaus anmelden); Saal (Marine); Regensburg: Camping, Kanu-Club, Turn- und Sportverein Regensburg.

Sehenswertes

Vohburg: Altstadt, Burgreste, Schloss Wackerstein.

Eining: Römisches Kastel Abusina; Hienheim: Limes, Hadriansäule.

Weltenburg: Benediktinerkloster Weltenburg (Barockkirche); Donaudurchbruch.

Kelheim: Befreiungshalle am Michaelsberg, alter Ludwigkanal, Main-Donau-Kanal, Schleusen, Torbauten, Türme, Reste der Stadtbefestigung, Pfarrkirche, Sühnekapelle, Schloss, Heimatmuseum, Kloster u. a.

Bad Abbach: Schwefelbad, Burg.

Regensburg: Siehe Tour 14.

Auto nachholen

Gut ausgebaute Verbindungen der DB zwischen Vohburg und Regensburg.

Karten, Kanu-Literatur

Generalkarte 1:200 000, Blatt 20; ADAC-Freizeitatlas 1:100 000 Nördl. und Südl. Bayern; Wassersport-Wanderkarte 1:450 000, Teil 4.

Deutsches Flusswanderbuch; Kanu-Wanderführer für Bayern.

das Anlegen; deshalb paddeln wir links in den Nebenarm zur Regenmündung und finden nahe der Nibelungenbrücke eine gute Anlegestelle. Von hier aus sind es nur wenige Minuten in die Altstadt, die uns mit ihrer 2000-jährigen Geschichte in ihren Bann zieht.

120 km

Ferienfahrt

Die Altmühl ist ein ruhiger, gemächlich fließender Wanderfluss. Man sagt ihr sogar nach, der langsamste aller bayerischen Flüsse zu sein. Doch dank ihrer besonderen landschaftlichen Schönheiten wird die Altmühl als »Pilgerfluss« aller deutschen Kanufahrer angesehen. Von ihrer Quelle am Nordrand der Frankenhöhe durchfließt sie in vielen kleinen, im Sommer verkrauteten Flussschlingen eine fruchtbare Feld- und Wiesenlandschaft, um zwischen Ornbau und Gunzenhausen das Fränkische Seenland zu berühren. Hier entstanden durch Aufstauen des Altmühlwassers und dessen Umleitung in den Main-Donau-Kanal über 2000 ha neuer Wasserfläche: ein Eldorado für Wassersportler sowie auch für die Vogelwelt – mehrere hundert Hektar sind als Naturschutzgebiete ausgewiesen. Trotz dieser landschaftlichen Umgestaltungen hat die Altmühl im beschriebenen Abschnitt ihren verträumten Charakter behalten.

Wem eine Flussbegradigung bis Treuchtlingen nichts ausmacht, der setzt im Frühling sein Kanu am Gunzenhausener Volksfestplatz ins Wasser. Rechts unterhalb des Wehrs findet sich eine brauchbare Stelle zum Einbooten. Von schreienden Kiebitzen verfolgt, der brennenden Sonne entgegen, fährt er den schilfumsäumten Fluss fast ohne Hindernisse hinunter. Das flache Land und die Nähe der nach

Norden fließenden Rezat bewegte schon vor 1200 Jahren Karl den Großen zum Bau eines Verbindungskanals zwischen den Wassersystemen von Donau und Main. Übrig geblieben vom gescheiterten Versuch ist der Karlsgraben, »Fossa Carolina«, den wir bei Bubenheim, in der Ortschaft Graben, finden. 1000 Jahre später ist die Verbindung doch gelungen; der schmale Ludwig-Donau-Main-Kanal fügt sich heute restlos in das Landschaftsbild ein. Bei Treuchtlingen ändert sich schnell die Umgebung des Flusses. Das Tal verengt sich, hier beginnt der lohnendste Flussabschnitt. Das Wehr am Städtischen Freibad ist überwiegend offen. Und so fahren wir ungehindert mit den Kanus in das cañonartige Tal hinein. Eine ganze Reihe von Sehenswürdigkeiten zieht sich wie eine Perlenkette am Fluss ent-

△ *Manches spritzige Wehr können Geübte auf der Altmühl befahren.*

Landschaftlicher Höhepunkt einer Altmühlfahrt sind die Felstürme »Zwölf Apostel«.

lang: das kleine Burgstädtchen Pappenheim, Solnhofen mit seinen weltberühmten Steinbrüchen und dem Fossilien-Museum, die Felsenformation der Zwölf Apostel, das südlich anmutende Dollnstein und die bischöfliche Residenzstadt Eichstätt als kultureller Mittelpunkt des Tales. Aber auch weiter flussabwärts reißt die Kette der seltenen Landschaftsbilder nicht ab. Wacholderheiden oberhalb der alten Pfünzer Steinbrücke wetteifern mit leuchtend weißen Kalktürmen und grünen Mischwaldbeständen. Bei der hochragenden Burg Kipfenberg kreuzt der römische Limes mit seinen wiederaufgebauten Türmen und Kastellen das Altmühltal. Wir unterqueren die breite Autobahnbrücke der A 9 und besuchen linksufrig vom Camping Kratzmühle das Erholungszentrum am ehemaligen Baggersee. Kurz darauf leuchtet vor uns oben am Berg das Schloss Hirschberg und signalisiert die Nähe von Beilngries. Die engen Gassen der gut erhaltenen Altstadt locken zum Besuch. Bei Dietfurt begegnen wir erstmals einer mächtigen Schiffshebeanlage des so umstrittenen Main-Donau-Kanals. Unsere Wanderfahrt beenden wir schließlich an der Wallfahrtskirche in Griesstetten. Der nun folgende Unterlauf wurde nach und nach bis zur Mündung in die Donau verbaut; ein breites Kanalbett, unterbrochen von riesigen Schleusenanlagen, prägt das neue, für uns nur schwer zu akzeptierende Flussbild der vorher so lieblich dahinfließenden Altmühl.

DIETFURT

GRIESSTETTEN

TÖGING

HEBEWERK

Main-Donau-Kanal

KOTTING-WÖRTH

BEILNGRIES

PFRAUNDORF

Badesee

KRATZMÜHLE

NÜRNBERG A 9 MÜNCHEN

P

KIPFENBERG

GUNGOLDING

WALTING

Inching

PFÜNZ

EICHSTÄTT

AUMÜHLE

REBDORF

B 13

WASSERZELL

BREITEN-FURT

NÜRNBERG B 2 AUGSBURG

DOLLNSTEIN

HAGENACKER

WEISSENBURG

ZIMMERN PAPPENHEIM

Zwölf Apostel

ALTENDORF

B 13

SOLNHOFEN

Fossa Carolina

GRABEN

BUBENHEIM

GUNZENHAUSEN

P

TREUCHTLINGEN

0   5   10 km

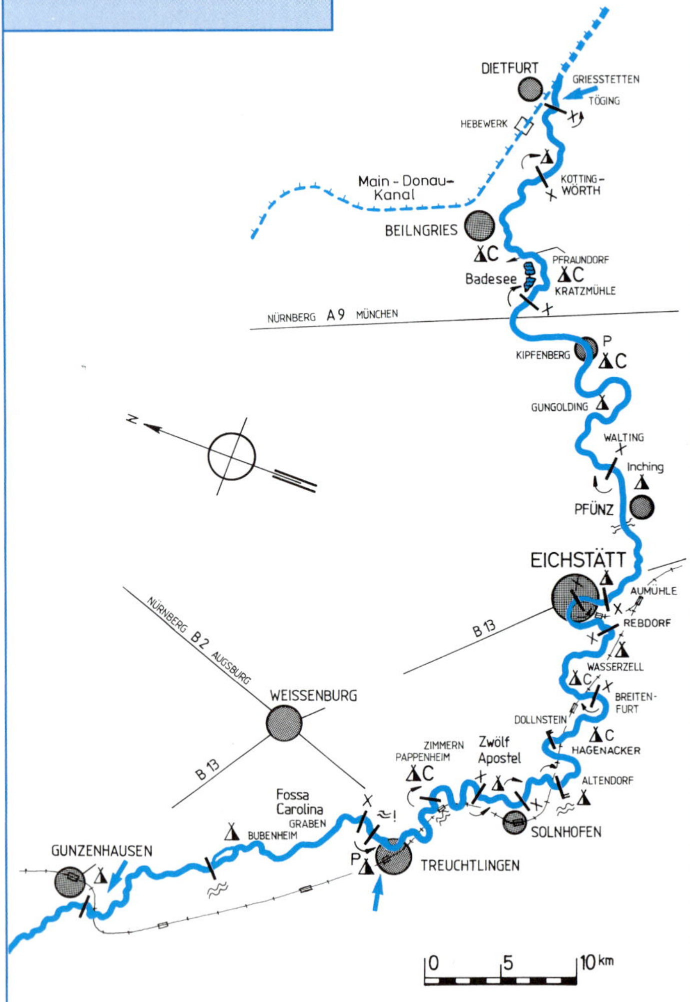

Im Frühling lockt die Altmühl mit prächtig blühenden Bäumen und Blumen.

Charakter, Tipps

Trotz Verbauung im Ober- und Unterlauf bleibt die Altmühl der ideale Fluss für beschauliche Wanderfahrten. Langsam fließendes Zahmwasser erlaubt auch wenig erfahrenen Anfängern das ganzjährige Befahren mit allen Bootstypen. Das Wasser ist mäßig sauber. Es wurde ein großer Teil der Altmühl als offizielle Flusswanderstrecke ausgebaut; von den Gemeinden wurden an den Wehranlagen Bootsumsetzstellen mit Treppen errichtet und etliche Rastplätze mit Zeltmöglichkeiten angelegt. Hiermit werden die Wanderfahrer gebeten, durch ihr vorbildliches Verhalten diese einmaligen Bemühungen zu würdigen und dadurch auch zum guten Ruf des Kanusports beizutragen. Lohnendster Flussabschnitt: Treuchtlingen – Beilngries. Am Altmühlsee (NSG) ist die Durchfahrt im alten Gewässerverlauf erlaubt. Pkw-Begleitung durchgehend möglich.

Zeltmöglichkeiten

Im Naturpark Altmühltal ist Zelten nur auf dafür ausgewiesenen Plätzen erlaubt; doch es sind genügend Bootsrastplätze mit Zeltmöglichkeiten vorhanden – siehe Flusskarte. Schöne Campingplätze in Pappenheim, Dollnstein, Breitenfurt, Kipfenberg, an der Kratzmühle und in Beilngries.

Bootsverleih

Gunzenhausen, Treuchtlingen, Pappenheim, Dollnstein, Eichstätt, Kipfenberg, Kinding, Beilngries, Dietfurt-Töging.

Auto nachholen

Zwischen Gunzenhausen und Eichstätt gute Bahnverbindung; zwischen Eichstätt und Dietfurt kein akzeptabler Nahverkehr.

Sehenswertes

Herrieden: Bergkirche, Kirche St. Veit
Gunzenhausen: Stadtkirche, Färberturm, Schloss, Marktplatz, Blasturm.
Treuchtlingen: Stadtschloss, Heldenfriedhof am Nagelberg, Fossa Carolina.
Pappenheim: Burgruine, Schloss, Augustinerkloster, Galluskirche.
Solnhofen: Fossilien-Museum, Sola-Basilika, Zwölf-Apostel-Felsen bei Eslingen.
Eichstätt: Residenz, Willibaldsburg, Jura-Museum, Dom, Kloster mit Kreuzgang, barocke Häuser u. v. a.
Pfünz: Alte Steinbrücke, Römerkastell.
Kipfenberg: Burg, Limes.
Kinding: Wehrkirche.
Beilngries: Benediktinerkloster Plankstetten, Rokokoschloss Hirschberg.

Karten, Literatur

Generalkarte 1 : 200 000 Blatt 19, Blatt 20; ADAC-Freizeitatlas Südliches Bayern 1 : 100 000.

⮂ 93 km

🕐 4–5-Tage-Fahrt

Die über 120 km lange, am Eichelberg im Naturpark Frankenhöhe entspringende Wörnitz ist auf einer Strecke von mehr als 90 km mit Wanderbooten ohne Schwierigkeiten befahrbar. In unzähligen Kehren und Schleifen fließt sie in einem flachen, weit geöffneten Tal zwischen der Schwäbischen Alb und dem Fränkischen Jura und entwässert das gigantische Ries, einen vermutlich durch meteoritischen Einschlag entstandenen Rundkrater. Als ruhiges, langsames Wanderflüsschen berührt sie mehrere Städtchen, Burgen und Schlösser, um schließlich bei Donauwörth ihren Lauf mit der Donau zu vereinigen.

Noch bis weit in den Frühsommer können wir sie ab Dinkelsbühl befahren. Eine gute Einsatzstelle finden wir am Bootshaus des hiesigen Kanu-Clubs. Bald trägt uns die Strömung langsam ostwärts. Bis zur Mündung der Sulzach bei Wittelshofen bewältigen wir viele Flusskehren und tragen unsere Boote über fünf Wehre an alten Mühlen vorbei. Am Wehr in Gerolfingen legen wir eine längere Pause ein. Bei schönem Wetter lohnt es sich, die 300 Höhenmeter zum Hesselberg, einer alten Keltenfestung, hinaufzuwandern. Hier erwartet uns ein phantastischer Rundblick, der im Herbst manchmal bis zu den Alpen reicht. Nach der Rückkehr können wir in einer der beiden örtlichen Brauereien

unseren Durst mit gutem Bier löschen. Über zwei weitere Wehre geht die ruhige Fahrt nach Wassertrüdingen, wo das Markgrafenschloss, eine ehemalige Wasserburg, unsere Aufmerksamkeit anzieht. Danach ist die Wörnitz fast ganzjährig befahrbar. Im Spätsommer ist sie teilweise verkrautet, doch eine Fahrrinne findet sich immer. Die Wörnitz macht hier in ihrem schlingenreichen Lauf einen Knick nach Süden und trägt unsere Kanus an der trutzigen, dreischiffigen romanischen Basilika des alten Benediktinerklosters Auhausen vorbei. Über weitere unzählige Mäander erreichen wir die Fürstenresidenzstadt Oettingen. Wir besichtigen die Stadt, deren Bild bis heute von der religiösen Zweiteilung der Einwohner geprägt ist. Am Marktplatz stehen die barocken Stuckputzbauten der wohlhabenden ka-

△ *In der Heroldinger Schleife an der Wörnitz.*

tholischen Kaufleute mit ihren prächtigen Giebeln den schmucken, aber etwas strengen Fachwerkhäusern der überwiegend protestantischen Handwerker gegenüber. Vor der Weiterfahrt lohnt noch ein Aufstieg von der Wörnitzbrücke zum Hainsfarther Kirchenberg, dem Aussichtsbalkon der südlichen Frankenalb. Hier sehen wir, wie die bis dahin sich langsam schlängelnde Wörnitz ihren Lauf begradigt und sich in das Kalkgestein des Rieskraters eingräbt. Die Fahrt geht weiter durch den Riesboden, rechts von niedrigen Waldkuppen gesäumt. Auf den saftigen, feuchten Wiesen begleiten uns Kiebitze, und sogar ein Storch schreitet am Wörnitzufer entlang. Bei Fessenheim teilt sich der Fluss; wir bleiben rechts. Hinter der Wennenmühle, die wir mit Booten links umgehen, fehlt unter dem Wehr manchmal Wasser. Die kleine Treidelstelle nehmen wir als Abwechslung in Kauf. Die Boote gleiten nun durch die Heroldinger Schleife, Felskuppen treten näher. Im weiten Bogen nimmt hier die Wörnitz Anlauf, um in flotter Strömung den südlichen Rand des Rieskraters durchzusägen. Das Tal wird enger und romantischer. Überraschend

Hoch über dem Fluss thront die stolze Harburg.

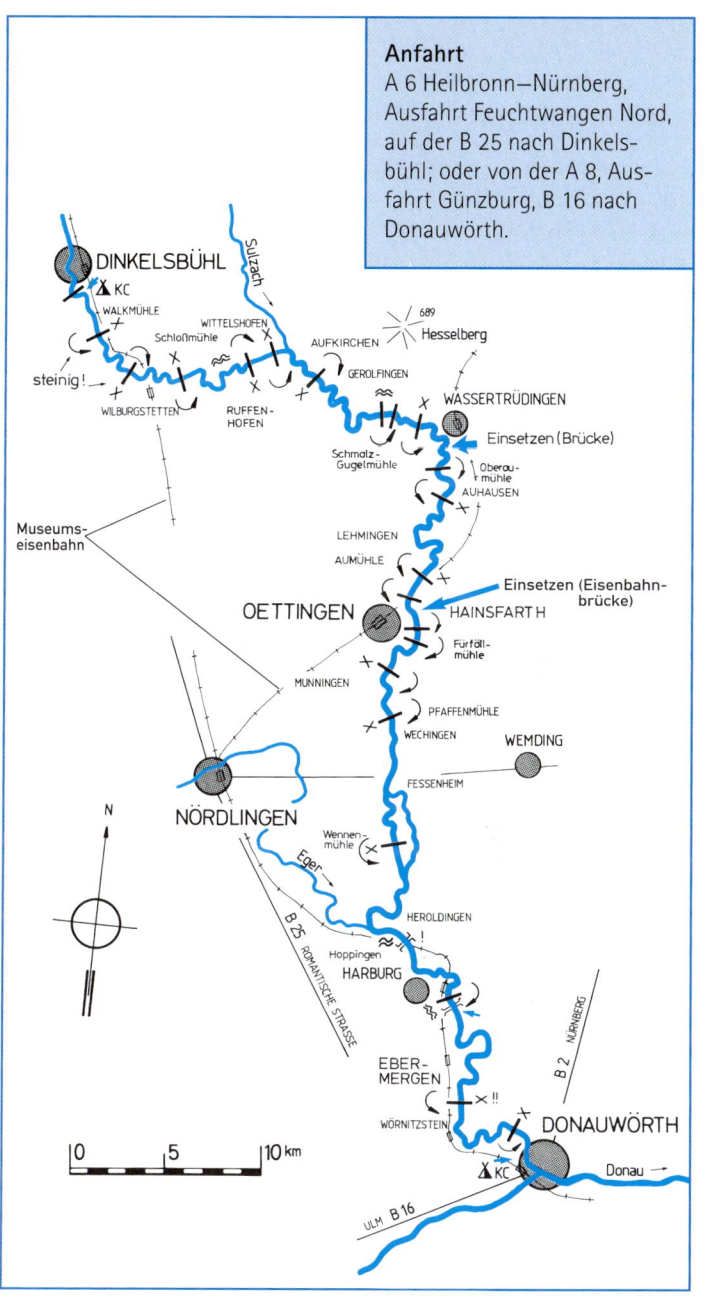

Anfahrt
A 6 Heilbronn—Nürnberg,
Ausfahrt Feuchtwangen Nord,
auf der B 25 nach Dinkelsbühl; oder von der A 8, Ausfahrt Günzburg, B 16 nach
Donauwörth.

DINKELSBÜHL

Sulzach

KC

WALKMÜHLE

WITTELSHOFEN

Schloßmühle

AUFKIRCHEN

689

Hesselberg

GEROLFINGEN

steinig!

WILBURGSTETTEN

RUFFEN-
HOFEN

WASSERTRÜDINGEN

Einsetzen (Brücke)

Oberau-
mühle

AUHAUSEN

Schmalz-
Gugelmühle

Museums-
eisenbahn

LEHMINGEN

AUMÜHLE

Einsetzen (Eisenbahn-
brücke)

OETTINGEN

HAINSFARTH

Fürfäll-
mühle

MUNNINGEN

PFAFFENMÜHLE

WECHINGEN

WEMDING

FESSENHEIM

N

NÖRDLINGEN

Wennen-
mühle

Eger

HEROLDINGEN

B 25 ROMANTISCHE STRASSE

Hoppingen

HARBURG

NÜRNBERG

B 2

EBER-
MERGEN

WÖRNITZSTEIN

DONAUWÖRTH

0   5   10 km

KC

Donau →

ULM B 16

83

und majestätisch zieht rechts hoch am Fels der stolze Sitz der Fürsten von Oettingen-Wallerstein-Harburg an uns vorbei. Nach einer ausholenden Rechtsschleife landen wir an der siebenbogigen Steinbrücke im winzigen Städtchen Harburg. An der Brücke angeklebt steht noch die alte Bruckmühle, deren Wehr wir links umgehen. Wir legen Rast ein, um die gut erhaltene Burg mit Museum und Bibliothek zu besichtigen. Am Ende des Parkplatzes setzen wir die Kanus wieder ins Wasser und treiben durch das bewaldete Tal. An der Schlossruine Wörnitzstein vorbei zeigen sich im Süden die hochragenden Türme der Pfarr- und Heiligkreuzkirche, die Wahrzeichen der alten Reichsstadt Donauwörth. Das letzte Wehr umtragen wir rechts, und unser Ziel, die Wiese des Kanu-Clubs am Bootshaus, ist erreicht.

Nach dem Trocknen, Aufladen der Boote und gutem Essen in einem der vielen Wirtshäuser können wir noch die sehenswerte alte Reichsstadt bewundern.

Charakter, Tipps

Langsamer Wanderfluss; trotz der vielen Wehre, die zwar nicht befahrbar, aber überwiegend leicht zu umtragen sind, auch für Anfänger geeignet. Wasser mäßig sauber. Im Frühjahr ab Dinkelsbühl, im Sommer ab Wassertrüdingen oder Oettingen gut befahrbar. Ab hier landschaftlich sehr abwechslungsreich. Pkw-Begleitung möglich. Bei HW nicht befahren, Lebensgefahr an Wehren!

Zeltmöglichkeiten

Campingplatz Dinkelsbühl; auf Anfrage beim Kanu-Club Donauwörth; Zelten neben kleinen Sportplätzen in Heroldingen, Munningen.

Sehenswertes

Dinkelsbühl: Altstadtkern, Deutsches Haus, Spitalkirche, Rathaus, Ringmauer mit Toren, Kinderzeche, im Sommer Freilichtspiele.

Oettingen: Residenz mit Schlosspark und Orangerie, Pestsäule, Marktplatz, Pfarr- und Stadtkirche, Storchennest.

Harburg: Burganlage mit Folterverliesen, Museum, Bibliothek, alte Steinbrücke.

Donauwörth: Alte Reichsstadt, Pfarrkirche mit der schwersten Glocke Schwabens (Pummerin), Tanzhaus, Rathaus, Marktplatz, Färbertörl.

Auto nachholen

Zwischen Dinkelsbühl und Donauwörth keine regelmäßigen Bahnverbindungen.

Karten, Literatur

Generalkarte 1 : 200 000 Blatt 19; ADAC-Freizeitatlas Südliches Bayern 1 : 100 000. Kanuführer für Südwestdeutschland; Kanuwanderführer für Bayern.

⮂ 102 km

🕐 3–4-Tage-Fahrt

Jahrhundertelang diente der bis in die Fünfzigerjahre noch völlig unverbaute Inn als wichtige Wasserhandelsstraße zwischen Tirol, Bayern und Wien. Nach einer 300 km langen Strecke durch die Alpen fließt er, in Bayern ankommend, zuerst vor Rosenheim in ein breites, vermoortes Gletscherbecken, gräbt sich weiter nördlich in die leicht ansteigende Schotterterrasse der eiszeitlichen Gletschermoräne immer tiefer ein und durchsägt diese zwischen Wasserburg und Mühldorf in weiten, regelmäßigen Schleifen. Bei Marktl, wo die Landschaft wieder flacher wird, nimmt der Inn von rechts die wasserreiche Salzach auf und läuft durch viele Stauseen nach Passau, wo er seine milchig grünen Gewässer mit der Donau vermischt. Für unsere Kanuwanderung wählen wir den zwar auch verbauten, jedoch landschaftlich abwechslungsreichsten sowie einsamen Flussabschnitt zwischen Wasserburg und Braunau. Während dieser ca. 100 km lernen wir alle Gesichter der Innlandschaft kennen. Hier wechseln steile, bewaldete Hänge der Schotterterrassen mit niedrigen Wiesenufern, die engen Passagen der Umlaufschleifen bei Wasserburg und Kraiburg bilden einen krassen Gegensatz zu der weit offenen Flusslandschaft der Innauen am Zusammenfluss mit der Salzach. Obwohl wir immer wieder an Zeugen des menschlichen Daseins – Städten, Klöstern und Staudämmen – vorbeikommen, bleibt das Tal sehr einsam und vom hektischen Straßenverkehr weitgehend verschont. Nur Wanderwege führen an den Ufern entlang, und wenige Brücken überspannen den ruhig dahinziehenden Fluss. Unsere Kanutour beginnt in Wasserburg, wo wir unterhalb des Wehrs im Angesicht der loggiengeschmückten Häuserreihen unsere Boote ins Wasser lassen. Das Ocker und Gelb der Fassaden, an denen unsere Kanus vorbeigleiten, strahlt einen Hauch Italien aus. Der Inn schmiegt sich wie ein leuchtend grünes Band an die malerische Stadtkulisse, die uns immer neue Anblicke zeigt, bevor wir im dunklen Grün des Flusstales verschwinden. Nach 12 km ruhiger Fahrt sehen wir zum ersten Mal das blaue Schild mit weißem Pfeil, das uns eine Umtragestelle anzeigt. Sie

△ *Viele Flussarme bildet der Inn vor der Mündung der Salzach.*

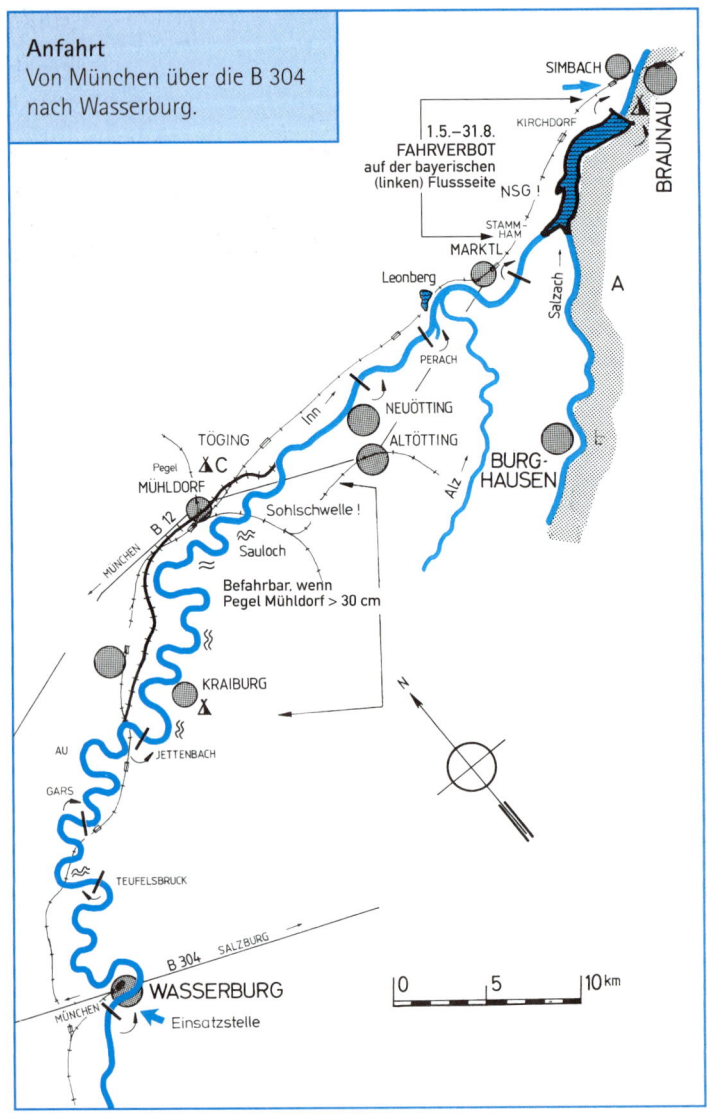

SIMBACH

1.5.–31.8.
FAHRVERBOT
auf der bayerischen
(linken) Flussseite

KIRCHDORF

NSG !

STAMM-
HAM

MARKTL

BRAUNAU

Leonberg

Salzach

A

PERACH

Inn

NEUÖTTING

ALTÖTTING

BURG-
HAUSEN

Alz

TÖGING

Pegel

MÜHLDORF

C

B 12

Sohlschwelle !

MÜNCHEN

Sauloch

Befahrbar, wenn
Pegel Mühldorf > 30 cm

N

KRAIBURG

AU

JETTENBACH

GARS

TEUFELSBRUCK

B 304   SALZBURG

0   5   10 km

WASSERBURG

MÜNCHEN

Einsatzstelle

befindet sich am Teufelsbrucker
Staudamm; bis nach Braunau folgen ihm noch weitere fünf. Nach
dem Wiedereinsetzen fließt der Inn
etwas schneller, ein lang gezogener
Schwall verlangt beim Paddeln
etwas Aufmerksamkeit. Durch die
Baumkronen leuchtet bei Gars die
sehenswerte alte Klosterkirche St.
Maria zum Fluss herunter, und in

Au begleitet uns der lang gezogene Bau des herrlichen Augustinerklosters. Eine flotte Strömung nach dem Stauwerk in Jettenbach signalisiert die Nähe der kleinen, stillen Stadt Kraiburg, deren alte Bürgerhäuser sich dicht unter dem Burghügel ducken. Eine kleine Wiese am Flusspegel bietet Platz für einige Zelte, und so können wir abends am alten Marktplatz unter Laubengängen herumspazieren und die friedliche Bürgerlichkeit des schlummernden Städtchens genießen. Am nächsten Tag liegt eine lange naturbelassene, landschaftlich sehr abwechslungsreiche Strecke mit guter Strömung vor uns. In Mühldorf, einer alten Salzhandelsstadt mit lang gezogenem Marktplatz, erwartet uns eine kitzlige Schwallstufe, das »Sauloch«, die wir jedoch auch mit Faltbooten gut bewältigen. Es folgt das Wehr in Neuötting. Von hier ist es nicht weit nach Altötting, dem berühmten bayerischen Wallfahrtsort, dessen Schwarze Muttergottes bis heute unzählige Pilger anzieht. Vor Marktl, unter dem Leonberg, wo vor vielen Jahrhunderten in einer stürmischen Frühlingsnacht die ganze Burg mitsamt ihren Bewohnern in den Hochwasser führenden Fluss stürzte, mündet von rechts die aus dem Chiemsee eilende Alz in den Inn. Linksufrig lockt das ausgedehnte Erholungsgebiet mit vielen klaren Badeseen zum längeren Aufenthalt. Nach dem Stammhamer Wehr beginnt der große Inn-Salzach-See, dessen unzählige

Wasserburg am Inn – die Fahrt an der geschlossenen Stadtkulisse vorbei vermittelt einen Hauch von »Klein-Venedig«.

grüne Inseln seltenen Wasservögelkolonien Schutz bieten. An der Staumauer vor Simbach angelangt, nach einer mühsam gepaddelten Strecke im stehenden Wasser, tragen wir die Boote um und landen nach ein paar Kilometern im bayerischen Simbach vor der Straßenbrücke. Gegenüber, in Österreich, liegt die reizvolle Stadt Braunau.

Charakter, Tipps

Große Wassermengen führender Fluss. In der Zeit der Schneeschmelze Hochwasser. Sehr schön im Spätsommer zu befahren. Nach den Stauwehren teilweise Flussbettverengungen mit Schwallbildung; oberhalb der Wehre lange ruhige Strecken. Wasser milchig trüb, grünlich, jedoch sauber und sehr kalt; große Tiefen, darum immer Schwimmweste anlegen. Strecke zwischen Jettenbach und Mühldorf gute Strömung, mit natürlichen Stufen, Sohlschwellen und Felsen im Flussbett, doch bis auf etwas höhere Wellen keine Schwierigkeiten. Alle Umtragestellen an den Wehren sind vorbildlich gekennzeichnet, überwiegend mit Treppen und Anlegerampen versehen. Naturschutzgebiet an der Salzach-Mündung nur im Fahrrinnenbereich durchpaddeln. (Befahrungsverbot zwischen 1. 5. und 31. 8. gilt nur auf bayerischer Flusshälfte.) Ab hier Grenzfluss – Personalausweis mitführen! Die Mitnahme eines Bootswagens ist notwendig, da Umtragelängen zwischen 200 und 500 m zurückzulegen sind. Landschaftlich sehr eindrucksvoll. Geeignet für Wanderfahrer mit etwas Erfahrung und für alle Bootstypen. Pkw-Begleitung; nur an Brücken und Wehren Kontaktmöglichkeiten.

Zeltmöglichkeiten

Kraiburg; Campingplatz Mühldorf; viele einsame Zeltplätze am Fluss.

Sehenswertes

Wasserburg: Herrliche Altstadt auf einer schmalen Landzunge, Schloss, gotische Pfarrkirche, Herrenhaus, Kernhaus, Frauenkirche.
Gars: Kloster mit Kirche.
Au: Augustinerkloster, Schloss Stampfl.
Kraiburg: Altes Städtchen, Marktplatz, Burgruine.
Mühldorf: Prächtige Bürgerhäuser am Marktplatz, St.-Nikolaus-Kirche.
Altötting: Bedeutendster Wallfahrtsort Bayerns, Gnadenkapelle, Stiftskirche, Schatzkammer.

Auto nachholen

Regelmäßige Bahn-Bus-Verbindungen zwischen Wasserburg (Reitmehring) und Simbach.

Karten, Literatur

Generalkarte 1 : 200 000 Blatt 23; ADAC-Freizeitatlas Südliches Bayern 1 : 100 000.
Kanuwanderführer für Bayern; Deutsches Flusswanderbuch.

77 km

3–4-Tage-Fahrt

Westlich von Garmisch-Partenkirchen, in der sehr engen Griesenschlucht, zählt die Loisach zu den schwierigsten und zugleich schönsten Wildwassern der Alpen. Im Mittel- und Unterlauf aber zeigt sie als abwechslungsreicher Wanderfluss ihre Reize.

Im Garmischer Vorort Farchant finden wir einen guten Einsatzplatz, doch wir können die Boote auch am Bad in Oberau oder in Eschenlohe ins Wasser lassen. Im Rücken haben wir das mächtige Wettersteingebirge, zu beiden Seiten die hohen Hänge des Estergebirges und der Ammergauer Berge. Die Kanus schaukeln in rascher Strömung durch das flach gehobelte Gletschertal, Auwälder und ausgedehnte Moorgebiete umrahmen den teilweise regulierten Fluss. Bei niedrigem Wasserstand gestalten heraustretende weiße Kiesbänke die Fahrt noch reizvoller. Nur zwei Wehre müssen wir auf der ca. 40 km langen Etappe bis zum Kochelsee überwinden. Das Wehr in Kleinweil ist bei günstigem Wasserstand mittig/rechts über die Bootsgasse befahrbar, wegen der Schrägströmung aber unbedingt vorher ansehen. Am Ausgang steht eine hohe Schwallwelle. Doch in Großweil müssen wir meistens die Boote umtragen. In großem Bogen kehrt hier die Loisach nach Süden zurück und fließt gegen die Berge. Vor uns wachsen die imposanten Felshänge von Jochberg und Herzogstand immer höher; über 1000 Höhenmeter ragen die im Frühsommer schneebedeckten Nordwände aus dem Wasser des Kochelsees. Am alten Augustinerstift St. Tertulin vorbei erreichen wir in schneller Fahrt den See, wo auf dem gegenüberliegenden Ufer zwei schöne Campingplätze zum Übernachten einladen. Ein kleiner Spaziergang zum Kraftwerk krönt die erste Tagesetappe mit einer herrlichen Aussicht auf die weite Voralpenlandschaft. Der zweite Flussabschnitt unterhalb des Sees zeigt eine völlig veränderte Loisach. Langsam fließend durch eine flache, teilweise entwässerte und landwirtschaftlich genutzte Moorlandschaft, erreicht sie bei Schönmühl einen Hartsteinriegel, der ihr eine weite Schleife aufzwingt. Weil das ganze Wasser in einem Stollen zum Kraftwerk ab-

△ *Am Kochelseeabfluss machen sich Kajakfahrer zur Weiterfahrt fertig.*

geleitet wird, müssen wir beim blauen Schild links an der Säge ausbooten und die Kanus mehr als 500 m auf einem Asphaltweg über den Berg karren, um sie wieder am E-Werk-Auslauf ins Wasser zu setzen. Durch ein hügeliges Waldgebiet schlängelnd, erreichen wir in einer ruhigen Fahrt den Ort Beuerberg. Hier verschwindet wieder ein Teil des Wassers im Loisach-Isar-Kanal. Doch es bleibt noch genug übrig, um im alten Flussbett entlang der steilen Moränenterrasse weiterzufahren. Am Eurasburger Wehr tragen wir die Boote wieder um

(rechtzeitig anlegen!) und paddeln an der großen Insel vor Wolfratshausen im linken Flussarm vorbei; rechts liegt am Zusammenfluss eine unbefahrbare Stufe. Gleich am Stadtrand von Wolfratshausen befindet sich ein hübscher Campingplatz. Doch es lohnt noch eine Weiterfahrt auf der Isar bis nach München (seit 1995 fließen 15 m^3/s Wasser in die Isar). Hier begegnen wir insbesondere an den Wochenenden den bekannten »Musikflößen«, mit denen Touristen mit viel Bier und Blasmusik zur Floßlände in Thalkirchen gebracht werden.

Das flache Beuerberger Wehr bereitet uns beim Umtragen keine Schwierigkeiten.

Anfahrt
A 95 von München, Ausfahrt Wolfratshausen; oder Murnau-Kochel, auch über Eschenlohe auf der Olympiastraße nach Farchant.

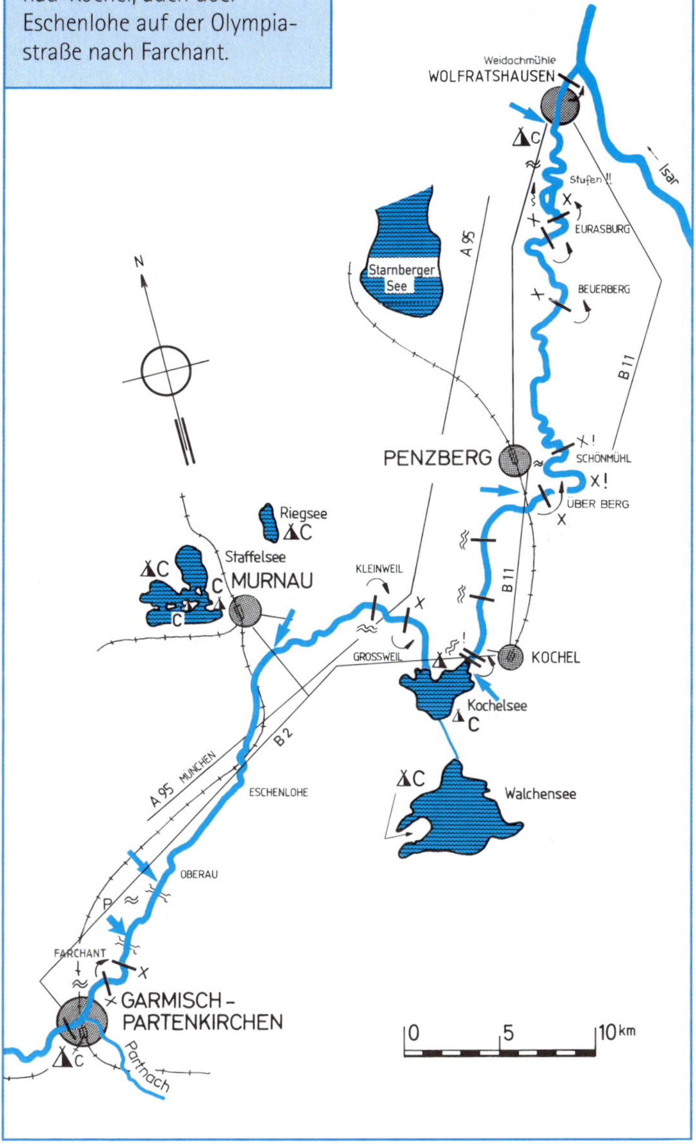

Weidachmühle
WOLFRATSHAUSEN

Isar

Stufen !!

EURASBURG

BEUERBERG

A 95

Starnberger See

N

B 11

SCHÖNMÜHL

PENZBERG

ÜBER BERG

Riegsee

KLEINWEIL

B 11

Staffelsee
MURNAU

GROSSWEIL

KOCHEL

Kochelsee

A 95 MÜNCHEN

B 2

ESCHENLOHE

Walchensee

OBERAU

P

FARCHANT

GARMISCH–
PARTENKIRCHEN

Partnach

0   5   10 km

Charakter, Tipps

Im ersten Flussabschnitt sehr schnell dahinziehender Wanderfluss mit eiskaltem, sauberem Wasser. Am Abfluss aus dem Kochelsee eine doppelte, befahrbare Stufe, doch Vorsicht auf kantige Steine! Danach langsame Strömung ohne wassertechnische Schwierigkeiten; auch für Anfänger geeignet. Die wenigen Verbauungen sind gut überwindbar, doch die lange Umtragestelle in Schönmühl verlangt die Mitnahme eines Bootswagens. Insgesamt abwechslungsreich und lohnend. Befahrbar mit allen Bootstypen. Pkw-Begleitung gut möglich.

Zeltmöglichkeiten

Campingplätze Garmisch-Partenkirchen; Kochelsee, Staffelsee (kanufreundlich auch mit 2 Plätzen auf Inseln, davon 1 x nur für Mitglieder des KV); Riegsee und Wolfratshausen.

Sehenswertes

Garmisch-Partenkirchen: Pfarrkirche, Werdenfelser Heimatmuseum, Burgruine, Zugspitze, Partnachklamm.
Kochelsee: Imposanter Klosterbau St. Tertulinus, St.-Michaels-Kirche.
Benediktbeuern: Barocke Klosterkirche, Bauerhof-Freilichtmuseum Glenleiten.
Beuerberg: Wandpfeilerkirche.
Wolfratshausen: Schöne Bürgerhäuser, Barockkirche, NSG Pupplinger Au an der Isar.
Murnau: Kunstmuseen.

Auto nachholen

Radwege entlang dem Flusslauf; Bus und Bahn relativ häufig, aber umständlich.

Karten, Literatur

Generalkarte 1 : 200 000 Blatt 25, Blatt 22; ADAC-Freizeitatlas Südliches Bayern 1 : 100 000; KOMPASS-Wanderkarte 1 : 50 000 Nr. 6, 7, 180.
Kanuwanderführer für Bayern; Deutsches Flusswanderbuch.

28 km

2 Tagesfahrten

Die Iller, die als reizvoller Alpenfluss das ganze Ostallgäu entwässert, entsteht eigentlich erst in Oberstdorf durch den Zusammenfluss von drei bedeutenden Gebirgsbächen: der Breitach, Stillach und Trettach. Entlang der Hörnergruppe, zwischen Oberstdorf und Sonthofen, springt ihr klares, grünes, sauberes Wasser über weiße Kiesbänke. Wer spritziges Wasser liebt, aufmerksam und geübt ist, kann ab Fischen ein Teilstück sportlich erfahren. Die Standard-Einsatzstelle hinter Sonthofen an der Marienbrücke vermeidet zwei meist befahrbare Wehre. Unter dem Grünten, der mehr als 1000 Höhenmeter über den Fluss aufragt, nimmt die Iller die Ostrach auf, und nach Immenstadt durchfließt sie eine noch ursprüngliche Flusslandschaft zwischen bewaldeten Hügeln. Nach einer wunderbaren Schleife um die Ausläufer des Rottachberges erreicht sie Martinszell, wo das einzige unbefahrbare Wehr unserer ersten Wanderetappe liegt. Entlang einem lang gezogenen Moränenrücken,

△ *Mit den Oberstdorfer Bergen im Rücken erreichen wir die Ostrachmündung bei Sonthofen.*

▽ *Spritzig wird es am geschleiften Gstader Wehr, doch es ist glatt befahrbar.*

hinter dem sich die verträumte Untersonthofener Seenlandschaft versteckt, strömt die Iller noch immer recht flott auf das malerisch liegende Kempten zu. Hier beenden wir unsere Etappe an der Autobahnbrücke rechts.

Auf der zweiten Etappe zwischen Kempten-Unterwang und Krugzell (wir setzen erst nach der gefährlichen Stufe ein, Zufahrt beim Flößerhäusle, hinunter zu einer Kleingartenanlage) gräbt sich der Fluss auf einem noch lohnenden Teilstück tief in die Schotterterrassen ein und überrascht uns immer wieder mit neuen Landschaftsbildern. Doch nach der eindrucksvollen Krugzeller Schleife ist die Iller verbaut, aufgestaut und von E-Werken genutzt. Hohe Wehre und sehr schwierige Umtragestellen erschweren die Weiterfahrt bis zur Stauanlage Altusried.

Charakter, Tipps

Ein herrlicher Wanderfluss, mit Einerbooten schon vor Fischen bei Oberstdorf, mit Zweiern ab Sonthofen (Parkplatz a. d. Marienbrücke) bis kurz vor Kempten gut befahrbar. Durchfahrt durch die Stadt nicht möglich. Unterhalb von Kempten noch lohnende Halbtagesetappe bis Krugzell. Hier Fahrt an der neuen Straßenbrücke (Treppe rechts) beenden. Im Frühling bei Schneeschmelze führt der Fluss riesige Wassermengen; beste Zeit für eine Wanderfahrt erst ab Mitte Juni bis zum Herbst. In der ersten Etappe glasklares, eiskaltes grünes Wasser; unterhalb Kempten lässt die Wasserqualität nach. Die Naturstufen bei Sonthofen sind bei gutem Wasserstand für Geübte befahrbar; weniger erfahrene Paddler tragen um. Am Wehr in Martinszell gut beschilderte, kurze Umtragestelle mit ca. 100 m Treidelstrecke. Viele Kiesbänke, kleine Schwalle und die zügige Strömung gestalten eine abwechslungsreiche, sportliche Wanderfahrt. Pkw-Begleitung nur teilweise möglich.

Zeltmöglichkeiten

Campingplatz Sonthofen; Immenstadt am Alpsee; Niedersonthofener See; Illerparadies bei Kempten.

Sehenswertes

Sonthofen: Allgäuer Heimatmuseum.
Kempten: Rathaus, Stadtkirche, Schloss, Brunnen, Bürgerhäuser.

Auto nachholen

Regelmäßige Bahnverbindungen zwischen Oberstdorf und Dietmannsried. Fernradwanderweg auf dem Illerdamm.

Karten, Literatur

Generalkarte 1 : 200 000 Blatt 25, 24; ADAC-Freizeitatlas Südliches Bayern 1 : 100 000. Kanuführer für Südwestdeutschland; Kanuwanderführer für Bayern.

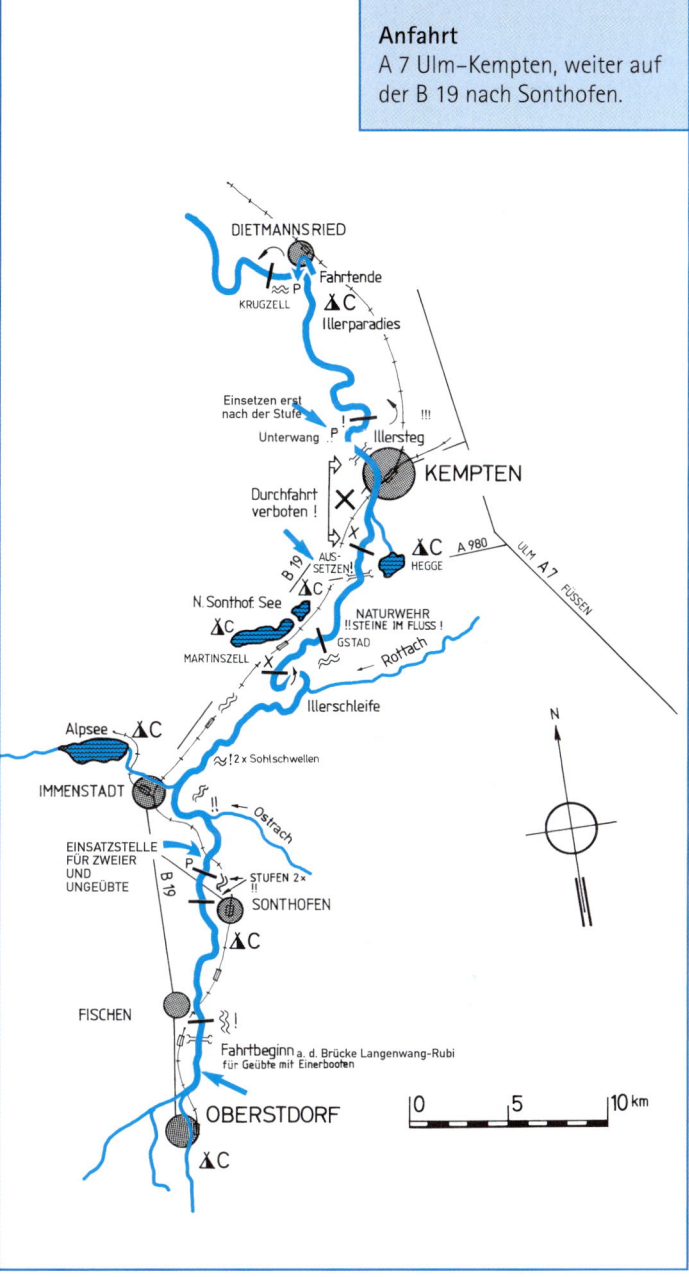

Anfahrt
A 7 Ulm–Kempten, weiter auf der B 19 nach Sonthofen.

DIETMANNSRIED

Fahrtende

Illerparadies

KRUGZELL

Einsetzen erst nach der Stufe

Unterwang

Illersteg

KEMPTEN

Durchfahrt verboten !

HEGGE   A 980

AUS-SETZEN!

N. Sonthof. See

NATURWEHR !!STEINE IM FLUSS !

MARTINSZELL

GSTAD

Rottach

Illerschleife

Alpsee

IMMENSTADT

!2 x Sohlschwellen

Ostrach

EINSATZSTELLE FÜR ZWEIER UND UNGEÜBTE

STUFEN 2x

SONTHOFEN

FISCHEN

Fahrtbeginn a. d. Brücke Langenwang-Rubi für Geübte mit Einerbooten

OBERSTDORF

N

0   5   10 km

B 19

ULM A 7 FÜSSEN

↯ 132 km

🕐 Kleine Ferienfahrt

Von den fast 900 km Flusslänge, die der Rhein durch Deutschland zurücklegt, haben wir für unsere Kanutour den Abschnitt zwischen Konstanz, der alten Universitätsstadt am Bodensee, und Basel, der Industriestadt im Dreiländereck Deutschland, Schweiz und Frankreich, ausgewählt.

Der Rhein, der hier als Hochrhein bezeichnet wird und dessen Wasser noch sauber ist, durchfließt ein geologisch interessantes Gebiet zwischen dem harten Grundgestein des Schwarzwaldes im Norden und dem weichen Schweizer Jurakalk im Süden. Diese Unterschiede der beiden Talseiten bestimmen das Flussbild mit vielen Gefällstufen. Der mächtigste Absturz ist der über 20 m hohe und 150 m breite Rheinfall bei Schaffhausen; weniger ausgeprägt sind die lang gezogenen Gefällbrücken, wie der Koblenzer Laufen oder der im Stau verschwundene Laufenburger Laufen sowie die Stromschnellen des Gewildes bei Schwörnstadt-Rheinfelden.

Am Steg des Kanu-Clubs Konstanz oder am Bootshaus der Naturfreunde starten wir zu einer sportlichen, gleichzeitig auch kulturell interessanten Fahrt in eine sich ständig verändernde Landschaft, die das Bindeglied zwischen Deutschland und der Schweiz bildet. Viele sehenswerte Städte, Schlösser, Kirchen und Burgen erwaten uns hüben und drüben, und

wir sollten uns dafür genügend Zeit lassen.

Zuerst paddeln wir am Ufer entlang durch den schmalen Konstanzer Trichter, passieren Gottlieben und das nördlich liegende Wollmatinger Ried, ein bekanntes Naturschutzgebiet. Von Ermatingen aus können wir mit einer kurzen Querung die Insel Reichenau erreichen. Drei schöne alte Kirchen und eine südländisch wirkende Gemüseanbaulandschaft laden uns zum Aufenthalt ein.

Wieder zurück am Schweizer Ufer, ziehen wir an Mannenbach und Berlingen vorbei. Einen Besuch lohnt das kleine Steckborn mit seinem Schlösschen. Der Untersee verengt sich allmählich, und in Mammern (CH) oder Wangen (D) finden wir gute Campingplätze. Weiter am kleinen Schloss Oberstaad vorbei paddelnd, erfasst uns

△ *Der Hochrhein bietet eine sportlich-kulturell interessante Fahrt.*

langsam die Strömung und zieht unsere Boote an der Inselkapelle St. Othmar vorüber. Die erste Brücke unterqueren wir im rechten Joch, und dann sehen wir die fotogene Häuserfront von Stein am Rhein vor uns. Am Landesteg lassen wir unsere Boote liegen und besichtigen die Stadt mit den farbigen Fresken an den alten Bürgerhäusern.

Dann geht es weiter, jetzt mit flotter Strömung durch die ersten leichten Windungen des Hochrheins. Nach der alten, überdachten Holzbrücke von Diessenhofen finden wir eine gute Anlegestelle, um das mittelalterliche Städtchen zu besuchen. Durch eine anziehende Landschaft bringt uns der Fluss zum Kloster Katharinental und zum »Paradies«. Nach dem Campingplatz am Städtischen Freibad erwartet uns schon Schaffhausen.

Rechts, am Bootshaus des Faltboot-Clubs, ziehen wir unsere Boote aus dem Wasser, um sie auf den mitgeführten, zusammenklappbaren Bootswagen ca. 5 km weit am Uferweg bis ins Unterwasser des Rheinfalls zu karren. Nach einer Stunde Bootswagenfahrt erblicken wir den tosenden Wasserfall, den größten in Mitteleuropa. Unterhalb des Schlösschens Wörth können wir an der Betonrampe hinter dem Fachwerkhaus der Fischzuchtanstalt bequem die Boote einsetzen. Es folgt die wunderschöne Altenburger Rheinschleife mit dem auf einer Insel liegenden Kloster Rheinau und seiner prachtvollen Barockkirche.

Vorher erreichen wir das erste der acht Stauwehre, die uns auf der Tour erwarten. Tafeln lotsen uns rechts zum Telefon, wo wir einen

Der schlanke Kirchturm begrüßt uns in Stein am Rhein. Schöne Bürgerhäuser mit farbigen Fresken erwarten uns.

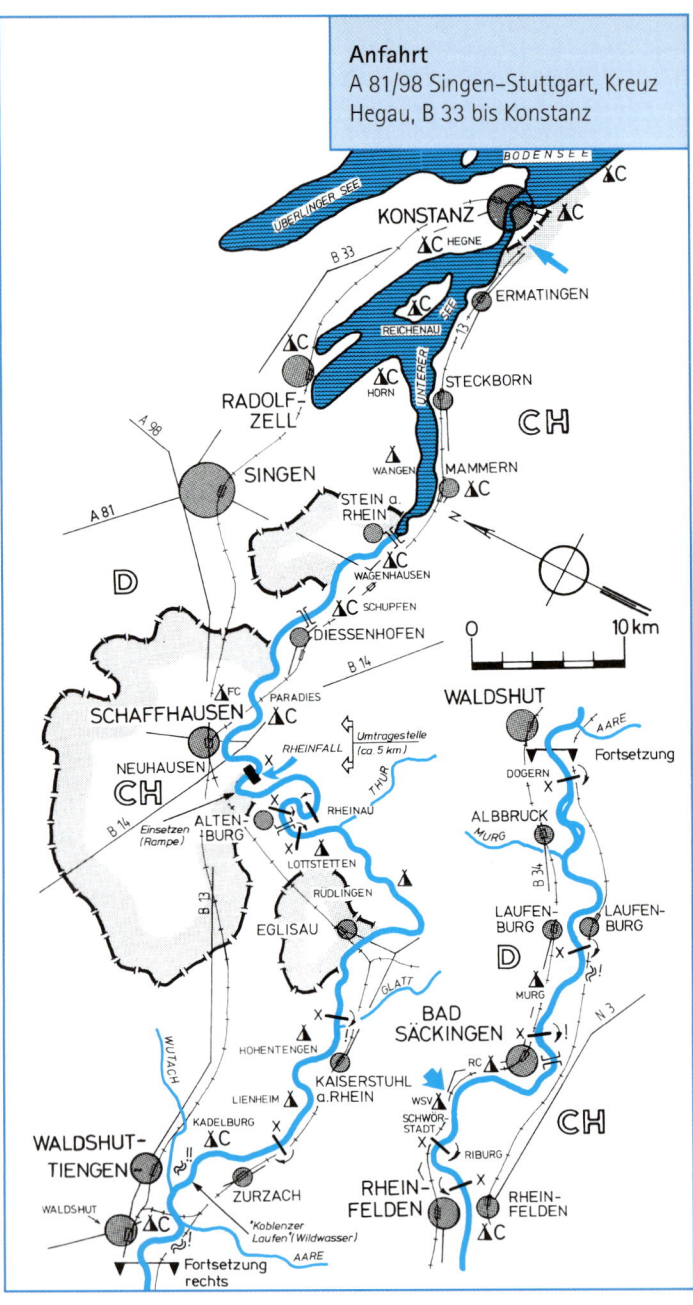

BODENSEE

ÜBERLINGER SEE

KONSTANZ

B 33

HEGNE

ERMATINGEN

REICHENAU

UNTERER SEE

STECKBORN

CH

RADOLF-ZELL

HORN

A 98

SINGEN

WANGEN

MAMMERN

A 81

D

STEIN a. RHEIN

WAGENHAUSEN

SCHUPFEN

DIESSENHOFEN

B 14

0   10 km

PARADIES

SCHAFFHAUSEN

Umtragestelle (ca. 5 km)

WALDSHUT

AARE

NEUHAUSEN

CH

RHEINFALL

THUR

DOGERN

Fortsetzung

B 14

Einsetzen (Rampe)

ALTEN-BURG

RHEINAU

ALBBRUCK

MURG

B 3

LOTTSTETTEN

B 34

RÜDLINGEN

LAUFEN-BURG

LAUFEN-BURG

EGLISAU

D

MURG

GLATT

BAD SÄCKINGEN

N 3

HOHENTENGEN

WUTACH

RC

KAISERSTUHL a.RHEIN

LIENHEIM

WSV

SCHWÖR-STADT

KADELBURG

CH

WALDSHUT-TIENGEN

RIBURG

ZURZACH

RHEIN-FELDEN

WALDSHUT

'Koblenzer Laufen'(Wildwasser)

RHEIN-FELDEN

AARE

Fortsetzung rechts

fernbedienten Gleiswagen herbeiholen und mit diesem über die Rampe die Kanus ins Unterwasser setzen.

Ähnlich ist auch der Ablauf bei den nächsten Wehren. Nach der Fähre bei Ellikon mündet die von St. Gallen kommende, regulierte Thur in den Rhein. Vor Eglisau, einem kleinen, idyllischen Städtchen, zwingt ein harter Gesteinsriegel den Fluss zu einem scharfen Knick nach Nordwesten. Am Stauwehr werden die Boote mit Hilfe eines Hubstegs aus dem Wasser gehoben; der nachher benutzte Bootswagen gehört auf jeden Fall wieder auf seinen Platz! Vorsicht beim Einsetzen der Boote, bei gutem Wasserstand herrscht starker Wellengang! Nach der winzigen Festungsstadt Kaiserstuhl überwinden wir das Stauwehr Reckingen. Hinter Zurzach weitet sich das Tal, wir paddeln rechts oder links an der naturgeschützten Flussinsel vorbei, kommen nach Kadelburg zur lang gezogenen Stromschnelle Koblenzer Laufen, die je nach Wasserstand bis Wildwasserschwierigkeit II erreichen kann. Hier kommen wir am besten rechts durch, können aber auch rechts umtragen.

Rechtsufrig schließt sich die Wutach dem Rhein an. Kurz danach strömt von links mit viel Wucht das trübe Wasser der Aare herbei. In einem kräftigen Schrägschwall vermischen sich die beiden Flüsse. Der hoch über dem Rhein liegenden Stadt Waldshut-Tiengen sollten wir einen Besuch abstatten; ein guter Campingplatz lädt zum Übernachten ein.

Zurück in das Industriezeitalter holt uns das bullige Kernkraftwerk am Schweizer Ufer, dessen hoher Kühlturm mit seinen Dampfwolken oftmals die Sonne verschleiert. Hier liegt bei Dogern das nächste Wehr, das wir links anfahren. Bei niedrigem Wasserstand kann es nach dem Wehr zu Grundberührungen kommen, also Vorsicht mit Faltbooten!

Das Tal wird wieder enger, und bei Laufenburg, einem pittoresken Städtchen mit hochragender Burgruine, haben die Felsen den Rhein buchstäblich zusammengedrückt. Im Mittelalter war er hier nur etwa 15 m breit, was für die Flößer und Schiffsleute die gefährlichste Stelle am Fluss bedeutete. Heute liegt der ehemals reißende Laufenburger Laufen tief unter dem Wasserspiegel des ältesten Hochrhein-Kraftstauwerks.

Wir tragen links um; ab zehn Booten können wir auch schleusen lassen. Mit guter Strömung nähern wir uns dem Säckinger Wehr, dem letzten Hindernis unserer Fahrt. Mit dem Gleiswagen geht es linksufrig hinüber, und schon sehen wir die noch aus dem Mittelalter stammende, überdachte Holzbrücke von Säckingen.

Die Stadt hat außer dem Schloss und dem Münster noch mehr zu bieten. So steigen wir am Ruderclub Säckingen, kurz nach der zweiten Brücke, aus den Booten. Wir können bereits hier die Fahrt beenden, doch es ist lohnend, noch ca. 9 km weiter bis zum Campingplatz des WSV Rheinstrom nach Schwörstadt zu paddeln.

Charakter, Tipps

Mit allen Bootstypen für erfahrene Kanuwanderer fast ganzjährig befahrbarer Wanderfluss. In der ersten Etappe bis Stein am Rhein fast ohne Strömung durch einen Teil des Bodensees, den Untersee. Ab hier beginnt das eigentliche Flusstal. Die nachfolgende flotte Strömung mit gelegentlichen Schwällen, Kehrwassern oder großen Tellerwirbeln wird unterhalb Schaffhausen durch mehrere Stauanlagen unterbrochen. Diese sind teils mit fernbedienten Gleisbootswagen oder Hebebühnen bzw. Umtragerampen ausgestattet. Um sie richtig nutzen zu können, sind Treidelleinen an den Booten notwendig. Vorsicht bei der Annäherung an die Wehre, manchmal Sog! Wasser ist sehr sauber, kalt, Flussbreite bis 100 m – Schwimmwesten anlegen! Für die Umtragestelle am Rheinfall ist ein Bootswagen (oder Auto) unerlässlich.

Bei einer Kanutour am Hochrhein sowie am Bodensee müssen wir folgendes beachten: Immer griffbereit gültige Personalpapiere bzw. DKV-Ausweis im Boot mitführen (Zollgrenzbezirk). Für Kanufahrer gibt es eine Erleichterung: eine »Erlaubnis«, die gestattet, ohne Formalitäten an jeder Stelle des deutschen Ufers an- und abzulegen. Diese kostenlose grenzpolizeiliche Erlaubnis ist zwei Jahre gültig und wird von den Zollämtern an Bodensee und am Hochrhein ausgestellt. Einzelheiten erläutert das von der Oberfinanzdirektion Freiburg herausgegebene »Zoll- und Passmerkblatt für Wassersportler am Bodensee«. Aus Sicherheitsgründen sind Sturmwarnsignale zu beachten, desgleichen die Anweisungen der Wasserschutzpolizei.

Zeltmöglichkeiten

Camping bei Konstanz; KC Konstanz; Mammern; Wangen; Wagenhausen; Schupfen; Rheinwiese FC Schaffhausen; Kloster Paradeis; Schaffhausen; Lottstetten; Töß; Hohentengen; Lienheim; Kadelburg; Waldshut; RC Säckingen; Nieder-Schwörstadt (WSV-Gelände).

Sehenswertes

Konstanz: Altstadt, Rathaus, Kanonikushaus, Konzilsgebäude, J.-Hus-Haus, Rosgartenmuseum, Münster (Krypta), ehemaliges Dominikanerkloster (Hotel) u. a.

Insel Reichenau: Oberzell: Stiftskirche; Mittelzell: Münster; Niederzell: Stiftskirche St. Peter u. Paul. u. a. m.

Auto nachholen

Zwischen Konstanz und Bad Säckingen beidufrig gut ausgebauter Nahverkehr mit Bus und Bahn.

Karten, Kanu-Literatur

Generalkarte 1:200 000, Blatt 24; Generalkarte Schweiz, Blatt 1; ADAC-Freizeitatlas 1:100 000 Baden-Württemberg

⇄ 195 km

🕐 Ferienfahrt

Kaum ein anderer Fluss führt uns so abwechslungsreiche Landschaftsbilder vor Augen wie die Donau auf ihrem Weg von der Quelle in Donaueschingen bis nach Ulm. Der englische Rechtsanwalt John MacGregor, der als erster Kanute bereits 1865 die Donau befuhr, war von der ihn umgebenden Szenerie restlos begeistert. Er notiert: »Bald schmücken Häuser und alte Burgen die Berge, dann Wald und Felsen, und damit beginnt kühn, wild und waldig das großartige Panorama einer herrlichen Flusslandschaft, das nun Tag für Tag an mir vorbeifließt. Ich habe viele hübsche Flüsse gesehen, aber nur wenige übertreffen die Obere Donau mit ihren Reizen. Die Felsen sind so hoch und zerklüftet, der Wald ist so dicht, das Wasser so klar und das Gras so grün. In Windungen und Kehren geht es dahin; dann und wann mit leichtem Paddelschlag in Schussfahrt eine Schnelle hinab … Das erzeugt etwa das gleiche Gefühl in der Magengegend, wie man es verspürt, wenn man an einem Seil vorwärts durch die Luft schwingt. Das Erlebnis, ein Kanu auf einem schnellen, unbekannten Fluss zwischen hohen Ufern zu paddeln, übertrifft alle anderen Reisearten bei weitem.« (aus: 1000 Meilen im Rob-Roy Canoe)

Anfangs reguliert durch den fürstlichen Park fließend, mäandert sie, sich mit hellen Schilfrändern schmückend, im Hochflächenried vor Neudingen, schwingt bei Geisingen in einem eleganten Bogen um den vulkanischen Wartenberg herum, um in der seichten, geologisch durchlässigen Talmulde vor Immendingen einen Teil ihres Wassers zu verlieren. Der Aderlass ist so stark, dass dieser Abschnitt für Kanufahrer nur im Frühling oder regenreichen Sommer befahrbar ist. Erst ab Möhringen wird die Donau ausgiebig von neuen Zuflüssen gespeist und kommt dann in Tuttlingen wieder als richtiger Fluss an. Als ob sie Anlauf nähme, nähert sie sich in sanften Bögen den 300 m hohen, immer dichter zusammenrückenden Kalksteinriegeln der Schwäbischen Alb, um bei Fridingen in das Gebirge einzudringen. In vielen Schleifen gelingt ihr dieser Durchbruch. Eine aufregen-

△ *Die Donau gehört mit ihren landschaftlichen Reizen zu den schönsten deutschen Flüssen.*

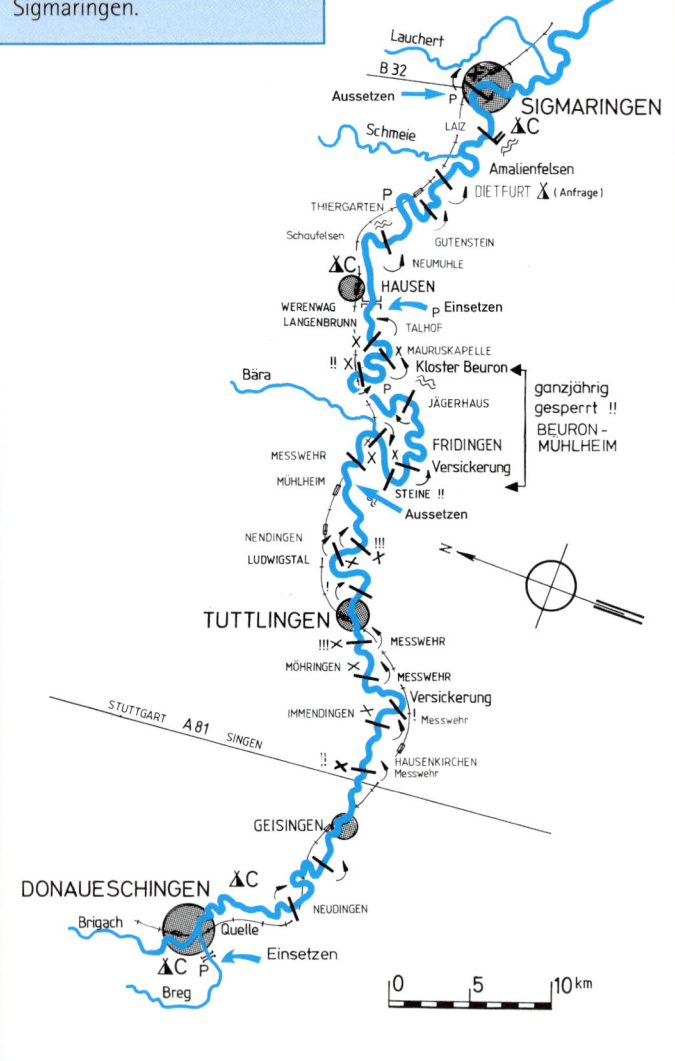

Anfahrt
A 81 Stuttgart–Singen,
Dreieck Dürrheim nach
Donaueschingen; oder A 81,
Ausfahrt Geisingen; von Ulm
auf der B 311 und B 32 nach
Sigmaringen.

Lauchert
B 32
Aussetzen
SIGMARINGEN
LAIZ
Schmeie
Amalienfelsen
DIETFURT (Anfrage)
THIERGARTEN
Schaufelsen
GUTENSTEIN
NEUMUHLE
HAUSEN
WERENWAG
Einsetzen
LANGENBRUNN
TALHOF
MAURUSKAPELLE
Bära
Kloster Beuron
ganzjährig
gesperrt !!
JÄGERHAUS
BEURON –
MUHLHEIM
FRIDINGEN
MESSWEHR
Versickerung
MÜHLHEIM
STEINE !!
Aussetzen
NENDINGEN
LUDWIGSTAL
TUTTLINGEN
MESSWEHR
!!!
MÖHRINGEN
MESSWEHR
Versickerung
STUTTGART A 81 SINGEN
IMMENDINGEN
Messwehr
HAUSENKIRCHEN
Messwehr
GEISINGEN
DONAUESCHINGEN
NEUDINGEN
Brigach
Quelle
Einsetzen
Breg

0   5   10 km

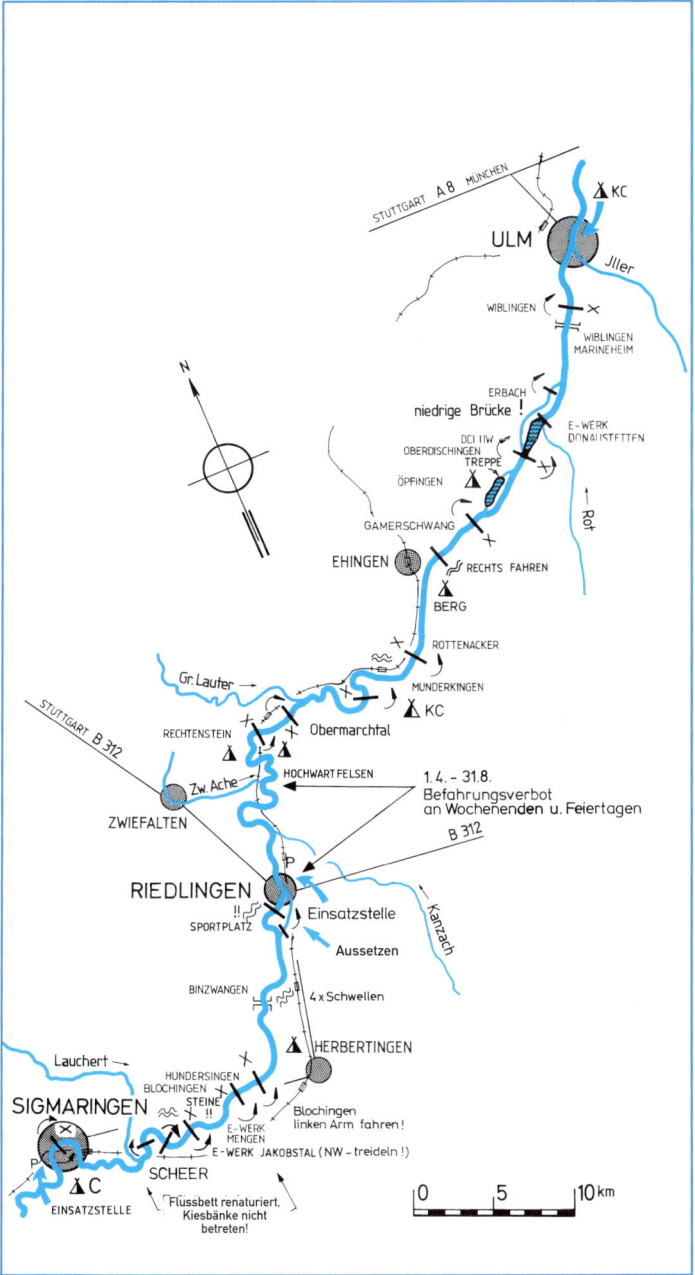

STUTTGART A 8 MÜNCHEN

🏕 KC

ULM

Jller

WIBLINGEN

WIBLINGEN MARINEHEIM

ERBACH

niedrige Brücke !

E-WERK DONAUSTETTEN

OBERDISCHINGEN

DONAU

TREPPE

ÖPFINGEN

GAMERSCHWANG

EHINGEN

RECHTS FAHREN

BERG

Rot

ROTTENACKER

Gr. Lauter

MUNDERKINGEN

🏕 KC

RECHTENSTEIN

Obermarchtal

STUTTGART B 312

HOCHWART FELSEN

Zw. Ache

ZWIEFALTEN

1.4. – 31.8.
Befahrungsverbot
an Wochenenden u. Feiertagen

B 312

P

RIEDLINGEN

Kanzach

!! SPORTPLATZ

Einsatzstelle

Aussetzen

BINZWANGEN

4 x Schwellen

HERBERTINGEN

Lauchert

HÜNDERSINGEN
BLOCHINGEN

STEINE !!

Blochingen
linken Arm fahren !

SIGMARINGEN

E-WERK MENGEN

E-WERK JAKOBSTAL (NW – treideln !)

P

SCHEER

🏕 C

EINSATZSTELLE

Flussbett renaturiert.
Kiesbänke nicht
betreten!

0   5   10 km

Flott geht es durch die enge Bootsgasse am Laizer Wehr.

de Szenerie bietet sich dem Fluss-
wanderer: Senkrechte weiße und
gelbe Felswände spiegeln sich
leuchtend in dem dunkelgrünen
Wasser, viele blühende Wasserpflanzen bedecken im Sommer
gleich einem kostbaren Teppich
weite Abschnitte des Flusses. Nach

Charakter, Tipps

Für Kanuwanderer ein reizvoller Ferienfluss, für alle Bootstypen und auch weniger erfahrene Kanufahrer geeignet. Abschnitt Donaueschingen bis Mühlheim nicht immer befahrbar. Zwischen Mühlheim und Beuron wurde ein ganzjähriges Befahrungsverbot erlassen. Ab Eisenbahnbrücke Beuron ganzjährige Befahrung mit allen Bootstypen möglich, gelegentlich kurze Treidelstellen nach Wehren oder wegen Verkrautung im Hochsommer. In Donaueschingen günstige Einsatzstelle beim Sportpark in den Quellfluss Breg. Die relativ vielen Wehre sind teilweise befahrbar oder gut umzutragen mit Ausnahme folgender: Ein paar hundert Meter nach der überdeckten Holzbrücke in Beuron wartet ein lebensgefährliches Spitzwehr; hier rechtzeitig nach Hinweistafeln anlegen und rechts umtragen. An der St.-Maurus-Kapelle die Boote links durch den Klostergarten umtragen. Am Laizer Wehr benutzt man die einzige Bootsrutsche der oberen Donau. In Gutenstein ist das Wehr je nach Wasserstand befahrbar – bei wenig Wasser wird das Boot über die Wehrkrone gehoben. Der Bau einer Bootsgasse ist geplant. Umtragen etwa 400 Meter vor dem Wehr; gesamte Umtragestrecke dann etwa 1000 Meter – mit Bootswagen kein Problem. Die drei nacheinander folgenden Wehre in Scheer umtragen (am zweiten Wehr links umtragen oder -fahren). Flussabwärts mehrere Schwallstrecken mit Steinbrocken im Flusslauf. Vor Riedlingen bietet sich die Möglichkeit, rechts in den Hochwasserkanal einzufahren, dadurch wird das Riedlinger Wehr umgangen. Zwischen Riedlingen und Zwiefaltendorf vom 1. 4. bis 31. 8. an Wochenenden und Feiertagen Paddelverbot. Bei Gamerschwang und Oberdischingen stark verlandete Stauseen – Vorsicht! An der niedrigen Eisenbahnbrücke bei Erbach links über den Bahnübergang umtragen. Pkw-Begleitung möglich.

Zeltmöglichkeiten

Campingplätze in Donaueschingen und am Riedsee bei Pfohren (allerdings nicht direkt am Fluss); idealer Campingplatz in Hausen im Tal; Mühle Dietfurt (Anfrage); Sigmaringen; Hundersingen; KC Munderkingen; Zeltplatz SG Öpfingen; Zeltwiese der Ulmer Kanufahrer rechts nach der Eisenbahnbrücke in Ulm.

Sehenswertes

Donaueschingen: Donauquelle, Fürstenresidenz, barocke Pfarrkirche.
Geisingen: Entenburg Pfohren, Kapelle.
Immendingen: Rathaus.
Mühlheim: Stadtmauer, Fachwerkhäuser, Galluskapelle.
Im Durchbruch: Kloster Beuron, Feste Wildenstein, Werenwag, Schloss Bronnen.

Sigmaringen: Schloss, Theater, Altstadt, Kirche in Scheer, Lorettokapelle.
Hundersingen: Keltische Festung Heuneburg.
Riedlingen: Altstadt mit Stadttoren, frühgotische Pfarrkirche, Kloster Heiligkreuztal.
Obermarchtal: Prämonstratenserkloster.
Ehingen: Ritterhaus, Ständehaus, Liebfrauenkirche.
Oberdischingen: Höfische Miniaturresidenz.
Ulm: Münster, Fischer- und Gerberviertel, Rathaus, Schwörhaus (u. v. a.).

Bootsverleih
Beuron, Riedlingen.

Auto nachholen
Auf der gesamten hier beschriebenen Strecke regelmäßige Bahnverbindungen. Zusätzliche Busverbindungen.

Karten, Literatur
Generalkarte 1 : 200 000 Blatt 22, 24; ADAC-Freizeitatlas Südliches Bayern 1 : 100 000
Topogr. Karte Baden-Württemberg 1 : 50 000
Blatt L 8116, L 8117, L 7918, L 7920, L 7922, L 7722, L 7724.
Kanuführer für Südwestdeutschland; Deutsches Flusswanderbuch; Kanuwanderführer für Bayern; Kanuführer Württemberg.

jeder Kehre schieben sich steile Hänge wie Kulissen vorbei, und von oben blicken Ritterburgen in das enge Tal. Nicht einmal eine Straße hat hier Platz gefunden. Erst in der Mitte des Durchbruchs treten die Felswände auseinander, und an der entstandenen fruchtbaren Halbinsel bauten vor circa 800 Jahren Benediktinermönche das Kloster Beuron, das heute eine der kostbarsten Bibliotheken der Welt beherbergt. Doch das Tal verengt sich wieder, und Schleife um Schleife bezwingt der Fluss das harte Gestein. Erst nach dem Amalienfelsen werden die Hänge niedriger, verwandeln sich in grüne, bewaldete Kuppen, aus denen nur einzelne Felsen herausragen. Bei Laiz weitet sich das Tal. Am letzten Felsriegel

bei Sigmaringen erhebt sich stolz über dem Gewässer das vieltürmige Hohenzollernschloss. Die Landschaft wird flacher, noch immer sehr ansprechend, geprägt durch die südlichen Ausläufer der Schwäbischen Alb, die sich mit ihren Keltenburgen bis zum Fluss erstrecken. Von weitem grüßt der heilige Berg Bussen, dessen Besteigung bei guten Sichtverhältnissen äußerst lohnend ist. An der ehemaligen vorderösterreichischen Stadt Riedlingen vorbei durchquert die Donau Wiesen und Auwälder und nimmt ihren Lauf durchs oberschwäbische Barockländle bis in die alte Reichsstadt Ulm, deren hoher Münsterturm dem Fluss auf den letzten Kilometern seine Richtung weist.

⌇ 30 km

🕐 2–3-Tage-Fahrt

Tief im harten Muschelkalkgestein eingegraben windet sich der Neckar in seinem Oberlauf durch eine reizvolle Landschaft zwischen Schwarzwald und Schwäbischer Alb. Das hier noch wenig bebaute, vielerorts noch ursprüngliche grüne Tal und das verhältnismäßig saubere Wasser lassen nicht ahnen, was für ein industrieller Kanal der Neckar unterhalb von Plochingen bei Stuttgart geworden ist. Ab Rottenburg bis Plochingen ist der Fluss wegen der E-Werke und des dadurch mühsamen Umtragens der Stauwehre nicht zu empfehlen.

Für eine 2- bis 3-tägige Wanderfahrt bietet sich der Flussabschnitt zwischen Sulz und Rottenburg an. Bei mittlerem Wasserstand können wir auch mit Zweier-Faltbooten fahren. Bei der alten steinernen Löwenbrücke in Sulz steigen wir in die Boote; doch nach kurzer Zeit müssen wir wieder heraus und die Kanus rechts um das 4 m hohe Wehr schleppen. Aber danach folgt bis Horb eine schöne Strecke mit flotter Strömung, die nur durch ein schräges Wehr in Fischingen und zwei bei Hochwasser (Rücklauf!) gefährliche Sohlschwellen unterbrochen wird. In großen, regelmäßigen Flussschlingen fahren wir an typischen Umlaufbergen vorbei. Rechts oben blickt die Burgruine Wehrstein, die früher die alte Neckartalstraße beschützt hat, ins Tal. In Horb, einer malerischen Klein-

stadt mit sehenswertem Rathaus, Stiftskirche und schmucken Fachwerkhäusern, erwarten uns zwei gefährliche Wehre, die wir am besten mithilfe eines Bootswagens rechts umgehen. Auch vom Unterwasser her dürfen wir wegen des starken Rücklaufs keinesfalls einfahren! Beim Hallenschwimmbad finden wir eine gute Einsatzstelle für Tagesfahrten nach Sulzau oder Rottenburg. Vorher probieren wir noch vom bitteren Mineralwasser, das nicht weit von hier aus der Erde sprudelt. In lustigen Schwallen trägt uns der Neckar dann an mehreren kleinen Orten vorüber. Eine zerfallene Stufe bereitet den Anfängern etwas Sorgen, doch vorsichtig wird die Durchfahrt gemeistert. Das Wehr in Mühlen ist nach Besichtigung mit leeren Booten im Knick befahrbar. Es macht Spaß, mit den Kajaks die schäumenden Wel-

△ *Der Neckar windet sich durch eine reizvolle Landschaft.*

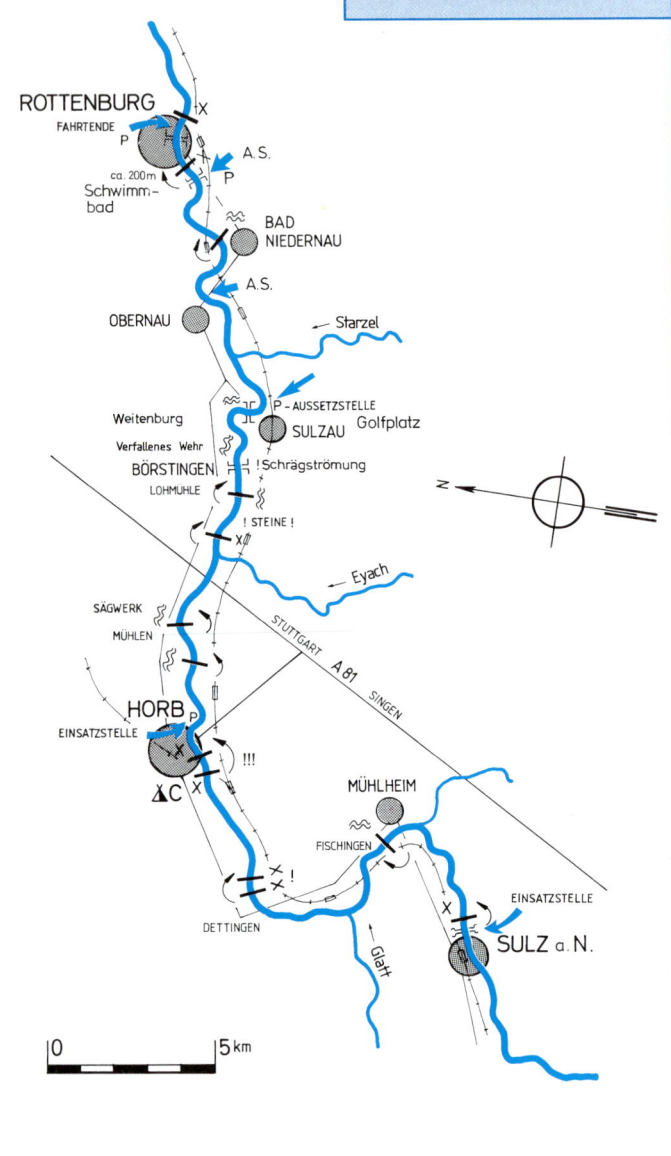

Anfahrt
Über die A 81 Stuttgart–Singen, Ausfahrt Sulz oder Horb.

ROTTENBURG
FAHRTENDE
P
X
A.S.
P
ca. 200 m
Schwimm-
bad

BAD
NIEDERNAU

A.S.

OBERNAU

Starzel

Weitenburg

P – AUSSETZSTELLE
Golfplatz
SULZAU

Verfallenes Wehr
BÖRSTINGEN
! Schrägströmung
LOHMUHLE

! STEINE !
X

Eyach

SÄGWERK
MÜHLEN

STUTTGART   A 81   SINGEN

HORB
EINSATZSTELLE
P
!!!
▲C   X

MÜHLHEIM

FISCHINGEN

X   !
X

EINSATZSTELLE

DETTINGEN

X

SULZ a. N.

Glatt

0   5 km

Lustige Badepause bei einer Vereinsfahrt auf dem Neckar bei Horb.

len zu durchschneiden. Hoch über dem Tal zeigt sich bald die schlanke Betonbrücke der Autobahn Stuttgart–Singen, die wir unterqueren. Es folgen muntere Schwalle, kleine Kiesbänke. Rechts mündet die Eyach – im Frühling ein toller Wildbach – in den Neckar. Am Wehr tragen wir links um, im Unterwasser zwingt manchmal der niedrige Wasserstand zum Aussteigen und Treideln. Bald wird das Wasser tiefer, ruhiger, und am alten, niedrigen Lohmühlewehr machen wir eine wohlverdiente Vesper- und Badepause. Auf warmen Kieselsteinen aalen wir uns faul in der Sonne; die Kinder spielen im Wasser. Dann

geht es weiter. Unter der Börstinger Brücke wartet ein tückischer Schwall. Links oben am Berg grüßt Schloss Weitenburg, und die bewaldeten Hänge treten bis an den Fluss heran. Noch ein zerfallenes, mit etwas Vorsicht befahrbares Wehr, und nach einer scharfen Kehre kommt Sulzau, wo ein großzügiger Golfplatz angelegt wurde. Vor der Brücke legen wir an. Ein Kinderspielplatz, Schatten spendende Kastanienbäume und ein einladendes Wirtshaus locken zum Verweilen. Anfänger beenden hier meistens die Wanderfahrt. Im weiteren Verlauf erwartet uns noch eine abwechslungsreiche Strecke. Nach dem Rottenburger Schwimmbad zwingt uns die neue, mächtige Wehranlage noch mal zum Umtragen der Boote. Linksufrig angelegte Treppen erleichtern das Ein- und Aussteigen. Mit ruhigen Paddelschlägen fahren wir an der farbenfrohen Häuserkulisse der Bischofsstadt Rottenburg entlang und beenden bei den Parkplätzen der Uferpromenade vor dem Wehr unsere Neckartour.

Charakter, Tipps

Im beschriebenen Abschnitt leichter Wanderfluss mit gelegentlichen Schwallen. Mehrere befahrbare oder leicht zu umtragende Wehre. An beiden Sohlschwellen unterhalb Fischingen wegen gefährlicher Sogbildung und an den beiden Wehren in Horb (Bootswagen sehr empfehlenswert) Boote umtragen. Ab Horb für alle Bootstypen fast ganzjährig befahrbar. Pkw-Begleitung durchgehend möglich. Nur in kleinen Gruppen fahren (Selbstbeschränkung!). Günstige Aussetzstelle gegenüber dem Rottenburger Schwimmbad, um das Umtragen am Wehr zu vermeiden (mühsam, ca. 200 m).

Sehenswertes

Sulz a. Neckar: Löwenbrücke, römische Kastelle.
Horb: Rathaus, Stiftskirche, Schütteturm, Stadtmauer, Giebelhäuser.
Rottenburg: Bischofssitz, Dom, Rathaus, Kloster, alter Stadtkern.

Auto nachholen

Regelmäßige Verbindungen mit Bahn und Bus zwischen Sulz und Rottenburg.

Karten, Literatur

Generalkarte 1 : 200 000 Blatt 21; ADAC-Freizeitatlas Baden-Württemberg 1 : 100 000; topogr. Karte 1 : 50 000 Baden-Württemberg Blatt L 7518, L 7516, L 7716. Kanuführer für Südwestdeutschland; Deutsches Flusswanderbuch; Kanuführer Württemberg.

Durch die dunklen Wälder des nördlichen Schwarzwaldes springt die Enz, schäumend und spritzend im verblockten Flussbett als köstliches, sportlich sehr anspruchsvolles Wildwasser, dem im Frühling die besten Kanufahrer aus der weiten Umgebung ihre Referenz erweisen. Westlich von Pforzheim wird sie ruhiger und sägt in ausgeprägten Umlaufschleifen die Muschelkalkplatte des Weinlandes zwischen dem Stromberg und Neckar durch. Eindrucksvolle mittelalterliche Stadtsilhouetten säumen die Ufer der Enz, und Rebenhänge gestalten zusammen mit Laubwäldern die Flusslandschaft. Wieder tauchen wir ein in die wohltuend einfache Welt des Kanuwanderns. Wenn wir auf dem Fluss sind, vergessen wir mit dem ersten Paddelschlag die Komplikationen unserer Zivilisation. Unter den Brücken stehen zur großen Freude der Angler Forellen, und durch die Schlosswiesen bei Roßwag spazieren Fischreiher.

⊿ 46 km

🕐 2–3-Tage-Fahrt

Einen idealen Einsatzort für unsere Kanuwanderung finden wir in Mühlacker auf der Uferwiese unterm Mühlhof-Parkplatz. Hier können wir ungestört unsere Vorbereitungen treffen und die Boote zu Wasser lassen. In einer lang gezogenen Rechtskehre trägt uns die Strömung an der Stadtparkpromenade vorüber. Enten und Gänse gründeln im seichten Wasser, hohe Weiden und Pappeln begleiten den Flusslauf. Leider können wir wegen einer Wasserableitung die landschaftlich beeindruckende Mühlhausener Schleife nur bei gutem Wasserstand durchpaddeln. Im Hochsommer müssen wir treideln oder die Kanus mit dem Bootswagen ca. 550 m weit über den Umlaufberg karren und beim E-Werk

△ Die Enz ist landschaftlich sehr ansprechend und wenig reguliert.

◁ Vor der eindrucksvollen Stadtkulisse von Besigheim.

wieder einsetzen. Manche schrägen Enzwehre sind auch für Kunststoff-Zweier befahrbar, etwaige Umtragestellen sind nur kurz. Am unbefahrbaren Klappenwehr bei Vaihingen keinesfalls von unten an den Rücklauf heranfahren! Gefährlicher Sog! Zwischen Vaihingen und Bietigheim folgen noch drei eventuell befahrbare Wehre.

Dann noch ein Wehr, das rechts umtragen oder bei passablem Wasserstand befahren werden kann. Es folgt noch eine schöne Fahrt entlang der romantischen Stadtkulisse von Besigheim. Nach zwei niedrigen Wehren mündet die Enz schließlich in lustig hüpfenden Schwallen unterhalb der Stadt in den Neckar.

Charakter, Tipps

Landschaftlich sehr ansprechender, wenig regulierter, mäßig schnell fließender Wanderfluss. Bei mittlerem Wasserstand ab Mühlacker mit allen Bootstypen befahrbar; bei Faltbooten Vorsicht auf Steine in der Mühlhausener Schleife und nach den Wehren! Bei Hochwasser an einigen Wehranlagen gefährliche Rückläufe. Außer diesen Wehranlagen, vor denen man rechtzeitig anlegen sollte, keine wassertechnischen Schwierigkeiten, somit auch für weniger erfahrene Kanufahrer geeignet. Mäßig sauberes Wasser, sehr fischreich.

Zeltmöglichkeiten

Nach Anfrage bei Sportplätzen am Fluss, beim KC Bietigheim.

Sehenswertes

Besigheim: Am Felssporn lang gezogene Altstadt, spätgotisches Rathaus, Staufer Rundtürme, Brunnen, evangelische Kirche mit 13 m hohem Schnitzaltar.
Bietigheim: Enzviadukt, Altstadt, Rathaus, japanischer Garten, 1. Septemberwoche Pferdemarkt.
Bissingen: Ruine Elisenberg.
Unterriexingen: Friedhofskirche, ehem. Wasserburg.
Oberriexingen: Wehrkirche mit Haubenturm, römisches Weinmuseum.
Vaihingen: Schloss Kaltenstein, Pulverturm, Rathaus.
Roßwag: Bekannter Weinort, alte Fachwerkhäuser, Martinskirche.
Mühlhausen: Weinort, Schloss, einmalige Flussschleife mit Felsenhängen und Weinbergen.
Mühlacker: Burgruine Löffelstelz.

Auto nachholen

Regelmäßige Verbindungen zwischen Mühlacker und Besigheim/Vaihingen.

Karten, Literatur

Generalkarte 1 : 200 000 Blatt 18; ADAC-Freizeitatlas Baden-Württemberg 1 : 100 000; topogr. Karte Baden-Württemberg 1 : 50 000 Blatt L 7118, L 7120.
Kanuführer für Südwestdeutschland; Deutsches Flusswanderbuch; Kanuführer Württemberg.

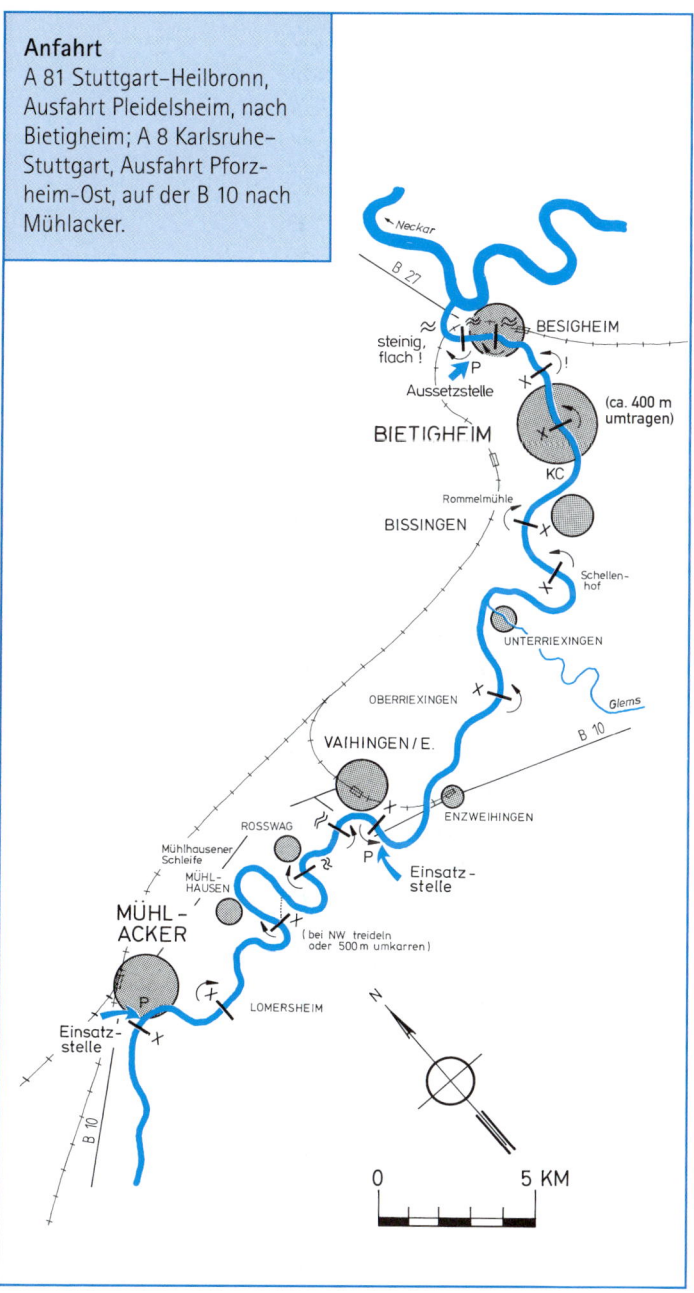

Anfahrt
A 81 Stuttgart–Heilbronn, Ausfahrt Pleidelsheim, nach Bietigheim; A 8 Karlsruhe–Stuttgart, Ausfahrt Pforzheim-Ost, auf der B 10 nach Mühlacker.

Neckar

B 27

steinig, flach !

Aussetzstelle

BESIGHEIM

BIETIGHEIM

(ca. 400 m umtragen)

KC

Rommelmühle

BISSINGEN

Schellen-hof

UNTERRIEXINGEN

Glems

OBERRIEXINGEN

VAIHINGEN / E.

B 10

ENZWEIHINGEN

ROSSWAG

Einsatz-stelle

Mühlhausener Schleife

MÜHL-HAUSEN

MÜHL-ACKER

(bei NW treideln oder 500 m umkarren)

LOMERSHEIM

N

Einsatz-stelle

B 10

0   5 KM

⮂ 85 km

🕑 Ferienfahrt

Bald durch ein schmales, mit hellen Laubwäldern umsäumtes, gewundenes Tal in kleinen Schwallen glucksend, bald durch blühende Wiesen und in regelmäßigen Schleifen mäandernd, unter Weinbergen und an kleinen Orten vorüberfließend, eilt der Kocher von seiner Quelle unterm Volkmarsberg zwischen Limpurger Bergen und Meinhardter Wald durch die alte Salzstadt Schwäbisch Hall in nördliche Richtung. Bei Kocherstetten vollführt er eine Linksschleife und nimmt weiter seinen Lauf durch eine stille, besinnlich stimmende Landschaft, um fast gleichzeitig mit seiner Nachbarin, der Jagst, bei Bad Friedrichshall den Neckar zu erreichen. Der Kocher ist ein ausgesprochener Wanderfluss, der keine Überraschungen oder Tücken birgt. Die etlichen schrägen Schusswehre sind nur niedrig und bereiten bei normalem Wasserstand beim Umtragen oder eventuellem Befahren keine Schwierigkeiten. Nur bei dem hohen Buchenmühle-Wehr, dem großen Walzenwehr in Künzelsau und der Pegelschwelle in Stein (starker Rücklauf!) müssen wir die Boote links ca. 100 m weit umtragen. Bei gutem Wasser im Frühling fahren wir ab Schwäbisch Hall bei der Steinbacher Brücke unterhalb der mächtigen Comburg, eines befestigten romanischen Klosters. Sie bietet vom Fluss aus ein einmaliges mittelalterliches Stadtpanorama; drei Umtragestellen nehmen wir

dafür gerne in Kauf. Am nächsten, unbefahrbaren Wehr unterhalb der Stadt wird so viel Wasser abgeleitet, dass die folgende Strecke bis Untermünkheim nur bei hohem Wasserstand im Frühling befahrbar ist. Ganzjährig können wir ab Untermünkheim-Haagen fahren; auch für weniger erfahrene Paddler ist es besser, erst dort einzusetzen. Im flotten Tempo geht es durch das stille, wenig besiedelte Tal. Eine S-Kurve wartet mit einem nach rechts ziehenden Schwall. Beim gemütlichen Marktflecken Geislingen nimmt der Kocher den kleinen Wildbach Bühler auf. Hier schwebt über uns die Kochertalbrücke, deren schlanke Betonpfeiler eine schwindelerregende Höhe von 185 m erreichen. Am Naturschutzgebiet Grimbachmündung liegt links ein grauer, felsenartiger Keuperhang. Bald nähern wir uns,

△ *An der steinernen Brücke in Kocherstetten.*

in leichten Wellen schaukelnd, dem Ort Braunsbach. Immer wieder sehen wir Milane, Bussarde und Fischreiher durch die Lüfte kreisen. Das Tal wird noch freundlicher; blühende Obstbäume leuchten im Frühjahr von den grünen Hängen. Niedrige Ufer säumen den Fluss, wenn wir das halbrunde Schusswehr in Steinkirchen erreichen. Die Einer fahren drüber, und bald sind wir an der Flussbiegung in Kocherstetten. Unterhalb der Pegelschwelle bei der schönen Steinbrücke legen wir rechtsufrig an und besichtigen das hoch am Berg liegende Schloss Stetten. Tiefer und tiefer schneidet sich der Fluss in das Tal hinein; es wird enger. Bei Künzelsau reichen die Hänge bis an die Ufer. Das lebhafte Städtchen mit dem alten Fachwerkrathaus und dem rot leuchtenden hohenlohischen Schloss verdient einen Aufenthalt. Weiter flussabwärts weichen die Hänge wieder zurück, und rechtsufrig begleiten uns die ersten Weinberge. Links unter einem steilen Burghang klebt die pittoreske Kleinstadt Forchtenberg mit ihren terrassenförmig ansteigenden Gassen, schönen Fachwerkhäusern und Loggien an der Stadtmauer. Nach dem flachen Winkelwehr wird es im Tal wieder stiller; über mehrere Kilometer hinweg liegt keine Siedlung am Fluss. Die Berghänge werden flacher, der

Bei gutem Wasserstand können wir die alte Salzstadt Schwäbisch Hall vom Fluss aus bewundern.

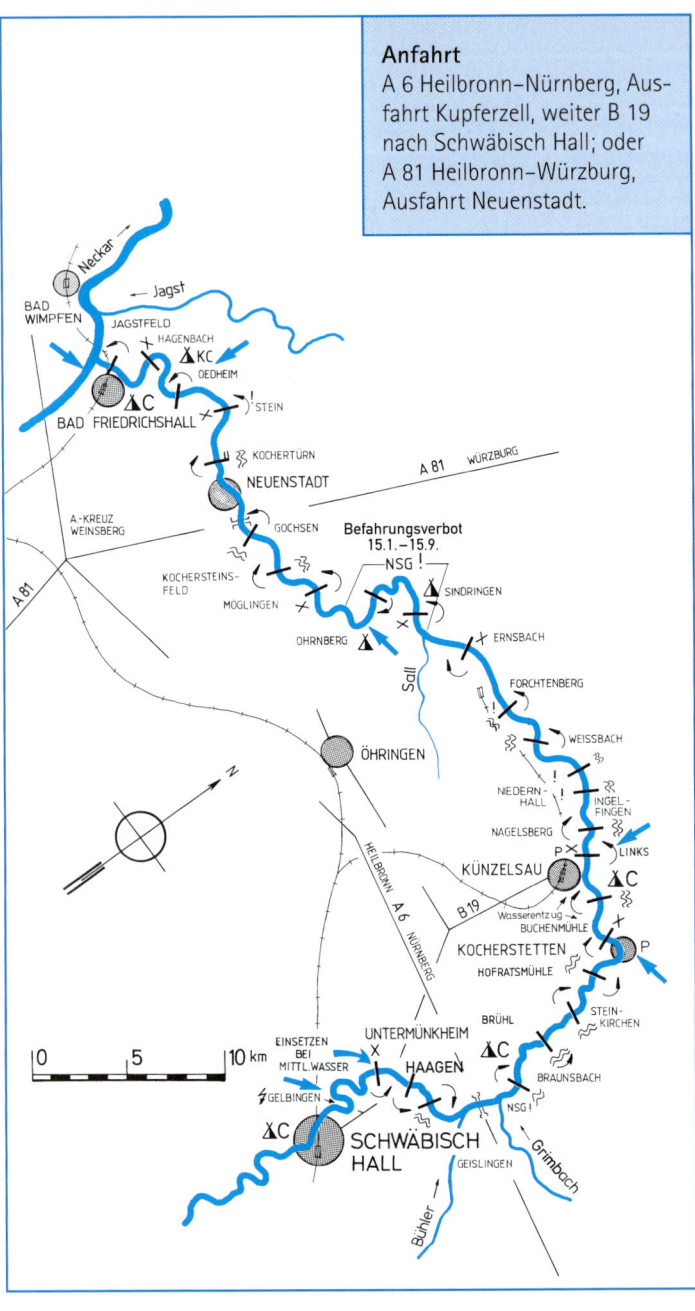

Anfahrt
A 6 Heilbronn–Nürnberg, Ausfahrt Kupferzell, weiter B 19 nach Schwäbisch Hall; oder A 81 Heilbronn–Würzburg, Ausfahrt Neuenstadt.

Neckar

Jagst

BAD WIMPFEN

JAGSTFELD

HAGENBACH

KC

OEDHEIM

C

BAD FRIEDRICHSHALL

STEIN

KOCHERTÜRN

NEUENSTADT

A 81 WÜRZBURG

A-KREUZ WEINSBERG

A 81

GOCHSEN

Befahrungsverbot
15.1.–15.9.

KOCHERSTEINS-FELD

NSG !

MÖGLINGEN

SINDRINGEN

OHRNBERG

ERNSBACH

Sall

FORCHTENBERG

ÖHRINGEN

WEISSBACH

NIEDERN-HALL

INGEL-FINGEN

NAGELSBERG

HEILBRONN A 6 NÜRNBERG

LINKS

P

KÜNZELSAU

C

B 19

Wasserentzug
BUCHENMÜHLE

KOCHERSTETTEN

P

HOFRATSMÜHLE

N

0   5   10 km

EINSETZEN BEI MITTL.WASSER

UNTERMÜNKHEIM

BRÜHL

STEIN-KIRCHEN

C

BRAUNSBACH

GELBINGEN

HAAGEN

NSG !

C

SCHWÄBISCH HALL

GEISLINGEN

Grimbach

Bühler

Fluss träger. Noch ein Höhepunkt: Weithin sichtbar thront auf dem rechten Kocherufer gegenüber Neuenstadt das Renaissanceschloss Bürg. Unsere Kanuwanderung können wir günstig am Bootshaus des Oedheimer Kanu-Clubs beenden. Oder wir fahren bis zur Mündung nach Bad Friedrichshall, wo eine Besichtigung des wirklich sehenswerten Salzbergwerks die Tour abschließt.

Charakter, Tipps

Überwiegend zügig strömender Wanderfluss, ohne fahrtechnische Schwierigkeiten. Ab Untermünkheim ganzjährig auch mit Zweierbooten befahrbar, doch im Sommer etwaige Treidelstellen möglich (bei Sindringen, Nagelsberg und Buchenmühle Wasserabzug). Wehre teilweise befahrbar, sonst leicht umzutragen. Vor dem Wehr in Künzelsau links Treppe zum Anlanden, nach 100 m Treppe zum Einsetzen. Wasser mäßig sauber. Schöne Tagesfahrt zwischen Ohrnberg und Oedheim (20 km). Fluss auch für wenig erfahrene Kanufahrer zu empfehlen. Pkw-Begleitung durchgehend möglich. NSG bei Sindringen, nur in kleinen Gruppen ab 16. 9. fahren!

Zeltmöglichkeiten

Camping Steinbach, Braunsbach, Künzelsau-Festwiese, Ohrnberg, Oedheim, Hirschfeldpark.

Sehenswertes

Steinbach: Comburg, befestigtes Benediktinerkloster, Frauenkloster.
Schwäbisch Hall: Salzsiederstadt, viele Fachwerkhäuser, St.-Michaels-Kirche, Großes Büchsenhaus, Brunnen, Rathaus, Keckenburg, Tortürme, Brücken (u. v. a.).
Braunsbach: Schloss, St.-Bonifaz-Kirche.
Kocherstetten: Burg Stetten, Burg Tierberg.
Künzelsau: Fachwerkrathaus, Pfarrkirche, ehem. hohenlohisches Schloss.
Ingelfingen: Kleine Residenzstadt mit Ringmauer, Schloss mit Park, Apotheke, Kocherbrücke.
Niedernhall: Weinort, Fachwerkrathaus, Adelshäuser, Stadtmauer.
Forchtenberg: Stadtmauer mit Toren und Türmen, Friedhofskapelle, Fachwerkhäuser.
Neuenstadt: Burg, Stadttore, alte Fachwerkhäuser, Freilichtbühne, Schloss Bürg.
Bad Friedrichshall: Rathaus, Schloss Grecken, Salzbergwerk.

Auto nachholen

Regelmäßige Verbindungen mit der Bahn zwischen Schwäb. Hall und Bad Friedrichshall.

Karten, Literatur

Generalkarte Blatt 18, 19; ADAC-Freizeitatlas Baden-Württemberg 1 : 100 000.
Deutsches Flusswanderbuch; Kanuführer für Südwestdeutschland.

⌇ 75 km

🕐 **Kleine Ferienfahrt**

Auch wenn der untere Neckar von Stuttgart bis Mannheim, als Großschifffahrtsstraße mit vielen Staustufen verbaut, seine früher beachtliche Strömung gänzlich verloren hat und über seine Wasserqualität unterschiedliche Nachrichten zu hören sind, verdient er schon wegen der Landschaft unsere Aufmerksamkeit als Wanderfluss. In früheren Jahren gehörte gerade die Strecke bis Heidelberg zum »Pflichtrepertoire« eines Faltbootfahrers. Dank der Bemühungen vieler anliegender Gemeinden um eine bessere Wasserqualität erleben wir eine Renaissance dieser Kanutour durch das viel bietende Tal. Geduldig sägt hier der Fluss einen engen Durchbruch voller Schleifen und Kehren zuerst in den Kalkstein und anschließend in den roten Buntsandstein des Odenwaldes. Unzählige Burgen, Schlösser und interessante Städtchen begleiten seinen Lauf. Am Talausgang wartet die Universitätsstadt Heidelberg mit sehenswerter Schlossanlage und Altstadt.

Unter der hoch getürmten Silhouette von Bad Wimpfen finden wir neben der Straßenbrücke am Ruderclub-Gelände die ideale Einsetzstelle. Vor dem Start lohnt es sich auf jeden Fall, den Fußgängerpfad zur Stadtmauer hinauf zu wandern, einen Blick von den romanischen Arkaden der Kaiserpfalz zum Fluss hinunter zu werfen, über das Kopfsteinpflaster der engen Gassen zu schlendern und auf den Roten Turm zu steigen, um von hier die Aussicht auf die alte Stauferstadt zu genießen.

Nach dem Einsetzen gleiten unsere Boote leise an der Stadt vorbei. Das Tal ist hier noch breit und flach, links erspähen wir die Burgruine Ehrenberg. Von weitem leuchtet gelb das Schloss Horneck, die Häuser der Weinstadt Gundelsheim beschützend. Kurz vor der Stadt erwartet uns die erste Staustufe. Links an der Schleuse finden wir die Anlegerampe für den Rollwagen; auf Schienen befördern wir die Boote bis zur Einsetztreppe zum Unterwasser.

An steilen Weinbergterrassen vorbei ziehen wir in die erste Flussschleife, und das Tal wird enger. Am lieblichen Haßmersheim geben wir der kleinen Seilfähre Vorfahrt. Vor uns thront hoch über Steinbach in-

△ *In Bad Wimpfen beginnen wir unsere Neckar-Wanderung.*

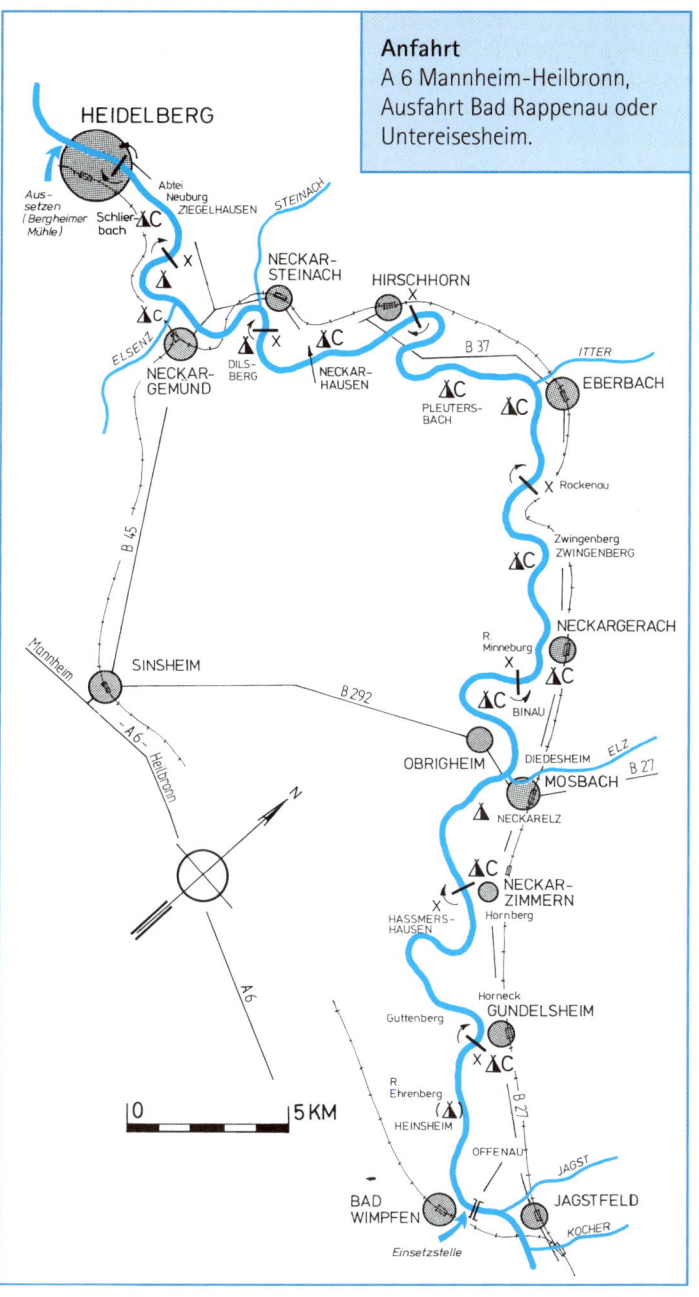

Anfahrt
A 6 Mannheim-Heilbronn,
Ausfahrt Bad Rappenau oder
Untereisesheim.

HEIDELBERG

Aussetzen (Bergheimer Mühle)

Abtei Neuburg
ZIEGELHAUSEN

Schlierbach

STEINACH

X

C

NECKAR-STEINACH

HIRSCHHORN

X

ELSENZ

NECKAR-GEMÜND

DILSBERG

X

C

NECKAR-HAUSEN

B 37

ITTER

C

PLEUTERS-BACH

C

EBERBACH

X Rockenau

Zwingenberg
ZWINGENBERG

C

B 45

R. Minneburg

X

NECKARGERACH

C

C

BINAU

Mannheim

SINSHEIM

B 292

OBRIGHEIM

DIEDESHEIM

ELZ

C

MOSBACH

B 27

- A 6 -

Heilbronn

NECKARELZ

C

NECKAR-ZIMMERN

Hornberg

X

HASSMERS-HAUSEN

A 6

N

Horneck

Guttenberg

GUNDELSHEIM

X

C

R. Ehrenberg

HEINSHEIM

B 27

OFFENAU

0   5 KM

JAGST

BAD WIMPFEN

JAGSTFELD

KOCHER

Einsetzstelle

119

mitten der Weinbergmauern die efeubewachsene Burg Hornberg, in der Götz von Berlichingen, der »Ritter mit der eisernen Faust«, seinen Lebensabend verbrachte. Noch die Burganlage im Blick, überwinden wir die nächste Staustufe. Nicht weit von hier, im Kalkfels unterm Reichertsberg, liegt die Notburgahöhle, wo nach einer Sage die Tochter des Merowingerkönigs Dagobert als Einsiedlerin wohnte.

Nach einer knappen Paddelstunde erreichen wir das auf einem breiten Schwemmkegel der Elz liegende Neckarelz. Rechts erblicken wir das hohe und schmale Templerhaus, eine ehemalige Wasserburg, links Schloss Neuburg. Nach einem weiten Flussbogen taucht vor uns die graue Kuppel des Atomkraftwerks Obrigheim auf, dessen Kühlwasserentnahme und Warmwassereinleitung den ökologischen Haushalt des Flusses kräftig durcheinander bringt. Wir sind froh, dieses veraltete Ungetüm hinter uns verschwinden zu sehen.

In Binau liegen zwei reizende Campingplätze beidseitig am Fluss; hier können wir auch Rast machen, Anlegestege sind vorhanden. Anschließend wird der Neckar durch das Guttenbacher Wehr gestaut. Diesmal karren wir rechts um und erreichen bald Neckargerach, wo ein guter Campingplatz zum Übernachten einlädt. Abends schauen wir hinüber zur sagenumwobenen Ruine Minneburg, deren rötlicher Palasgiebel über dem Fluss Wache hält.

Unweit von hier begegnen wir am nächsten Morgen am bewaldeten Hang des Zwerrenberges der größten Graureiherkolonie am Neckar. Wenn wir leise paddeln, sehen wir die großen Vögel, wie sie reihenweise am Flussufer auf ihren Fisch warten. Bald blicken wir auf das mächtige Schloss Zwingenberg, dessen Burgherren im Mittelalter ihre aufwändige Lebensweise durch hohe Wasserzölle finanzierten. Es lohnt, im Dorf Zwingenberg anzulegen und einen Abstecher in die wildromantische Wolfsschlucht zu machen.

Am Schiffernest Lindach vorbei paddelnd, erreichen wir das Rockenauer Wehr und überwinden es links über die Bootsschleppe. Nach 4 km empfängt uns die Uferpromenade des Kurorts Eberbach. Vier weit sichtbare Türme begrenzen die schön renovierte Altstadt.

Anschließend wird das Tal einsam, der Fluss wendet sich nach Westen. In der engen Hirschhorner Kehre, die nach der Straßenbrücke beginnt, legen wir links am kleinen Gasthof an. Von hier führt der kürzeste Weg zur ältesten Kirche des

◁ *Auf der Burg Hornberg verbrachte Götz von Berlichingen seinen Lebensabend.*

Charakter, Tipps

Langsam fließender, mehrmals aufgestauter Wanderfluss, ganzjährig (ausgenommen Hochwasserzeiten) ohne Schwierigkeiten mit allen Bootstypen befahrbar. Das landschaftlich sehr eindrucksvolle Neckartal mit vielen am Wasser liegenden Campingplätzen lädt zur gemütlichen Paddelbummelei ein.

Eine Woche ist das Minimum, besser sind 8–10 Tage. Die Wasserqualität lässt zwar noch Wünsche offen, doch die letzten Jahre brachten eine spürbare Besserung, was die vielen Fische beweisen. Selbstverständlich nehmen wir Rücksicht auf die Ruten der zahlreichen Angler. Da der Neckar eine, wenn auch nicht viel befahrene, Bundeswasserstraße ist, müssen wir bei einer Kanutour die Vorschriften der Binnenschifffahrtsstraßenordnung beachten. Alle Schleusenanlagen sind mit Bootsrampen und Rollwagen versehen; trotzdem ist ein eigener, zusammenlegbarer Bootswagen zu empfehlen. Pkw-Begleitung ist durchgehend möglich.

Zeltmöglichkeiten

Heinsheim; Gundelsheim; Neckarhaus; Neckarzimmern; Neckarelz; Binau-Mörtelstein; Neckargerach; RKC Zwingenberg (bei Fähre); Eberbach-Strandbad; Neckarsteinach; Neckargemünd; Camping Heide DCC; Zeltplatz Stadt Heidelberg (Schlierbach)

sowie viele andere Campingplätze am Neckar.

Sehenswertes

Bad Wimpfen: Stadtpfarrkirche St. Maria, Staufische Kaiserpfalz, Ringmauer, Blauer Turm, Steinhausmuseum, malerische Altstadt u. a.

Wimpfen i. Tal: Stiftskirche St. Peter.

Heinsheim: Ruine Burg Ehrenberg.

Gundelsheim: Schloss Horneck, Michaelsberg, Stadtmauer, Fachwerkhäuser; Burg Guttenberg: Falknerei, Holzbibliothek.

Neckarzimmern: Burg Hornberg, Notburgahöhle; Hochhausen: Schloss.

Obrigheim: Schloss Neuburg, Kernkraftwerk; Neckarelz: Templerhaus.

Binau: Ruine Dauchstein.

Neckargerach: Guttenbach: Ruine Minneburg.

Schloss Zwingenberg: Burg Zwingenberg, Wolfsschlucht.

Eberbach: Stadtmauer, Altstadt, St.-Nepomuk-Kirche, Blauer Hut, Rosenturm, Haus Karpfen, Krabbenloch, Burgruine Eberbach, Kurhaus u. a.

Hirschhorn: Burg, Stadtkirche, Altstadt, Ersheimer Kirche.

Neckarsteinach: Hinterburg, Vorderburg, Mittelburg, Burg Schadeck; Bilsberg: Burgruine, Stadtmauer, Bergbrunnen, Kirche.

Neckargemünd: Altstadt, Kirche St. Ulrich, Griechische Weinstube.

Neckartales: der Friedhofskirche St. Nazarius in Ersheim.

Den Staudamm, der die früher so gefährliche Stromschnelle »Spielmannsfurt« unter den Fluten verschwinden ließ, überwinden wir linksufrig. Vor uns liegt eines der schönsten Stadtpanoramen am Neckar – das mittelalterliche Hirschhorn, bewacht von der herrschaftlichen Burganlage. Unterhalb der Stadt befindet sich ein großer Parkplatz mit Bootsrampe zum Anlegen. Nach einem fast geraden Flussabschnitt zwingt der steil abfallende Hang des Dilsberges den Neckar wieder in eine Kehre, und wir kommen in die Vier-Burgen-Stadt Neckarsteinach. Wieder ist eine Bootsschleppe zu bewältigen; am Schiffsgelände oder Campingplatz können wir

unsere Kanus parken. Ein Aufenthalt, verbunden mit kleinen Wanderungen, ist zu empfehlen; besonders schön ist der Blick von der Feste Dilsberg ins weite Land.

In großen Schleifen fließt der Neckar durch das bewaldete Tal, links an der Elsenzmündung präsentiert sich die schöne Häuserfront der alten Handelsstadt Neckargemünd. Schon routinemäßig überwinden wir die nächste Umtragestelle; rechts ziehen Ziegelhausen und die sehenswerte Abtei Neuburg an uns vorüber. Das letzte Wehr ist noch zu umkarren, dann liegt unser Ziel vor uns – die berühmte Stadt Heidelberg. Links, unterhalb der Stadt, finden wir am Bootshaus des WSV an der Bergheimer Mühle einen guten Anlandeplatz.

⚡ 87 km

🕐 4–5-Tage-Fahrt

Wenn eine Kulturlandschaft einen deutschen Fluss geprägt hat, dann ist es in erster Linie der Main. Dieser Wandervorschlag bezieht sich zwar nur auf den relativ kurzen, noch nicht schiffbaren Oberlauf von Kulmbach bis Bamberg, doch säumen schon hier die schönsten Blüten des Barock seine Ufer. Kleine verträumte Orte, Schlösser, Klöster und Kirchen leuchten wie zu Dürers Zeiten aus dem saftigen Grün der Wiesen und Laubwälder. Landschaftlich wird dieser große Mainbogen durch die nördlichen Ausläufer des Fränkischen Jura bestimmt. Wie mächtige Bastionen fallen die schroffen Felswände in das Tal herab. Südlich von Lichtenfels, wo der Main den letzten Jurariegel durchbricht, können wir vom viel besungenen Staffelberg das großartige Panorama dieser Landschaft bewundern. Unsere Kanufahrt beginnt am Weißen Main. Unter dem Burghaiger Wehr, nur wenige Kilometer flussabwärts von Kulmbach, dessen einzigartiges Zinnfiguren-Museum wir vorher besucht haben sollten, setzen wir ein. Nach einer ruhigen, rhythmischen Fahrt durch viele Schleifen gesellt sich beim Schloss Steinhausen der aus Bayreuth kommende Rote Main zu uns. Hier bekommt der Main seinen Namen; bis zum kleinen Nest Mainleus ist er ein verträumter Fluss. Das verfallene Wehr fahren wir nach vorheriger Besichtigung durch; bis zur Rodachmündung warten auf uns mehrere unbefahrbare Wehre – doch alle leicht zu umtragen. Sonst bereitet der gemächlich fließende Fluss keine wassertechnischen Schwierigkeiten. Die spritzige Floßgasse bei Michelau ist mit Vorsicht zu befahren, und bald treffen wir in der Korbmacherstadt Lichtenfels ein. Der saubere Campingplatz am Mainufer ist ein idealer Ausgangspunkt für Wanderungen und Besichtigungen. Es empfiehlt sich, die Fahrt einen Tag zu unterbrechen und die kulturellen Höhepunkte – Kloster Banz und die Wallfahrtskirche Vierzehnheiligen – zu Fuß anzulaufen. Ein Rundblick vom Staffelberg, dem Aussichtsbalkon des Oberen Maintales, belohnt uns für die Aufstiegsmühe. In trockenen Sommern erwartet uns am nächsten Tag noch eine Flusswanderung im wahrsten Sinne des Wortes. Be-

△ *Kiesbänke begleiten uns oft am Oberen Main.*

vor wir die Boote dem Wasser anvertrauen, ist eine ca. 200 m lange Treidel- oder Umtragestelle fast unvermeidlich. Doch dann schlängelt sich der Fluss zwischen alten Kopfweiden in vielen Mäandern nach Hausen, zum letzten Wehr dieser Wanderfahrt, das wir rechts umgehen. Jetzt liegen fast 40 km ohne eine einzige Umtragestelle vor uns. Der Main strömt recht flott in harmlosen Schwällchen durch das breite Tal. Kleine Kiesbänke und mehrere Baggerseen mit Zeltplätzen laden zum Pausieren und Baden ein. Steinschüttungen, im Zuge der Renaturierung des Mains errichtet, verlangen vom Bootsfahrer Aufmerksamkeit; es kommt hier oft zu Grundberührungen. Bei Baunach münden Itz und Baunach, im Frühling zwei schöne, leicht befahrbare Wildbäche, in den Main. Nach der neuen Straßenbrücke erwartet uns

In Strößendorf grüßt uns das Schlösschen des Grafen von Seckendorf.

eine lange, spritzige Stromschnelle, der sich die schöne Waldstrecke entlang dem Breitengüssbacher Forst anschließt. Bei Hallstadt zeichnen sich am Horizont die vielen Türme der auf sieben Hügeln erbauten alten Kaiserstadt Bamberg ab. Nach der Eisenbahnbrücke, deren Durchfahrt wir vorher ansehen, erscheint bald die Brücke der Maintalautobahn. Wenn wir dann links in die kanalartige Mündung der Regnitz einfahren, erreichen wir nach etwa drei Kilometern den Zeltplatz des Bamberger Faltboot-Clubs (DKV-Kanustation).

Charakter, Tipps

Leicht zu befahrendes, teilweise flott strömendes Zahmwasser. Ganzjährig befahrbar mit allen Bootstypen und auch für Anfänger. Wasser leidlich sauber, bei Niedrigwasser Verschmutzung ab Kläranlage Kulmbach. Floßgasse in Michelau vor Befahrung anschauen, rechtzeitig rechts anlegen! An neuen Steinschüttungen Grundberührung – Vorsicht Faltbootfahrer! Pkw-Begleitung möglich. Schöne Bade- und Zeltplätze an Baggerseen. Landschaftlich sehr ansprechend. Gute, preiswerte Wirtshäuser entlang dem Fluss. Idealwasserstand Pegel Brücke Mainleus 1,80 m.

Zeltmöglichkeiten

Kulmbach; PSC Lichtenfels; Hausen; Baunach – Hahnleite; Bamberg DKV-Kanustation u. v. a.

Sehenswertes

Kulmbach: Plassenburg, Rathaus mit Rokokofassade, Zinnfiguren-Museum, Chorkirche, Bierbrauereien.
Mainleus: Schloss Steinhausen, Schloss Wernstein.
Burgkunstadt: Rathaus mit geschnitztem Fachwerk, Altstadt.
Hochstadt: Kirche.
Michelau: Korbwaren-Museum.
Lichtenfels: Altstadt, Burg, Kirche, Kloster Banz, Wallfahrtskirche Vierzehnheiligen.
Staffelstein: Rathaus, Geburtsort des Rechenmeisters Adam Riese, Staffelberg mit Kapelle.
Baunach: Rokokorathaus mit originalem Treppenhaus, hölzerne Männerskulpturen.
Kemmern: Bierkeller, Grotte.
Hallstadt: Rathaus mit Pranger.
Bamberg: Eine der besterhaltenen mittelalterlichen Städte Deutschlands, Dom, Altes Rathaus, Neue Residenz, Michelsberg, Böttingerhaus, Klein Venedig an der Regnitz (u. v. a.).

Auto nachholen

Regelmäßige Verbindungen der DB zwischen Bamberg und Kulmbach.

Karten, Literatur

Generalkarte 1 : 200 000 Blatt 14; ADAC-Freizeitatlas Nördliches Bayern 1 : 100 000.
Kanuwanderführer für Bayern; Deutsches Flusswanderbuch.

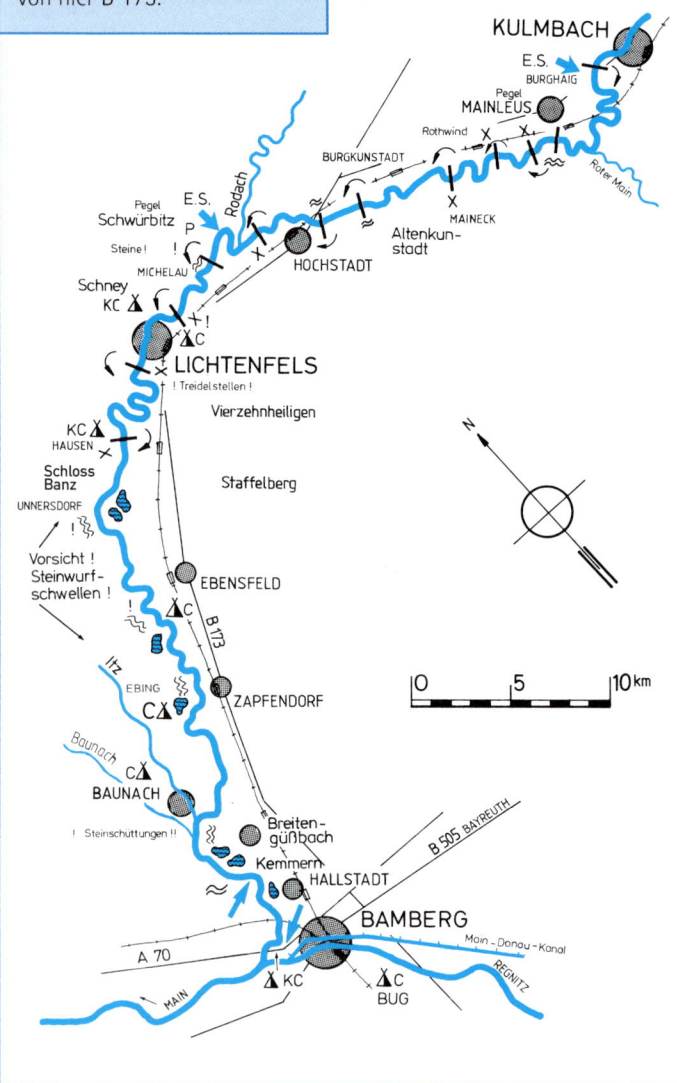

Anfahrt

A 9, Ausfahrt Kulmbach/Bay-
reuth, über die A 70 und B 85
nach Kulmbach; oder A 3,
dann B 505 nach Bamberg,
von hier B 173.

KULMBACH

E.S.
BURGHAIG

Pegel
MAINLEUS

Rothwind

BURGKUNSTADT

Roter Main

MAINECK

Altenkuns-
stadt

Pegel
Schwürbitz

E.S.

Rodach

P

Steine!

MICHELAU

HOCHSTADT

Schney
KC

C

LICHTENFELS

! Treidelstellen !

Vierzehnheiligen

KC
HAUSEN

Schloss
Banz

UNNERSDORF

Staffelberg

Vorsicht !
Steinwurf-
schwellen !

EBENSFELD

C

B 173

Itz

EBING

C

ZAPFENDORF

Baunach

C

BAUNACH

! Steinschüttungen !!

Breiten-
güßbach

B 505 BAYREUTH

Kemmern

HALLSTADT

BAMBERG

Main - Donau - Kanal

A 70

REGNITZ

MAIN

KC

C

BUG

N

0   5   10 km

126

⮀ 96 km

🕐 Ferienfahrt

Schon den alten Römern war die Fränkische Saale, irgendwo an der nördlichsten Grenze ihres Weltreiches fließend, als salzbringender Fluss, die Sole, bekannt. Von ihrer Quelle im Grabfeld, gespeist von vielen Seitenbächen und kleinen Flüsschen, pendelt sie im stetigen Hin und Her durch die Buntsandsteinplatte des Rhön-Vorlandes. Die Saale zieht an Bad Neustadt und dem weltberühmten Bad Kissingen vorbei und mündet bei Gemünden in den Main.

Ihrer Reize ist sie sich schon in Bad Neustadt bewusst, wo sie als akzeptables Wanderflüsschen mit Einerbooten recht gut befahrbar ist. In vielen Schleifen und über fünf Wehre können wir die Fahrt nach Bad Kissingen in zwei Tagen bewältigen. Nach der Wehranlage unterhalb des Kurparks lassen wir auch die Zweier ins Wasser. Am herrlichen Golfplatz entlang zieht eine schnelle Strömung die Boote durch das tief eingeschnittene Tal; ein paar im Flussbett verstreute Felsblöcke fordern unsere ganze Aufmerksamkeit. Hoch über dem Flusstal ragt auf einer Muschelkalkzunge Burg Trimburg. Ein weiter Blick von ihrer Terrasse ins Saaletal und auf die gegenüberliegenden Berggipfel der Rhön lohnt unseren Besuch reichlich. Mehrere für Einer befahrbare Wehre gestalten die Wanderfahrt etwas sportlicher. Umtragemöglichkeiten sind durch gut sichtbare Schilder aus-

gewiesen. Nach Pfaffenhausen erreichen wir Hammelburg, die älteste Weinstadt Frankens. Nicht weit von hier blickt von oben Schloss Saaleck auf die Saale. Wieder treten die Berge näher an den Fluss, und die Laubwälder der steilen Sandstein- und Muschelkalkhänge reichen bis zu den saftigen Wiesen des Talbodens. Unter dem Sodenberg, versteckt im Tal, liegt die Rossmühle mit ihrem gut besetzten Campingplatz. Eine Pontonbrücke und ein zweistufiges Wehr unterbrechen unsere Fahrt. Links tragen wir die Kanus um und verschwinden, den Lärm der vielen Badegäste hinter uns lassend, im einsamen Tal. Fast lautlos tauchen die Paddel in das ruhige Wasser, und leise gleiten unsere Boote an winzigen, idyllischen Orten vorüber. Während einer Brotzeit be-

△ *Die Sandsteinbrücke über die Fränkische Saale führt nach Gemünden.*

obachten wir die Bienen und Schmetterlinge, die Käfer, Fische und Bisamratten und die anderen lebensfrohen Wesen der Natur. Wie wenig wissen wir über diese Gemeinschaften, jede mit ihren Gesetzen und Instinkten, ihren schönen Formen und ihren erstaunlichen Geschicklichkeiten. Wie wenig erfahren wir in der Schule über Blumen und Insekten, über Bäume und Tiere. Ist es nicht schade, dass wir uns gedanklich so weit von diesen lebendigen, elementaren Dingen entfernt haben? Dafür wissen wir viel über Autos, Computer und andere technische Dinge.

Die letzten Wehre bewältigen wir auch mit dem wendigen Zweier-Kanadier, und bald begleiten uns linksufrig die farbigen Zelte des öffentlichen Campingplatzes in Gemünden. Eine günstige Übernachtungsmöglichkeit bietet auch der an der Mündung liegende saubere Zeltplatz des hiesigen Kanu-Clubs.

Charakter, Tipps

Verträumter Wanderfluss, ab Bad Kissingen mit allen Bootstypen befahrbar. Ab hier auch für Anfänger geeignet. Sauberes Wasser und sandiges Flussbett locken zum Baden. Wehre mit Einern überwiegend befahrbar, sonst leicht umzutragen. Vorsicht beim Ausbooten in Unterebersbach; rechtzeitig links anlegen (Umtragestelle). Am Walzenwehr vor Bad Kissingen links umtragen. Pkw-Begleitung möglich.

Zeltmöglichkeiten

Camping Hammelburg, Bad Kissingen, Rossmühle; Gemünden – Kanu-Club, Campingplatz.

Sehenswertes

Bad Neustadt: Stadtmauer mit Türmen, Rathaus, Burg Salzburg.
Bad Aschach: Schloss mit Museum.
Bad Bocklet: Biedermeierhäuser, Kurpark.

Bad Kissingen: Kurpark, Barockbauten, Regentenbau, Brunnen, Rathaus, Ruine Bodenlaube.
Euerdorf: Alte Brücke, Marktbefestigung, Ruine Trimburg.
Aura: Benediktinerkloster, alte Steinbrücke.
Hammelburg: Bürgerhäuser, Herrenmühle, Rathaus, Schloss Saaleck (Museum).
Wolfsmünster: Schloss (16. Jh.).
Gemünden: Wasserschloss Bergsinn, Burg Rieneck, Ruine Scherenburg, Altstadt, Stadtmauer, Kloster Schönau.

Auto nachholen

Die Saaletalbahn verkehrt regelmäßig auf der Strecke Gemünden–Hammelburg–Bad Kissingen.

Karten, Literatur

Generalkarte 1 : 200 000 Blatt 13; ADAC-Freizeitatlas Nördliches Bayern 1 : 100 000.
Kanuwanderführer für Bayern; Deutsches Flusswanderbuch.

Anfahrt
A 7 Würzburg–Kassel, Ausfahrt Hammelburg, auf der B 27 nach Gemünden; oder B 287 Bad Kissingen, Bad Neustadt.

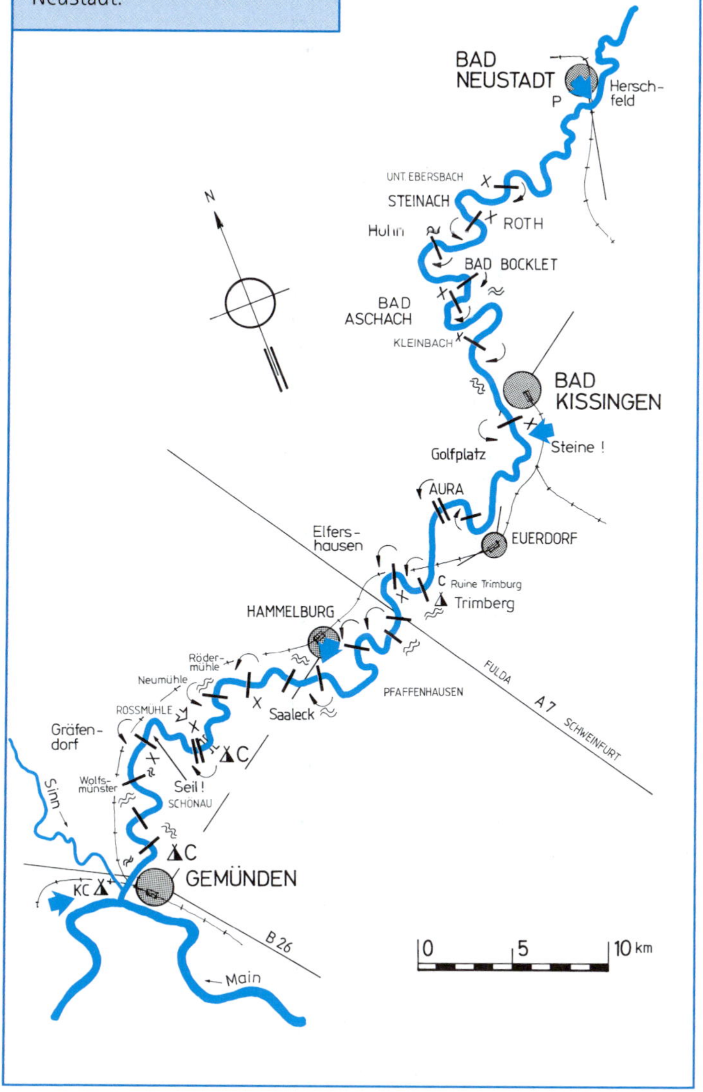

BAD NEUSTADT
Herschfeld
P

UNT. EBERSBACH
STEINACH
ROTH
Huhn
BAD BOCKLET
BAD ASCHACH
KLEINBACH

N

BAD KISSINGEN
Steine!
Golfplatz

AURA
EUERDORF
Elfershausen
C Ruine Trimburg
Trimberg

HAMMELBURG
Rödermühle
Neumühle
ROSSMÜHLE
Saaleck
PFAFFENHAUSEN
FULDA
A 7 SCHWEINFURT

Gräfendorf
Wolfsmünster
Seil!
SCHONAU
C

Sinn
KC
GEMÜNDEN
B 26
Main

0   5   10 km

⚡ 95 km

🕐 4–5-Tage-Fahrt

Aus dem landschaftlich viel- leicht schönsten Teil des Rheins, dem Durchbruch durch das Rheinische Schiefergebirge, wähl- ten wir für unsere Wanderung den knapp 100 km langen Abschnitt von Mainz bis Koblenz. Aus der oberrheinischen Tiefebene kom- mend, erreicht hier der Rhein bei Bingen ein tief eingeschnittenes, romantisches Tal, umsäumt von steilen, bewaldeten oder felsigen Hängen sowie lieblichen, uralten Weinbergen. Sein schneller Lauf wird von unzähligen Burgen und Ruinen begleitet, und an seinen Ufern liegen Städte mit maleri- schen Fachwerkhäusern, Wehr- mauern, Türmen und alten Klös- tern. Einladende Weinstuben und Wirtshäuser locken zum gemüt- lichen Verweilen. So wie schon in den vorigen Jahrhunderten Markt- schiffe den Rhein zwischen Mainz und Koblenz regelmäßig befuhren, so beleben ihn heute viele Fracht- schiffe und Personendampfer der Weißen Flotte.

Unsere Wanderfahrt beginnen wir in Mainz, durch dessen Altstadt wir am Vorabend ausgiebig spazierten. An der Treppe beim Campingplatz Maarauen, gegenüber den Türmen des Mainzer Doms, setzen wir die Boote ins Wasser. Die überra- schend gute Strömung schiebt uns bald unter der Theodor-Heuss- Brücke hindurch, und die in der Ferne liegenden Industrieanlagen kommen rasch näher. An der Insel Petersaue vorbei erreichen wir schnell die Autobahnbrücke nach Wiesbaden, zurück bleibt der Cam- pingplatz Mombach.

Rechtsufrig zeigt sich das älteste Städtchen des Rheingaus – Eltville. Die sich vorbeischiebenden Inseln dürfen wir nicht betreten, es sind Naturschutzgebiete. Bei Rüdes- heim nähern sich die Weinhänge dem Fluss, und ein Spaziergang zum imposanten Niederwalddenk- mal (Germania) belohnt uns mit einer schönen Aussicht ins Rhein- tal. Nachher können wir uns in der berühmten Drosselgasse an einem guten »Viertele« erfreuen.

Linksufrig mündet in Bingen die Nahe in den Rhein; im Sommer bleibt von ihr nur ein kümmerliches Rinnsal übrig. Der Rhein knickt hier scharf nach Nordwesten ab und drängt in das dunkle Schieferge- stein hinein. Inmitten des Flusses

△ *Idyllischer Rastplatz auf einer der zahlreichen kleinen Inseln.*

steht auf einer Insel der Mäuseturm, der heute als Signalstation der Schifffahrt dient. Das rechte Ufer des früher bei den Rheinschiffern so gefürchteten Binger Loch, eine felsige Enge, bewacht die hochragende Ruine der Burg Ehrenfels. Mit etwas Vorsicht meistern wir die Flussstrecke an dieser engen Stelle und lassen die Boote weiter durch das märchenhafte Rheintal schaukeln. Doch der rege Berufs- und Sportschiffsverkehr verlangt von uns dauernde Aufmerksamkeit. Links schieben sich die Burgen Rheinstein und Sooneck vorbei, und rechts, wo die klare, forellenreiche Wisper ihre Wasser in den Rhein ergießt, liegt Lorch. An der größeren der zwei Lorcher Werthe (Inseln) dürfen wir im Sommer an der Nordspitze Rast machen. Von hier ist es nicht weit nach Bacharach, einer romantischen Kleinstadt am Mittelrhein, die von der Staufenfeste Stahleck beherrscht wird.

Nach einem leichten Linksbogen sehen wir bald einen der Höhepunkte unserer Wanderung, die Inselpfalz Pfalzgrafenstein, die wir links oder auch rechts umfahren können. Links müssen wir bei Niedrigwasser mit steilen Wellen am »Wilden Gefähr« rechnen; auch ist die Fahrrinne hier sehr eng. Nach Oberwesel verengt sich wieder einmal das Flussbett; die Felsengruppe »Die sieben Jungfrauen« (oder auch »Hungersteine« genannt) sorgt für gute Wellenbildung.

Wir halten uns rechts bis nach St. Goarshausen. Dazwischen fällt der steile, sagenumwobene Loreleyfelsen in den Fluss, und unsere kleinen Kanus hüpfen ganz schön in den

Auf der Inselpfalz Pfalzgrafenstein können wir anlanden und das Museum besuchen.

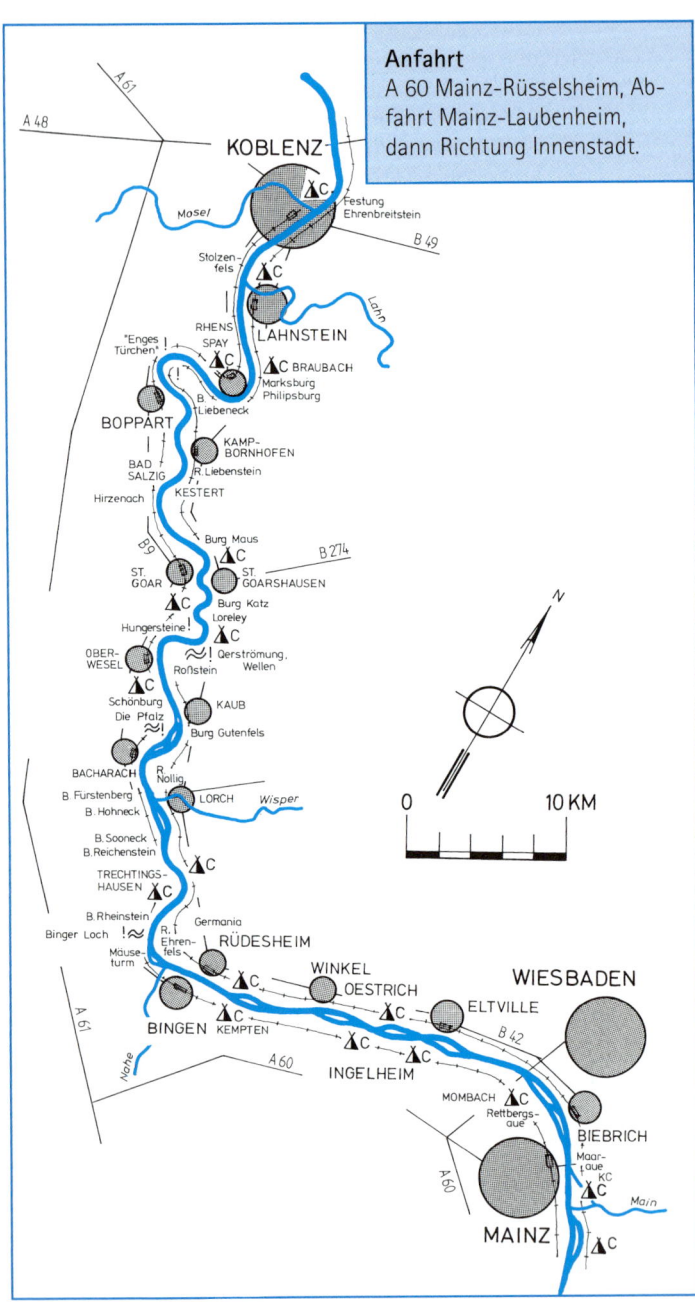

Anfahrt
A 60 Mainz-Rüsselsheim, Abfahrt Mainz-Laubenheim, dann Richtung Innenstadt.

Charakter, Tipps

Landschaftlich äußerst reizvolles Flusstal. Die überraschend schnelle Strömung, teils hohe Wellen, Pilze, Wirbel, einfallende Windböen sowie der dichte Schiffsverkehr, Standbagger und Fähren verlangen vom Kanuwanderer Erfahrung und gute Bootsbeherrschung. Anfänger sollten nur bei günstigen Wetter- und Wasserverhältnissen unter Führung von Fortgeschrittenen paddeln. Das Tragen einer Schwimmweste ist zu empfehlen. Das Zelten auf manchen der verlockenden Inseln ist untersagt (NSG); es gibt aber genügend paddlerfreundliche Zelt- und Campingplätze. Das Rheinwasser ist zwar noch immer belastet, doch wird im Fluss wieder gebadet. Am Mittelrhein gilt für Wanderboote eine Kennzeichnungspflicht nach der Rheinschifffahrtspolizeiverordnung.

Zeltmöglichkeiten

Mainz: Camping Maaraue; Mombach; Wiesbaden; Ingelheim-Nord; Geisenheim; Rüdesheim; Trechtingshausen; Oberwesel; St. Goar; St. Goarshausen; Boppard; Braubach; Lahnstein: Lahnspitze; Koblenz: Moselmündung u. a.

Sehenswertes

Mainz: St.-Martins-Dom, Christuskirche, Kirche St. Stephan (Chagall-Fenster), St.-Peters-Kirche, Deutschhaus, Kurfürstliches Schloss (Museum), Rathaus, Marktbrunnen, Eisenturm, Holzturm, Altstadtbild, Zitadelle u. v. a.
Wiesbaden: Kurhaus, Stadtschloss, Altes Rathaus, Schloss Biebrich, Griechische Kapelle u. a.
Eltville: Pfarrkirche St. Peter u. Paul, Bürgerhäuser, Burgruine, Gutenberg-Gedenkstätte.
Geisenheim: Adelssitze: Schloss Schönborn, Ley'scher Hof, Schloss Johannisberg, Kloster Eberbach u. a.
Rüdesheim: Bröserburg (Museum), Marktplatz, St.-Jakobus-Kirche, Drosselgasse, Niederwalddenkmal (Germania).
Bingen: Burg Klopp (Museum), Stiftskirche St. Martin, Mäuseturm; Bingerbrück: Burg Rheinstein.
Lorch: Stadtbefestigung, Ruine Nollig, Wispertal.
Bacharach: Altstadt mit Resten der Stadtbefestigung, Türme, Peterskirche, Staufenfeste Stahleck.
Oberwesel: Ruine Schönburg, St.-Martins-Kirche, Liebfrauenkirche.
Kaub: Burg Gutenfels; Inselpfalz: Pfalzgrafenstein, Blücherdenkmal.
St. Goarshausen: Burg Katz, Burg Maus, Loreleyfelsen, Klosterschenke; St. Goar: Ruine Rheinfels.
Kamp-Bornhofen: Kloster, Burg Sterrenberg, Burg Liebenstein.
Boppard: Uferpromande, Kurtrierische Burg, Severuskirche, Kloster Marienburg u. a.
Braubach: Marksburg, Philipsburg, Blei- und Silberhütte.

steilen Wellen der Querströmung. Nach der Burg Katz folgt in Wellmich die Burg Maus, und die Fahrt geht weiter an den »Feindlichen Brüdern«, zwei eng zusammenstehenden Raubritterburgen, vorbei.

Nach Kamp-Bornhofen sehen wir schon die gepflegte, mit seltenen Bäumen begrünte Uferpromenade von Boppard. Nach der Stadt schwingt der Rhein in eine enge Schleife, die von Weinbergen umrahmt wird. Rechts begleitet uns eine Längskribbe »Auf der Schottel«, die einen Schutzhafen einschließt. Hier liegen oft Sportboote, deren Besatzungen an heißen Sommertagen im ruhigen Wasser der Lagune baden und auf den Sandbänken ein Sonnenbad genießen.

Am Ausgang der engen Rheinschleife bewundern wir die Fassaden der alten Fachwerkhäuser der lang gezogenen Ortschaft Spay. Über dem Bergkamm ragen drei Schornsteine der Blei- und Silberhütte Braubach auf (man sagt, hier werden die Weinberge beheizt). Rechts nähert sich der steile Felskegel mit der nie eingenommenen Marksburg.

An der Rheinpromenade von Braubach vorbeipaddelnd (bei Niedrigwasser ragen hier ein paar Kribben in den Fluss), erreichen wir Lahnstein. Links leuchtet das ockerfarbene, neugotische Schloss Stolzenfels vom bewaldeten Hang, von rechts mündet die Lahn in den Rhein. Am paddlerfreundlichen Campingplatz »An der Lahnspitze« beenden viele Kanufahrer ihre Wanderung; zum Bahnhof sind es von hier aus knapp 10 Minuten.

Wir paddeln aber noch weiter nach Koblenz, um dort am Städtischen Campingplatz gegenüber vom Deutschen Eck an der Moselmündung unsere Kanuwanderung durch das romantische Rheintal zu beenden.

194 km

Ferienfahrt

Keiner der großen Flüsse in Deutschland hat einen so windungsreichen Lauf wie die Mosel auf ihrem Wege von Trier nach Koblenz. In unzähligen, weit pendelnden Schleifen durchsägt sie das harte, dunkle Gestein des linksrheinischen Schiefergebirges, um sich am Deutschen Eck in Koblenz, knappe 550 km von ihrer Quelle in den Südvogesen entfernt, dem Rhein anzuschließen. Ihre Talhänge, bedeckt von Laubwäldern oder steilen Weinbergen, die schon die Römer hier anlegten, als sie vor mehr als 2000 Jahren die Stadt Augusta Treverorum, das heutige Trier, gründeten, brachten ihr schon damals die Bezeichnung »grünster aller Flüsse« ein. Wir beginnen unsere Kanuwanderung, die für Weinkenner in eine »Weinprobefahrt« ausarten kann, in Trier. Am Campingplatz des Rudervereins, oberhalb der alten Römerbrücke, lassen wir unsere Boote ins Wasser hinab. Die Altstadt mit dem prächtigen Dom, der Liebfrauenkirche, der Porta Nigra und den Kaiserthermen haben wir schon am Tag vorher besichtigt, und so lassen wir uns langsam an der Stadt vorbeitreiben. Zuerst durch ein breites Tal und umgeben von lärmenden Schnellstraßen, fließt die Mosel an den Industrieanlagen des Trierer Hafens bei Ehrang vorbei, bis sie am alten Fährturm bei Schweich in die felsigen Weinberghänge eindringt, um in vielen Talmäandern den Rhein zu erreichen. Fast in jeder Ortschaft des Moseltales gibt es etwas zu sehen, und wenn es nicht eine urbanistische Seltenheit ist, dann lockt uns ein Weingut oder ein kleiner Gasthof zur Weinprobe.

Ab der ersten Staustufe in Detzem, die wir über eine Rampe überwinden, brauchen wir bis Bullay unsere Boote nicht mehr aus dem Wasser zu ziehen, es sei denn, wir wollen irgendwo längere Zeit bleiben. Nach Klüsserath sollten wir ganz bestimmt einen Aufenthalt in Neumagen-Dhron einplanen. Der wohl älteste Weinort des Moseltales hat eine reiche historische Vergangenheit, und die vielen guten Kopien des »Steinernen Schatzes« von Neumagen werden uns in Staunen und Entzücken versetzen, wenn wir nicht schon im Trierer Landesmuseum die Originale gesehen haben.

△ *Steile Weinhänge begleiten unsere Fahrt auf der Mosel.*

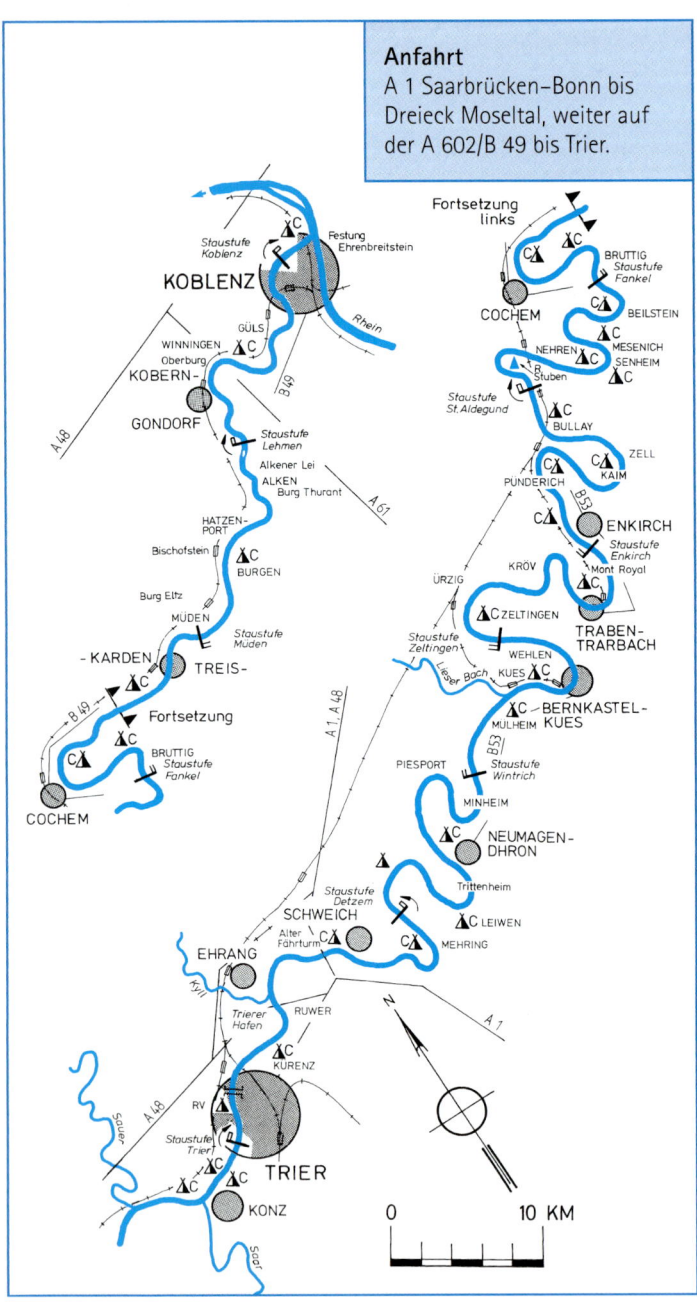

Anfahrt
A 1 Saarbrücken–Bonn bis
Dreieck Moseltal, weiter auf
der A 602/B 49 bis Trier.

Fortsetzung
links

Staustufe
Koblenz
Festung
Ehrenbreitstein
KOBLENZ
Rhein
GÜLS
WINNINGEN
Oberburg
KOBERN-
GONDORF
Staustufe
Lehmen
Alkener Lei
ALKEN
Burg Thurant
HATZEN-
PORT
Bischofstein
BURGEN
Burg Eltz
MÜDEN
Staustufe
Müden
KARDEN
TREIS-
Fortsetzung
BRUTTIG
Staustufe
Fankel
COCHEM

COCHEM
BRUTTIG
Staustufe
Fankel
BEILSTEIN
NEHREN
MESENICH
SENHEIM
B.
Stuben
Staustufe
St. Aldegund
BULLAY
ZELL
PÜNDERICH
KAIM
ENKIRCH
Staustufe
Enkirch
Mont Royal
KRÖV
ÜRZIG
TRABEN-
TRARBACH
ZELTINGEN
Staustufe
Zeltingen
WEHLEN
Leiser Bach
KUES
BERNKASTEL-
KUES
MÜLHEIM
PIESPORT
Staustufe
Wintrich
MINHEIM
NEUMAGEN-
DHRON
Trittenheim
LEIWEN
Staustufe
Detzem
SCHWEICH
Alter
Fährturm
MEHRING
EHRANG
Kyll
Trierer
Hafen
RUWER
N
A 1
KURENZ
RV
Staustufe
Trier
TRIER
Sauer
Saar
KONZ

0   10 KM

Ab der Bootsgasse am Zeltinger Wehr achten wir beim Auslauf ins Unterwasser auf die tückische Strömung, die uns ans Land drückt (Kentergefahr!). Im bekannten Weindorf Kröv (dreigiebeliges Fachwerkhaus) sollten wir in der Weinschenke »Götz von Berlichingen« den »Kröver Nacktarsch«, einen wahrhaft vorzüglichen Wein, probieren. In Traben-Trarbach vertreten wir uns etwas die Beine und steigen zur Ruine Grevenburg hinauf, von der sich ein schöner Blick ins Tal öffnet.

Durch enge Flussschleifen am Weindorf Briedel und dem Zeller Residenzschloss vorbeipaddelnd erreichen wir nach Bullay das Stauwehr St. Aldegund, das mit einer Umtragerampe versehen ist. Flussabwärts, im scharfen Rechtsbogen, liegt die Klosterruine Stuben aus

dem 12. Jh. Ein wahrer optischer Leckerbissen ist das malerische Städtchen Beilstein mit der mächtigen, dreischiffigen Hallenkirche und der eindrucksvollen Ruine von Burg Metternich.

Doch kaum trennen wir uns von einem landschaftlichen Höhepunkt, schon überbietet das Moseltal alles mit dem Blick auf die Reichsburg Cochem, die beschützend über der kleinen Stadt von ihrem mächtigen Felskegel ins Tal blickt. Am Zeltplatz neben dem Schwimmbad können wir bleiben und abends die Urlaubsstimmung auf der belebten Uferpromenade genießen.

Die Schönheiten und Sehenswürdigkeiten des Tales reißen nicht ab. Nach dem Treiser Wehr (Bootsgasse), über dem die Burgruinen Treis und Wildburg thronen, wandern wir von Moselkern aus durch das

Die Moselschleife bei Piesport wird von sattgrünen Rebenhängen umrahmt.

wilde Eltzbachtal zu der eindrucksvollen Burg Eltz, die sich, wie einem Brüder-Grimm-Märchen entsprungen, vor uns auftürmt. In Alken, einem romantisch gelegenen Weinort, finden wir die doppeltürmige Burg Thurant, die Kaiser Otto IV. als Residenz diente. Vor der Schleuse, die leider noch keine Bootsgasse hat, liegt die Insel »Reiherschuss«, ein Vogelschutzgebiet, das wir nicht betreten sollten. Aus dem Weinbrunnen in Kobern fließt zwar kein Wein, doch können wir einen guten Tropfen in Winningen, beim Winzerfest in der letzten August-woche, trinken. Danach sollten wir allerdings noch ein wenig am Zeltplatz auf der Insel Ziehfurt bleiben, um mit dem Kajak keine Schlangenlinien durch die Mosel zu ziehen.

Eine halbe Tagesetappe trennt uns dann noch von Koblenz, unserem Wanderziel. Über die Bootsrampe bewältigen wir das letzte Wehr, unterqueren die alte Balduinbrücke und beenden am Campingplatz, gegenüber dem historischen Deutschen Eck, unsere Mosel-Wanderung.

Charakter, Tipps

Mit allen Bootstypen ganzjährig (außer Hochwasserzeiten) leicht befahrbarer Wanderfluss (Kennzeichnungspflicht!), der durch 12 Stauwehre auf deutschem Gebiet zu einem fast stromlosen Fluss aufgestaut wurde. Doch das reizvolle, gewundene, tief eingeschnittene, reben- und waldumsäumte Moseltal voller netter Weinorte, Burgruinen und Klöster macht aus der Kanufahrt ein Wandererlebnis. Fast die Hälfte der Stauanlagen ist mit Umtragerampen versehen, der Rest mit Bootsschleusen oder Bootsgassen, die aber nicht immer funktionieren. Darum ist es notwendig, bei einer Moselfahrt einen Bootswagen mitzuführen. An den Stauwehren steuern wir immer die Flussseite der langen Mole an, welche die Großschifffahrtsschleuse von der Sportschifffahrt trennt. Hier liegen auch die Umtragerampen bzw. die Bootsgassen. An den Bootsgassen drücken wir vom Boot aus den Knopf am Pfahl (vorher Bedienungsanweisung lesen), warten, bis uns grünes Licht nach Senkung des Gassenverschlusses die Einfahrt freigibt (Freigabe je 30 Sek. für ein Boot), und paddeln in die Gasse hinein. Hier nicht steuern, Paddel längsseitig anlegen! Im Unterwasser zügig, aber vorsichtig wegpaddeln. Für das Durchfahren der Bootsgassen empfiehlt sich, die Spritzdecken an den Luken zu schließen. Der Berufsschiffsverkehr ist an der Mosel verhältnismäßig gering, in manchen Orten sind kleine Fähren in Betrieb. An Sonn- und Feiertagen müssen wir mit verstärktem Motorbootverkehr rechnen, insbesondere an den Wasserskistrecken. Die vielen

Campingplätze erlauben eine individuelle Etappenaufteilung bei einer Wanderfahrt.

Zeltmöglichkeiten
Camping Trier; Schweich; Mehring; Pölich; Klüsserath; Neumagen; Minheim; Mülheim; Kues; Wehlen; Zeltingen; Ürzig; Wolf; Traben-Trarbach; Pünderich; Bullay; Ediger; Nehren; Messenich; Poltersdorf; Bruttig; Cochem-Cond; Pommern; Treis; Moselkern; Hatzenport; Dieblich; Insel Ziehfurt; Koblenz (an der Mündung) und mehrere kleine Plätze.

Sehenswertes
Trier: Älteste Stadt Deutschlands, Porta Nigra, Basilika, Kaiserthermen, Amphitheater, Dom, Liebfrauenkirche, Benediktinerabtei, Pfarrkirche St. Matthias, Dreifaltigkeitskirche u. a. Kirchen, ehemaliges Kurfürstliches Schloss, Hauptmarkt, Rotes Haus, Rheinisches Landesmuseum u. a.
Neumagen-Dhron: Alter Weinort, Funde aus der Römerzeit (Neumagener Weinschiff); Dhron: Feste des Bischofs Nicetius.
Bernkastel-Kues: Ruine Landshut, Marktplatz mit Fachwerkhäusern, Rathaus (Spitzenhäuschen), Michaelsbrunnen, Pfarrkirche, St.-Nikolaus-Hospital (Cusanus-Stift) u. a.
Traben-Trarbach: Ruine Grevenburg, Festung Mont Royal, Mittelmoselmuseum.
Alf: Marienburg, Burg Arras.
Neef: Klosterruine Stuben.

Beilstein: Malerisches Städtchen, Fachwerkhäuser, Rathaus mit Barockportal, Zehnthaus, Hallenkirche, Burgruine Metternich.
Cochem: Reichsburg Cochem, Pfarrkirche St. Marin, Kapuzinerkloster, Marktplatz, Rathaus, Endertor (Torschenke), Moselpromenade.
Moselkern: Rathaus, Valeriuskirche, Merowingerkreuz, alte Bürgerhäuser, Burg Eltz, Eltzbachtal.
Alken: Doppeltürmige Burg Thurant, Pfarrkirche, Fallertor, Michaelskapelle.
Kobern: Ruine Oberburg, Niederburg, St.-Matthias-Kapelle, Marktplatz mit Weinbrunnen, Fachwerkhäuser.
Koblenz: Deutsches Eck, Deutschherrenhaus, Florianskirche, St.-Kastor-Kirche, Balduinbrücke, Kurfürstliches Residenzschloss, Rathaus (Jesuitenkollegium), Schloss Stolzenfels, Festung Ehrenbreitstein u. a.

Auto nachholen
Zwischen Trier und Koblenz gut ausgebauter Nahverkehr mit Bus und Bahn.

Karten, Kanu-Literatur
Generalkarte 1:200 000, Blatt 12, 15; ADAC-Freizeitatlas 1:100 000 Rheinland-Pfalz, Moselhandbuch (Karten 1:40 000), DSV Verlag Hamburg; Deutsches Flusswanderbuch; Kanuführer für Südwestdeutschland; Merkblatt für Wassersprtler – Mosel (WSA Koblenz).

⌇ 40 km

🕐 2-Tage-Fahrt

Als Dreiländerfluss fließt die Sauer von ihrer Quelle in den belgischen Ardennen durch einsame, reizvolle Wald- und Wiesentäler über Luxemburg zur bundesdeutschen Grenze. Von links nimmt sie hier die saubere Our auf und windet sich in weit ausholenden Schleifen durch den herrlichen Deutsch-Luxemburgischen Naturpark. An der mächtigen romanischen Klosteranlage von Echternach vorbeifließend und gestärkt durch die links einmündende Prüm, bricht die Sauer in südlicher Richtung durch den letzten Bergriegel der Eifel und erreicht westlich von Konz die Mosel.

Wenn wir nicht schon mit dem Kanu von der Our angepaddelt kommen oder die Sauer bereits ab Ettelbrück im Luxemburgischen befahren, beginnen wir unsere Grenzflusstour im südlich wirkenden Wallendorf, etwa am Campinggelände, wo die Our in die Sauer mündet, oder an der Grenzbrücke. Nach wenigen hundert Metern erwartet uns ein Wehr, das wir problemlos rechts durch die Floßgasse befahren; ein spritziger, langer Schwall lässt die Boote auf hohen Wellen schaukeln. Danach beruhigt sich der Fluss, doch die zügige Strömung zieht uns rasch durch die großen Schleifen zwischen bewaldeten Bergrücken.

Beidseitig begleiten Straßen den Fluss, auch der Sauertal-Radwanderweg schlängelt sich entlang.

Unten am Wasser hört man fast nichts vom hektischen Wochenend-Autoverkehr. An der fünfbogigen Steinbrücke in Dillingerbrück steigen wir aus den Booten, um die nur wenigen Schritte vom Fluss entfernte Tränenley anzuschauen: ein Fels mit einer kleinen Höhle, über die ein feiner Schleierwasserfall herunterrieselt. Auch hier ist, wie in Wallendorf, ein großer Campingplatz. Wegen Zeltmöglichkeiten brauchen wir uns im Sauertal keine Sorgen zu machen; so viele schöne Plätze findet man selten.

In der großen Südschleife unterm felsigen Kasselt verengen Steilwände das Flussbett; mancher Felsblock stürzte hier vor vielen Jahren ins Wasser. Links grüßt uns die Burg von Bollendorf. Der Burgherr hat seine Greifvogelzuchtstation der Öffentlichkeit zugänglich gemacht. Manchmal sitzt auf der

△ *Beidseitig drängen kleine Siedlungen an die Sauerufer.*

Stützmauer ein paar Meter über dem Fluss ein junger Adler, der mit Neugier das Treiben am Wasser verfolgt.

Das Laufenwehr umpaddeln wir rechts, und bald sehen wir vor uns die Türme des Echternacher Klosters. Die Parkpromenade mit dem schönen Pavillon zieht vorbei. In der späten Nachmittagssonne leuchtet uns nach einer scharfen Rechtskurve die alte Sandsteinbrücke entgegen. Flussabwärts liegt linksufrig in Echternacherbrück der weitläufige Campingplatz, wo wir unsere Zelte aufschlagen. Abends spazieren wir über die schmucke Zollbrücke in das reizvolle Echternach. Die engen, gepflasterten Gassen, die eindrucksvoll beleuchtete romanische Basilika, das alte Rathaus und der ausgedehnte Klosterkomplex vermitteln uns einen Stimmungshauch aus vergangenen Jahrhunderten.

Mit guter Strömung geht es am nächsten Morgen weiter flussabwärts. Lange begleiten uns noch die Klostertürme, obgleich auch die Bergkuppen an Höhe gewinnen. In Minden nehmen wir die klare Prüm auf. An der »blauen Brücke« liegt der nächste Campingplatz. Vorbei an der schönen Kirche von Steinheim nähern wir uns dem Stau Rosport bei Ralingen. Um Kollisionen mit den oft rücksichtslos fahrenden Motorbooten zu vermeiden, wurde hier eine Befahrungsregelung vereinbart. Der Stau ist nur kurz, nach 1 km legen wir links an der Bootsrampe der ca. 6 m hohen Staumauer an, um die Kanus umzutragen.

Langsam ziehen wir durch die stromlose Ralinger Schleife. Durch

Umtragen der Boote auf einem der Höckerwehre in der Ralinger Schleife.

ROTH o.d. OUR

OUR

GAYBACH

AMMELDINGEN A.D. OUR

REISDORF

WALLENDORF

ERNZ BLANCHE

ROHR

DILLINGEN

TRÄNENLAY DILLINGERBRÜCK

BOLLENDORF

LAUFENWEHR

ERNZ NOIRE

WEILER-BACH

L U X E M B O U R G

N 10

FÖLKENBACH

ECHTERNACHERBRÜCK

ECHTERNACH

N 10

STEIN-HEIM

MINDEN

GODENDORF

RALINGEN

STAU ROSPORT

1.5 km

HINKEL

WINTERS-DORF

B 418

B 51

MOERSDORF

BORN

METZDORF

LANGSUR

5 x

MESENICH

5 KM

0

WASSER-BILLIG

WASSERBILLIGER-BRÜCK

OBER-BILLIG

B 49

TRIER

IGEL

KONZ

PRÜM

B 257

NIMS

IRREL

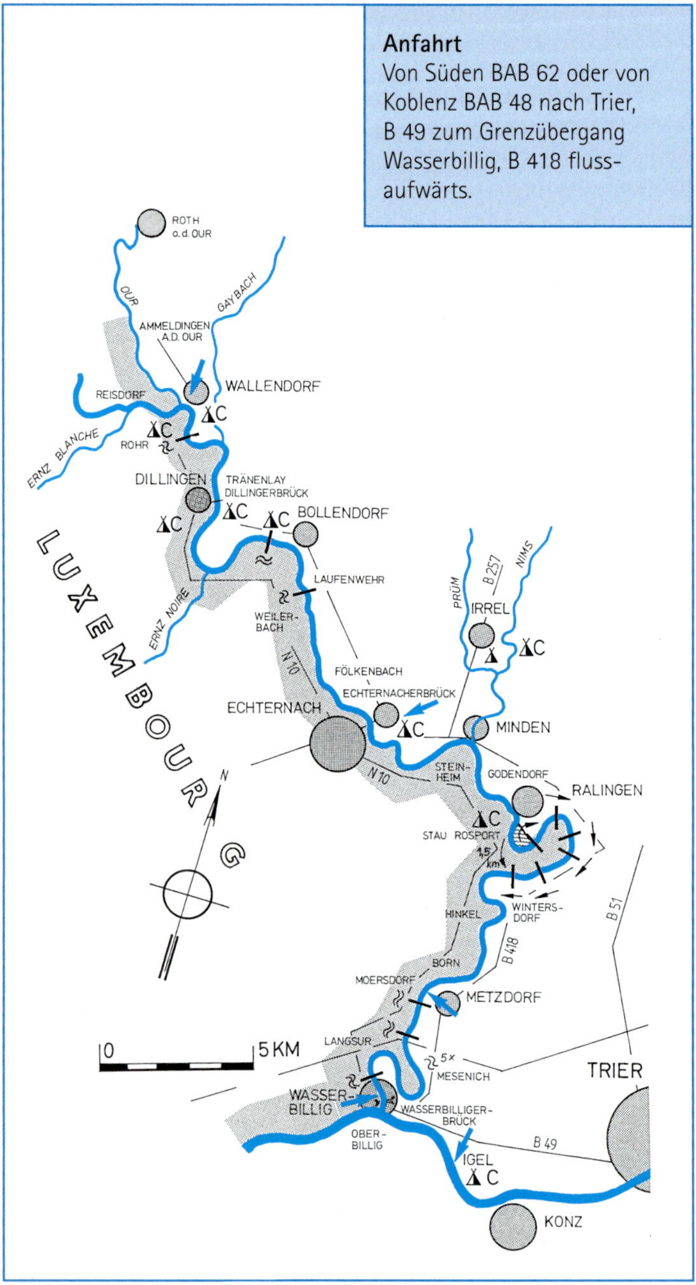

die Wasserableitung hat der Fluss viel Schwung verloren. Auch die Gewässergüte lässt zu wünschen übrig. An den fünf Ausgleichswehren, von denen jedes in der Mitte von einer Fischtreppe und im übrigen Bereich mit kantigen Steinhöckern versehen ist, müssen wir die Boote über das Wehr ziehen. Danach kehrt von rechts das vom Kraftwerk abgeleitete Wasser wieder zurück, die Sauer gewinnt erneut an Strömung. Über kleine Schwalle, an verstreuten Bauernhöfen und Dörfern vorbei, durchpaddeln wir die weit ausholenden Schleifen des Flusses, der sich hier tief in das Gebirge eingesägt hat.

Nach der 1987 eingeweihten Holzbogenbrücke in Metzdorf sorgt ein langer, hüpfender Schwall in der rechten Hälfte des aufgelassenen Moersdorfer Wehrs für eine sportliche Note. In schwindelnder Höhe überspannt die Autobahnbrücke das Sauertal. Es folgt noch die wunderschöne, doppelte Halsschleife von Langsur; hier springen die Kanus über mehrere zerfallene Stufen und geschleifte Wehre.

Dann beenden wir in Wasserbillig, rechtsufrig vor der Brücke, unsere Wanderung auf der Sauer. Natürlich ist eine Weiterfahrt auf der Mosel bis zur 2000 Jahre alten, sehenswerten Stadt Trier möglich.

Charakter, Tipps

Ab Wallendorf ganzjährig befahrbar. Alle Kanutypen. Wasser überwiegend sauber. Pkw-Begleitung auf der ganzen Strecke möglich.

Befahrungsregelungen

Abschnitt Wallendorf – Wasserbillig 16. 7.–30. 9. nur Einzelfahrten erlaubt; übrige Jahreszeit frei. Stau Rosport: 1. 5.–14. 6. und 1. 9.–31. 10. Fahrverbot. 1. 11.–30. 4. keine Beschränkung; 15. 6.–31. 8. Befahrungsverbot von 9–12 und 17.30–22.00 Uhr. Umgehen des Staus mit Bootswagen empfohlen (ca. 1,5 km).

Zeltmöglichkeiten

Wallendorf, Dillingen, Bollendorferbrück, Echternacherbrück, Ralingen u. v. a.

Sehenswertes

Echternach: Romanische Basilika, mächtige Klosteranlage, Grab des Hl. Willibrordus, gotisches Rathaus.

Auto nachholen

Das Nachholen der Pkws wird durch gute Busverbindungen auf der luxemburgischen Seite erleichtert.

Karten, Kanu–Literatur

Generalkarte 1:200000, Blatt 15; ADAC Freizeitatlas Rheinland-Pfalz 1:100000. – Deutsches Flusswanderbuch; Kanuführer für Südwestdeutschland.

⮂ 72 km

🕐 3–4-Tage-Fahrt

Von ihrer Quelle im Losheimer Wald an der belgischen Grenze durchfließt die Kyll, durch ihren Fischreichtum schon den Römern bekannt, in einer Nord-Süd-Senke fast die ganze Eifel, um nach mehr als 140 km Flusslänge nicht weit von Trier bei Ehrang die Mosel zu erreichen. Der landschaftlich schönste und für uns Kanufahrer auch lohnendste Teil ist der wild-romantische Flussabschnitt zwischen Gerolstein und Kordel. Hier gräbt sich die Kyll abwechselnd tief in die Buntsandstein- und Muschelkalkschichten ein und sucht in vielen Schleifen, immer wieder auf steile Wald- und Felshänge prallend, unbeirrt ihren Weg zur Mosel. Bei gutem Wasserstand setzen Wildwasserfahrer schon in Jünkerath ihre wendigen Einer ein. Für Wanderfahrer ist der Fluss ab Gerolstein zu empfehlen, wo wir an der Stadtbrücke der B 410 eine schöne Einbootstelle finden; ein großer Parkplatz ermöglicht das Abstellen der Fahrzeuge. Das talbeherrschende, in Dolomitfels umgewandelte Korallenriff bleibt rechts hoch über uns zurück, wenn die flotte Strömung die Boote mitnimmt. Dann ein paar hundert Meter regulierter Fluss, ein sanfter Linksbogen, und wir peilen die südliche Richtung an, der Sonne und den glitzernden Wellen entgegen. Vor Lissingen, wo es ein malerisches Doppelschloss zu bewundern gibt, taucht das erste der vielen Wehre auf. Wie die anderen ist es bei mittlerem Wasserstand mit Vorsicht rechts zu befahren. Die Talsohle ist jetzt noch breit und flach; unsere Boote werden in vielen Bögen zwischen bewachsenen Ufern davontragen. In einer Schleife nehmen wir von links den Michelbach auf, und bevor wir in Birresborn das nächste Wehr erreichen, schiebt sich der erloschene Vulkan Kalem vorbei.

In Mürlenbach lohnt es sich, anzuhalten; hier steht eine der ältesten Burgen des Rheinlands. Danach läuft die Kyll fast gerade, die schnelle Strömung wird am Steilwehr unterhalb von Densborn unterbrochen. Wir tragen um und erreichen spätnachmittags den kleinen Ort St. Thomas, wo sich nach der Eisenbahnbrücke rechtsufrig neben dem Kinderspielplatz

△ *Die Bertradaburg in Mürlenbach grüßt den Kanuten auf der Kyll.*

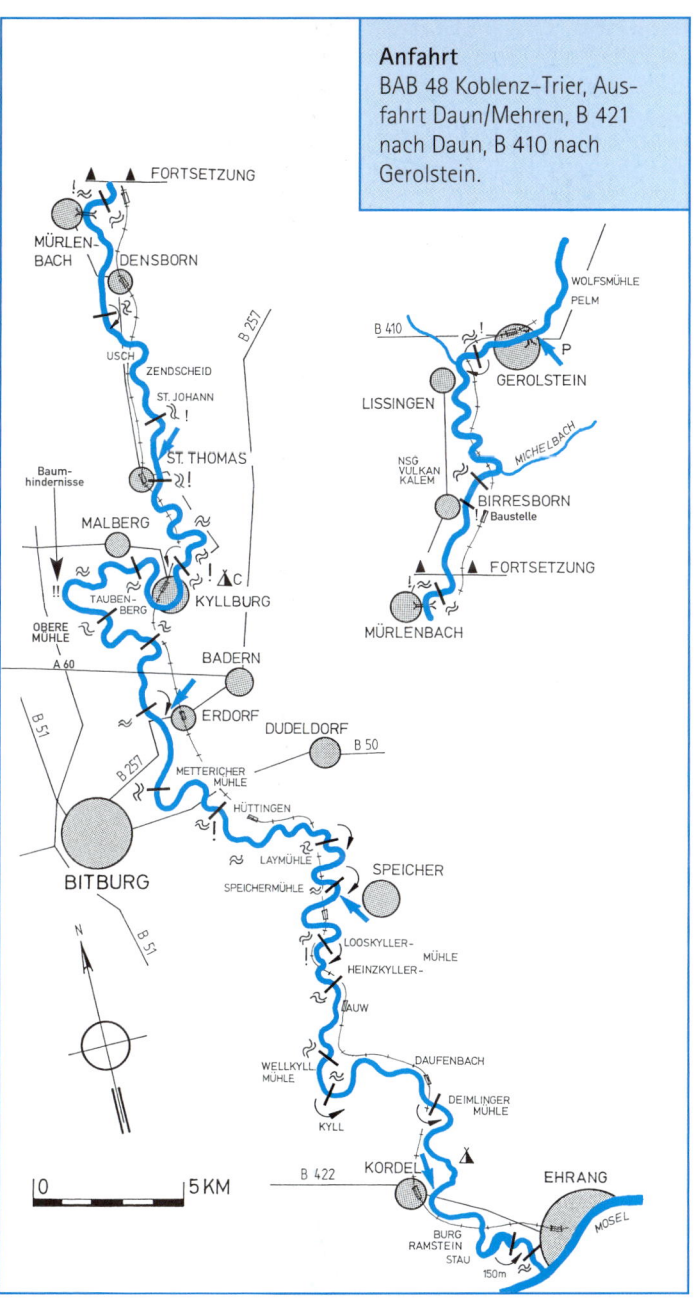

Anfahrt
BAB 48 Koblenz–Trier, Ausfahrt Daun/Mehren, B 421 nach Daun, B 410 nach Gerolstein.

FORTSETZUNG

MÜRLEN-
BACH

DENSBORN

USCH

ZENDSCHEID

ST. JOHANN

ST. THOMAS

Baumhindernisse

MALBERG

TAUBEN-
BERG

OBERE
MÜHLE

KYLLBURG

A 60

BADERN

B 257

ERDORF

DUDELDORF

B 50

METTERICHER
MÜHLE

B 51

HÜTTINGEN

BITBURG

LAYMÜHLE

SPEICHER

SPEICHERMÜHLE

B 51

N

LOOSKYLLER-
MÜHLE

HEINZKYLLER-

AUW

WELLKYLL
MÜHLE

DAUFENBACH

DEIMLINGER
MÜHLE

KYLL

| 0 | 5 KM |

B 422

KORDEL

EHRANG

BURG
RAMSTEIN
STAU

150m

MOSEL

WOLFSMÜHLE

PELM

B 410

GEROLSTEIN

P

LISSINGEN

MICHELBACH

NSG
VULKAN
KALEM

BIRRESBORN

Baustelle

FORTSETZUNG

MÜRLENBACH

eine günstige Anlegestelle befindet. Zwischen Wald und Auwiesen geht es weiter, kurze und längere Schwalle wechseln mit ruhigen Abschnitten, bis vor Kyllburg der Fluss in eine enge Fels- und Waldschlucht eingezwängt wird. Die etwas verblockte, sehr sportliche Strecke endet aber ruhig auslaufend unter zwei Brücken in Kyllburg, dem reizenden Luftkurort, der sich auf einer schmalen, an drei Seiten von der Kyll umflossenen Bergzunge angesiedelt hat. Linksufrig nach dem Wehr liegt direkt am Fluss ein Campingplatz, der einen lohnenden Aufenthalt ermöglicht. Viele schöne Baulichkeiten aus dem Mittelalter sind im Ort erhalten geblieben.

Am nächsten Morgen hüpfen unsere Boote über mehrere kleine Stufen, die wahrscheinlich von Badegästen errichtet wurden. Rechts nach der Schleife zeigt sich noch einmal die kleine Bergstadt, und vor uns taucht unverhofft und hell leuchtend das im 18. Jh. umgebaute Schloss Malberg auf. Unter dem Schloss bewältigen wir noch ein Schrägwehr; am besten legen wir links nach der Brücke an, denn hier bietet sich eine »Kulturwanderung« an. Das mächtige, italienisch anmutende Schloss mit seiner barocken Gartenterrasse ist auch als Hotel eine Sehenswürdigkeit.

Anschließend zieht uns die Kyll in eine einsame Waldschlucht. In mehreren Schleifen umrundet der Fluss den Höhenzug des Taubenbergs. In diesem engen Tal hat nicht einmal eine Straße Platz gefunden, nur die Fließemermühle unterbricht die Einsamkeit. Vor Erdorf befahren wir noch ein Wehr, und nach der Straßenbrücke links finden wir eine schöne Raststelle mit einer einladenden Holzbank unter drei Birken.

Felsufer begleiten uns auf der folgenden Strecke, der Fluss bricht wieder tief in den Muschelkalk ein; rechts der Mettericher Mühle rieselt ein Schleierfall herunter, ein paar Felsblöcke liegen im Flussbett, doch zum Ausweichen gibt es genug Platz. Nach Hüttingen dreht die Kyll ein paar Kilometer nach Osten, eine breitere Talaue öffnet sich, der Fluss beruhigt sich kurz. Der Wald verschlingt uns, und mehrere Schwalle erfordern unsere Aufmerksamkeit.

Bewaldete Bergrücken ziehen vorüber, hoch oben zeigt sich die Stadt Speicher. Es folgen längere ruhige Abschnitte vor Wehren; bei niedrigem Wasserstand ziehen wir bei den Mühlen die Boote kurz über bemooste Steine. Nach Daufenbach, unterhalb der Deimlinger Mühle, überrascht uns die Landschaft noch einmal mit einer bunten, rot-weiß gestreiften Sandsteinwand, die den Fluss in eine scharfe Linkskehre mit Schwallen zwingt. Danach begrüßt uns die gotische Kirche von Kordel. Wir finden links vor der Brücke die abgestellten Autos und beenden die reizvolle Fahrt. Einen Abstecher zur Burgruine Ramstein sollten wir aber doch noch unternehmen.

▷ *Auf der Kyll wechseln ruhige Passagen mit schneller Strömung.*

Charakter, Tipps

Wanderflüsschen mit sportlichem Charakter, für dessen Befahrung wir eine Portion Bootsbeherrschung und Erfahrung brauchen. Die schnelle Strömung, der Wechsel von ruhigen Passagen mit sportlich anspruchsvollen Abschnitten, mehrere Naturstufen, das saubere Wasser und die landschaftlichen Reize eines tief eingeschnittenen, einsamen Tales machen aus der Kyllbefahrung ein Erlebnis.

Bei nicht zu langen Trockenperioden weit in den Frühsommer, nach Regentagen auch später gut befahrbar. Bei Pegelstand in Densborn ab 80 cm setzen wir auch die Kunststoff-Zweier in Gerolstein ins Wasser, ansonsten sind die leichten und wendigen Einer vorzuziehen. Wegen des steinigen Grundes und der relativ vielen Wehre für Faltboote nicht zu empfehlen. Viele Wehre sind bei mittlerem Wasserstand für Kunststoffboote befahrbar; am Steilwehr unterhalb Densborn müssen wir immer umtragen. In den letzten Jahren ist es auf der Kyll zu einer Häufung von Baumhindernissen gekommen. Vorsicht bei Wasserständen über 100 cm am Pegel Densborn.

Zeltmöglichkeiten

Camping Kyllburg und Kordel.

Sehenswertes

Gerolstein: Altertumsmuseum, Ruine Löwenburg, Dolomitenfelstürme, Höhle Buchenloch, Ruine Gerhardstein, Erlöserkirche, Kasselburg bei Pelm mit Adler- und Wolfspark.

Lissingen: Malerische Doppelburg.

Mürlenbach: Bertradaburg, eine der ältesten Burgen im Rheinland.

St. Thomas: Zisterzienserkirche, Abtei.

Kyllburg: Stiftskirche, Mariensäule, Burgruine, Schloss Malberg u.a.

Bitburg: Schloss, Liebfrauenkirche, Bierbrunnen, im Juli Folkloretreffen, Museum.

Auw: Kirche mit Holzschnitzereien.

Kordel: Gotische Kirche, Burgruine Ramstein.

Ehrang: Stadtmauer, römische Göttersteine.

Trier: Älteste Stadt Deutschlands, Porta Nigra, Dom, Basilika, u.v.a. Kirchen, Amphitheater, Römerbrücke, Ruine der Kaiserthermen, ehemaliges kurfürstliches Schloss, Hauptmarkt mit Brunnen, Museen, Theater u.v.a.

Auto nachholen

Die DB begleitet die Kyll zwischen Gerolstein und Kordel mit stündlichen Verbindungen und zahlreichen Bahnhöfen.

Karten, Kanu-Literatur

Generalkarte 1:200000, Blatt 12 und 15; ADAC Freizeitatlas Rheinland-Pfalz 1:100000. – Gewässerführer für Nordrhein-Westfalen; Kanuführer für Südwestdeutschland.

🌊 177 km

🕐 Ferienfahrt

Es ist sicher nicht übertrieben, die Lahn als einen der schönsten und gleichzeitig kanufreundlichsten Wanderflüsse Deutschlands zu bezeichnen. Vieles spricht dafür. Schon der reizvolle Landschaftswechsel zwischen breiten Flachbecken, wo der Fluss spielerisch in vielen Schlingen durch weite Wiesen und Felder zieht, und überwältigend schönen, lang gezogenen Engtalstrecken, in denen manchmal sanft gerundete, manchmal schroff abfallende, bewaldete Hänge bis an die Ufer reichen, nur wenig Platz für eine schmale Talaue lassend. Hier gibt es einsame Flussabschnitte, in denen nur unsere Paddelschläge die Ruhe des dahinfließenden Wassers stören; doch es finden sich auch Strecken, wo an Wochenenden Wasserskifahrer an unseren schaukelnden Kanus vorbeiflitzen und die Sonntagskapitäne ihre tuckernden Kabinenkreuzer den Strom hinaufsteuern.

Unzählige historische Kostbarkeiten säumen die Ufer der fast 250 km langen Lahn, die, von ihrer Quelle im südlichen Rothaargebirge wie eine silbern gewundene Schleife zwischen Westerwald und Taunus fließend, sich auf ihrem Weg bis zur Mündung bei Lahnstein am Rhein sehr viel Zeit lässt. Genauso viel Zeit sollte der Kanuwanderer haben, um den Liebreiz der vorbeiziehenden Landschaft auszukosten, um öfter aus dem Boot zu steigen, kleine Spaziergänge zu unternehmen und die vielen alten Orte, sehenswürdigen Burgen, Schlösser und andere Zeugen der deutschen Geschichte kennen zu lernen.

Vor den vielen Wehren, die wir in der Karte entdecken, brauchen wir uns nicht zu fürchten. Sie sind im oberen Flussabschnitt bis Gießen alle leicht zu umtragen, manche sogar mittels einer Bootsgasse befahrbar. Weiter flussabwärts müssen wir, mit Ausnahme von Wetzlar, die Boote überhaupt nicht mehr aus dem Wasser heben. Die mit Schleusen versehenen Wehre sind bis Limburg für manuelle »Selbstbedienung« eingerichtet, und werden danach (bis Lahnstein) von freundlichem Personal betreut. Wegen der geringen Strömung brauchen wir keine Bedenken zu haben. Zumindest bis Limburg

△ *Bewaldete Hänge und Burgsilhouetten umrahmen die Lahn.*

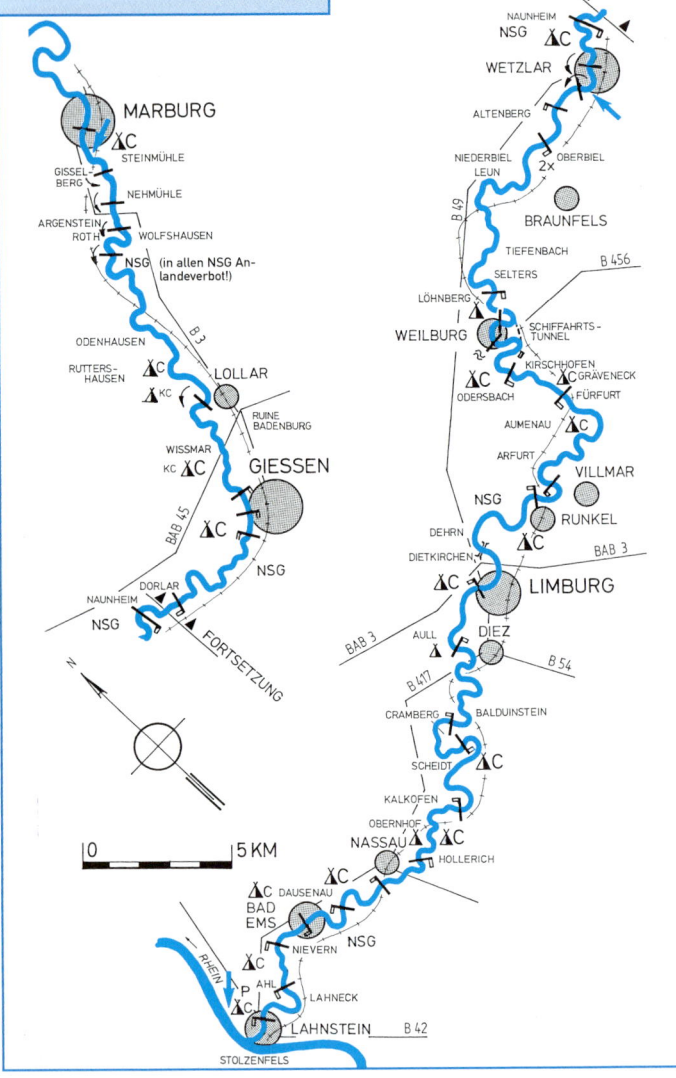

Anfahrt
BAB 3 Köln–Frankfurt, Ausfahrt Limburg; bzw. BAB 5 Homberg–Bad Hersfeld, Ausfahrt Alsfeld Ost; B 62 Cölbe, hier nach Marburg.

NAUNHEIM
NSG
WETZLAR
ALTENBERG
NIEDERBIEL OBERBIEL
LEUN 2x
BRAUNFELS
TIEFENBACH
SELTERS B 456
LÖHNBERG
WEILBURG SCHIFFAHRTS-TUNNEL
KIRSCHHOFEN
ODERSBACH GRÄVENECK
FÜRFURT
AUMENAU
ARFURT VILLMAR
NSG RUNKEL
DEHRN
DIETKIRCHEN
LIMBURG
BAB 3
AULL DIEZ
BAB 3 B 54
B 417
CRAMBERG BALDUINSTEIN
SCHEIDT
KALKOFEN
OBERNHOF
NASSAU HOLLERICH
DAUSENAU
BAD EMS
NIEVERN NSG
RHEIN
AHL
LAHNECK
LAHNSTEIN B 42
STOLZENFELS

MARBURG
STEINMÜHLE
GISSEL-BERG
NEHMÜHLE
ARGENSTEIN
ROTH WOLFSHAUSEN
NSG (in allen NSG Anlandeverbot!)
ODENHAUSEN
RUTTERS-HAUSEN KC
LOLLAR
RUINE BADENBURG
WISSMAR
KC GIESSEN
BAB 45
NSG
DORLAR
NAUNHEIM
NSG FORTSETZUNG
B 3

N

|0 |5 KM

150

fließt die Lahn erstaunlich flott dahin. Anschließend müssen wir natürlich zulangen und, soweit wir nicht gerade »Kilometerfresser« sind, mit etwas kürzeren Tagesetappen rechnen.

Unsere Flusswanderung beginnt im »Tübingen des Nordens«, in der alten Universitätsstadt Marburg, wo wir eine günstige Einsatzstelle am Campingplatz hinter dem Städtischen Freibad finden (zu erreichen auf der B 3a, Abfahrt Marburg/Mitte). Eine Stadtbesichtigung lassen wir uns natürlich nicht entgehen und genießen nach dem Spaziergang durch die engen, steil ansteigenden Gassen vom Schloss hoch über der Stadt einen herrlichen Rundblick.

Bald darauf sitzen wir in den Kanus. Die Stadt bleibt zurück, wir unterfahren mehrere Straßenbrücken und finden schnell unseren gewohnten Paddelrhythmus. Links voraus naht die Kuppe des Frauenberges mit der mittelalterlichen Burgruine. Am Wehr der Steinmühle werden die Boote rechts kurz umtragen. Bis Gießen wiederholen wir insgesamt viermal diese Übung. Doch dazwischen gibt es immer wieder schöne Strecken mit zügig dahinziehendem Wasser. Bei niedrigem Wasserstand bilden sich in den Innenkurven Sandbänke, die zum Pausieren einladen. Schon entdecken wir etliche Campingplätze, so dass wir bei einer geruhsamen Ferienfahrt auch kurze Tagesstrecken zurücklegen können.

Eine weitere günstige Stelle für den Anfang einer Wanderfahrt ist der Zeltplatz des Ski- und Kanuclubs in Gießen, wo wir freundliche Aufnahme finden. In einer bequemen Tagesfahrt erreichen wir die ehemalige freie Reichsstadt Wetzlar. Auf dem Städtischen Campingplatz können wir unsere Zelte aufschlagen und abends den historischen Ortskern mit dem mächtigen Dom am Buttermarkt besichtigen. Am nächsten Tag folgt eine reizende Fahrt durch die gepflegte Parkanlage entlang der vorbeiziehenden Kulisse der hügelangebauten alten Häuser und des hochragenden Doms. Nach den Brücken kommen zwei kurz aufeinander folgende Wehre, beide mit Rollanlagen zum Übersetzen der Boote. Vorsicht bei Hochwasser: Der starke Rücklauf schließt dann die Nutzung der Rollanlagen aus. Nach einem letzten Blick auf den weithin sichtbaren Dom paddeln wir Altenberg entgegen. Links auf einem sanft gerundeten Bergrücken zeigt sich Schloss Braunfels. Ein Besuch dieses märchenhaft wirkenden Schlosses und des pittoresken Städtchens am Fuße seiner Mauern lohnt wirklich. Der beste Ausgangspunkt für diese Wanderung (4 km vom Fluss) ist die Anlegestelle am Bahnhof Braunfels.

Anschließend trägt uns die Lahn in weiten Bögen durch das »Leuner Becken«, dessen Mineralquellen Selters und Karlssprudel weltbekannt sind. Aus dem flachen Becken wird ein wirkliches Tal, bewaldete Hänge ragen hoch über den Fluss auf. Der kleine Ort Löhnberg zeigt uns seine schönen Fachwerkhäuser, und nach der nächsten Schleuse nähern wir uns einem der Höhepunkte unserer Lahnwanderung, dem Residenzstädtchen Weilburg, dessen barocke Schlossanlage hoch über einer engen Lahnschleife thront.

Mit Erlaubnis befestigen wir die Kanus beim Bootshaus des Weilburger Rudervereins, durchstreifen die herrlichen Gartenterrassen des Schlosses, bestaunen den üppig verzierten Neptunbrunnen am großen, streng geometrischen Marktplatz und sind überwältigt von den Ausmaßen der Grafenresidenz. Noch eine Attraktion hat Weilburg uns zu bieten: Deutschlands einzigen Schiffstunnel, ca. 200 m lang und mit einer Doppelschleuse am Ende. Es ist schon etwas unheimlich, in dieses dunkle Loch hineinzufahren; jedes Wort, jeder Paddelschlag wird von den Wänden um ein Vielfaches verstärkt. Wir sind froh, wenn sich krächzend das Schleusentor öffnet und der blaue Himmel über uns erscheint.

Wer das Städtchen im Boot umrunden will, kann dies tun. Beide Schrägwehre sind ohne große Schwierigkeiten rechts umtragbar, in Einern auch befahrbar.

Weiter flussabwärts folgt bis Runkel eine einsame, romantische Waldstrecke, der Fluss wird kaum von einer Straße berührt, nur die Bahnstrecke liegt irgendwo am Hang. Mehrere Campingplätze unterbrechen als farbige Tupfer das Grün der Ufer, und die Wehre mit ihren Schleusen empfinden wir als willkommene Unterbrechung der Fahrt, um uns die Beine zu vertreten.

In Villmar überspannt eine Marmorbrücke den Fluss, und linksufrig ragt unverhofft die hohe Felswand der Bodensteiner Lei. Runkel, eine wuchtige Burg mit zwei dunklen Wehrtürmen über der alten mehrbogigen Steinbrücke, folgt alsbald. Hoch am Bergkamm rechts gegenüber blickt stolz Schloss Schadeck auf den Fluss. Nach der Schleusenkammer nimmt uns eine recht flotte Strecke in Empfang; bei niedrigem Wasserstand müssen wir auf die in den Fluss ragenden Buhnen achten.

In Dehrn begegnen uns die ersten Motorboote; dem kleinen Hafen mit dem Kran am rechten Ufer unterm ehemaligen Schloss folgen ab jetzt bis zur Mündung viele andere. Die Strömung wird deutlich langsamer, und bald blicken wir mit angehaltenem Atem auf die eindrucksvolle Silhouette der Lubentiuskirche, einer Pfeilerbasilika aus dem 9. Jh., die auf einem einsamen Kalkfelsen unmittelbar über der Lahn aufragt. Nach einer Flussbiegung überspannen eine Autobahnbrücke und eine ICE-Brücke vor Limburg das Tal. Gleichzeitig zeigt sich das aus vielen Büchern und dem alten 500-DM-Schein bekannte Bild des siebentürmigen Limburger Doms, hoch auf einem mächtigen Felspfeiler gebaut und vom alten Schloss und von Fachwerkhäusern eng umgeben.

Rechtsufrig vor dem Wehr legen wir unsere Boote an und bauen die Zelte auf dem schön gelegenen Campingplatz auf. Einen gemütlichen Abend in der renovierten, vom Leben pulsierenden Altstadt sollten wir uns nicht entgehen lassen und, falls die Zeit noch reicht,

Die zahlreichen Schleusenkammern der Lahn sorgen für Verschnauf-pausen.

einen halben Tag dranhängen, um den prächtigen Dom, die engen verwinkelten Gassen, alten Markt-plätze und Fachwerkhäuser mit ihren reich verzierten Giebeln auch bei Tageslicht zu bewundern. Das Bild des vieltürmigen Doms und der achtbogigen Steinbrücke begleitet uns noch eine Weile nach Verlassen des Schleusenkanals, bis unsere Ka-nus in der ersten Flussschleife ver-schwinden.

Nach einer gemütlichen Fahrt durchs pfannenartige Limburger Be-cken, vorbei am barocken Schloss Oranienstein, zeigt sich links die sehenswerte Stadt Diez mit ihrer weit ins Land blickenden Schloss-anlage und der Stiftskirche. Nach einer Linkskurve treten die Wald-hänge wieder näher an die Lahn, und wir paddeln fast 20 km einsam durch ein wunderschönes, in mächtigen Schieferschichten tief eingesägtes Flusstal. Auch hier wieder ein kostbares Juwel in der nicht abreißenden Kette der Se-henswürdigkeiten: Balduinstein und das am Horizont hoch aufra-gende Schloss Schaumburg, des-sen Turm uns bei gutem Wetter einen unvergesslichen Ausblick ins Nassauer Land bietet.

Nach der Cramberger Schleuse umrundet die Lahn in einer mäch-tigen Umlaufschleife den gleich-namigen Ort. Nach der nächsten Schleusenkammer folgt ein sehr enger Rechtsbogen. Wir müssen wegen der schmalen Fahrrinne auf den Motorbootverkehr aufpassen und dürfen zusätzlich den von links strömenden Ausfluss eines Turbi-nenkanals nicht übersehen. In Lau-renburg endet der einsame Fluss-abschnitt, die B 417 (ab Nassau als

B 260) begleitet von jetzt an die Lahn bis zu ihrer Mündung.

Rechts am Hang glänzen die großen Abraumhalden der ehemaligen Silberbergwerke, links lugt die Ruine Brunnenburg hervor. Ein paar Kilometer nach dem Wehr in Kalkofen (Pegel mit automatischer Ansage, Tel. 0 64 39/1 94 29) überraschen uns in Obernhof die ersten Weinberge. Es empfiehlt sich, anzulegen, um in einer der gemütlichen Wirtschaften den hiesigen Wein zu probieren und danach noch eine kurze Wanderung zum Kloster Arnstein hoch über dem Fluss zu unternehmen.

Nach der Schleuse Hollerich folgt Nassau mit seinen Burgen und dem Schloss Stein. Das historische Dausenau liegt malerisch am rechten Ufer; die gut erhaltene Ringmauer versteckt den Schiefen Turm und die schönen Fachwerkhäuser. Hier finden wir auch das historische »Wirtshaus an der Lahn«.

Nach der Brücke zieht sich ein riesiges Campinggelände den Fluss entlang, und kurz hinter dem nächsten Wehr paddeln wir ins weltberühmte Heilbad Bad Ems ein. Auf kilometerlangen Promenaden spazieren die Kurgäste entlang der Lahn. Gepflegte Parkanlagen, Kurhäuser und vieles andere reizen uns zum Aufenthalt, der durch zwei Campingplätze und eine städtische Anlegestelle erleichtert wird. Flussabwärts wird es im Tal etwas lebendiger, der Motorbootverkehr nimmt zu. In einer Tagesfahrt erreichen wir bequem von Bad Ems unsere Endstation Lahnstein. An der Schleuse vor der Stadt ragt drohend über uns Burg Lahneck, die den ganzen Talabschluss beherrscht. Rechts an der Mündung finden wir mehrere geeignete Abbauplätze, wo wir im Angesicht des Schlosses Stolzenfels am gegenüberliegenden Ufer des Rheins unsere Boote zur Heimfahrt klar machen.

Charakter, Tipps

In einer ansprechenden, abwechslungsreichen Landschaft beschaulich fließender Ferienwanderfluss mit mäßig sauberem Wasser, von Marburg bis zur Mündung auf 180 km ganzjährig mit allen Bootstypen befahrbar. Vorsicht: Bei einem Wasserstand ab 360 cm Pegel Kalkofen ist eine Befahrung untersagt (Tel. 0 64 39/1 94 29)! Die relativ vielen Wehre bereiten nicht einmal dem Anfänger größere Schwierigkeiten. Im Flussabschnitt bis Gießen überwinden wir sie durch Bootsgassen oder problemloses Umtragen. Ab Dorlar bis Limburg sind sie mit manuell bedienbaren Schleusenanlagen versehen. Nach vorheriger Anmeldung beim Schleusenwärter per Handkurbel selbst zu betätigen; dabei auf die Anweisungen achten und nach dem Durchschleusen die Kammern wieder mit Wasser voll laufen lassen. Zeitaufwand für eine Schleusung ca. 20–30 Minuten. Wer mit Einern oder mit leichten Kunststoff-Zweiern ohne Gepäck paddelt, kann in diesem Abschnitt an allen Wehren umtragen. Manchmal genügt es, das Boot über die Wehrkrone zu ziehen. Ab Limburg flussabwärts sind die steilen Wehre nur noch durch elektrisch betriebene Schleusen zu überwinden. Bedienung durch Personal gebührenfrei; vom 1. 4.–31. 10. täglich von 10 bis 12 Uhr und von 12.30 bis 18.30 Uhr. Übrige Zeiten nach vorheriger Anmeldung über Tel. 06432/ 3060 oder 3090 (auf Signale achten, die ähnliche Bedeutung wie im Straßenverkehr haben: Rot = besetzt, Grün ▬ freie Fahrt).

Der Motorbootverkehr hält sich auf der Lahn in angenehmen Grenzen; erlaubte Bootsgeschwindigkeit höchstens 12 km/h (ausgenommen Wasserskistrecken). An Wochentagen kaum Kabinenkreuzer; etwas lebhafter wird es im unteren Flussabschnitt an Wochenenden und Feiertagen, hier auch Personenschiffsverkehr.

Fast durchgehende Pkw-Begleitung ist möglich. Die vielen Campingplätze an den Lahnufern ermöglichen eine problemlose Wanderfahrt mit Boot und Zelt (zwei Wochen sollte man sich Zeit nehmen).

Befahrungsregelungen

Im NSG Nieverner Wehr bei Bad Ems besteht Fahrverbot vom 15. 10.–31. 3., für mehrere NSG Anlegeverbot.

Zeltmöglichkeiten

Viele Campingplätze entlang der Lahn, hier die wichtigsten: Marburg – Städt. Campingplatz, Zeltplatz Marburger Kanufahrer, Ruttershausen, Badenburg – Wiesecker KC, Paddel-Club Wissmar, Gießen – Ski- und KC, Wetzlar, Biskirchen, Weilburg beim Ruderverein, Odersbach – Camping und Jugendherberge, Gräveneck, bei Arfurt – Zeltplatz des Eisenbahner-Sportvereins Limburg, Runkel, Limburg, Diez, bei Balduinstein – Paddlergilde Rupbach, Laurenburg, Obernhof, Langenau, Dausenau, Bad Ems, Fachbach, Wolfmühle, Lahnstein. An den Schleusen gibt es keine Zeltmöglichkeiten.

Sehenswertes

Marburg: Universitätsstadt (»Tübingen des Nordens«) – erste protestantische Universität, St.-Elisabeth-Kirche, St.-Michael-Kapelle, spätgotisches Rathaus, ehemalige Deutschordenssiedlung – Herrenhaus, Komturhaus, Kornhaus, Fachwerkhäuser, Marktbrunnen, Landgrafenschloss mit Rittersaal und Kapelle, Museen u.a.

Bellnhausen: Romanische Kirche – Odenhawen, neugotisches Schloss Friedelhausen, Staufenberg – Burg.

Gießen: Universitätsstadt, Brandplatz, Altes Schloss, Neues Schloss, Liebig-Museum, botanischer Garten, Stiftskirche in Schiffenberg, Röntgendenkmal u.v.a.

Wetzlar: Dom am Buttermarkt mit Dommuseum, Museum im Lottehaus (Goethe), Brunnen, alte Steinbrücke, Burgruine Hermannstein, Jerusalemhaus u.a.

Altenberg: Gotisches Kloster (Diakonissenheim).

Braunfels: Ca. 4 km vom Fluss entfernt, pittoreske alte Bergstadt mit Schloss der Grafen von Solms-Braunfels, NSG – Urwald.

Löhnberg: Schöne Fachwerkhäuser, Schlossruine, Selterssprudelquelle.

Weilburg: Mächtiges Residenzschloss mit Parkanlage und Orangerie, barocke Stadt, Rathaus, Marktplatz mit Neptunbrunnen, Bergbaumuseum, Wildpark mit Freilichtmuseum, im Sommer Schlosskonzerte, Schiffstunnel.

Villmar: Lahnbrücke aus Marmor, Bodensteiner Lei – Denkmal König Konrads I.

Runkel: Wuchtige Burg – Waffenmuseum, Schloss Schadeck.

Dietkirchen: Romanische Lubentiuskirche, in Dehrn Schloss.

Limburg: Siebentürmiger, spätromanischer Dom (Domschatz), malerische Altstadt mit ältestem Fachwerkhaus Deutschlands, Schloss, Stadtkirche, Bischofssitz, Steinbrücke u.a.

Diez: Schloss Oranienstein, Diezer Grafenschloss mit Museum, Stiftskirche, Stadtmauer, in der Nähe Fachinger Brunnen.

Balduinstein: Burgruine, Schloss Schaumburg im englisch-gotischen Stil.

Laurenburg: Burg, 2 km zur Klosterruine Brunnenburg.

Obernhof: Ausblick »Goethepunkt«, Kloster Arnstein mit romanischer Klosterkirche, Schloss Langenau – ehemalige Wasserburg.

Nassau: Burgruine, Denkmal des Freiherrn von Stein, Stammburg Nassau-Oranien, Schloss, Rathaus.

Dausenau: 1000-jährige Gerichtseiche, alte Ringmauer mit Toren, Rathaus, St.-Castor-Kirche, der »Schiefe Turm«.

Bad Ems: Kurhaus, Parkanlagen, warme Quellen.

Lahnstein: Burg Lahneck, romanische Johanniskirche neben römischem Burgus, Rathaus mit Weinbrunnen, Wenzelskapelle, »Wirtshaus an der Lahn«, gegenüber am Rhein Schloss Stolzenfels.

Auto nachholen

Zwischen Marburg und Lahnstein gute Verbindungen durch die Lahntalbahn.

Karten, Kanu-Literatur

Generalkarte 1:200000, Blatt 11, 12 und 13; ADAC Freizeitatlas Hessen 1:100000; amtliche Wassersportkarte der Lahn ca. 1:100000, WSA Koblenz. – Deutsches Flusswanderbuch; WSA Koblenz, Merkblatt für Wassersportler.

⌇ 65 km

🕐 3-Tage-Fahrt

Die Sieg entspringt am Südrand des Rothaargebirges, unweit der Eder- und Lahnquelle. Sie durchfließt die Städte Netphen und Siegen und sägt in das harte Gestein zwischen dem Bergischen Land und dem Westerwald ein tiefes, viel gewundenes Tal, um bei Siegburg die flache Rheinebene zu erreichen. Nördlich von Bonn mündet die Sieg nach über 130 km Flusslänge rechtsufrig in den Rhein. Wie alle Mittelgebirgsflüsse ist auch die Sieg während des Jahres sehr von der Niederschlagsmenge abhängig, und so ist der Oberlauf nur bei erhöhtem Wasserstand, meistens im Frühling, befahrbar (für sportliche, erfahrene Kanufahrer). Erst ab Wissen, in dessen Umgebung mehrere Bäche ihr Wasser der Sieg zuführen, ist der Fluss ganzjährig befahrbar. In Wissen finden wir an der Straßenbrücke nach Morsbach, unweit des Bahnhofs, an einem Parkplatz gute Einbootmöglichkeiten. Vor uns liegen fast 18 km ohne Hindernisse.

Kaum in den Booten, zieht uns eine gute Strömung in die Linksschleife am hohen Prallhang entlang unter die erste der vielen Eisenbahnbrücken, die wir auf dieser Wanderung unterqueren. Nach der Schleife mündet linksufrig die nur im Frühling befahrbare sportliche Nister, kurz danach rechts der Holpebach. In herrlichen Bögen paddeln wir durch das zwischen steilen Berghängen eingeengte Flusstal, vorbei

an winzigen, versteckten Ortschaften wie Ospen oder Imhausen mit einladenden Wirtshäusern.

Unter der ersten Rosbacher Brücke fahren wir aufmerksam in die enge Durchfahrt. In Schladern unterbricht eine Felsstufe den Lauf der Sieg. Bei gutem Wasserstand stürzt hier der Fluss tosend über Basaltsäulen und Rippen mehrere Meter in die Tiefe. Doch meist entzieht die ansässige Firma Kabelmetall fast das ganze Wasser in einen Werkskanal, und dann fließt nur ein klägliches Rinnsal zwischen den schwarzen Felsen. Mit den schweren Kanus legen wir an der Brücke vor der schönen Parkanlage an und ziehen den beladenen Bootswagen rechtsufrig auf einem Weg am Aussichtsfelsen vorbei und am Fabrikzaun entlang 1 km weit zum ehemaligen Gut Schönbeck, wo wir

△ *Bei gutem Wasserstand ziehen wir lautlos über die glatte Wasserfläche.*

am Altenpflegeheim wieder einsetzen können (Autos mit Anhänger hier nicht parken!).

Etwas vom Fluss entfernt, hoch über einer ehemaligen Schleife, thront die Burgruine Windeck, die außer einem weiten Blick auch ein Heimatmuseum bietet. Über mehrere harmlose Stufen und Schwalle, an einer Reiherkolonie vorüber, erreichen wir Dattenfeld. Am Schrägwehr benutzen wir links die spritzige Rutsche, und auch die nachfolgenden Stufen können wir befahren. Hoppengarten hinter uns lassend, steuern wir entlang der Felshänge bei Herchen im kaum 20 m breiten, etwas regulierten Flussbett. Erst nach Stromberg erweitert sich wieder die enge Talsohle, wo Fluss, Eisenbahnstrecke und Straße um Platz kämpfen. Am steilen Winkelwehr der Unkelmühle vor Alzenbach paddeln wir bei genügend Wasser über die Bootsrutsche und lassen uns von der flotten Strömung zum Park in Eitorf treiben.

Flussabwärts auf der felsigen Landzunge über der großen Siegschleife liegt das alte St.-Agnes-Kloster, heute eine Erholungs- und Tagungsstätte. Ein Schwall unter der nächsten Eisenbahnbrücke leitet einen abwechslungsreichen Abschnitt ein. Kiesbänke lassen den Hauptstrom von einem Ufer zum anderen pendeln. In Stein legen wir links vor der Eisenbahnbrücke an, um nach 20-minütigem Spaziergang das pittoreske Städtchen Blankenberg zu erreichen, das ca. 100 m hoch über dem Siegtal malerisch neben einer mächtigen Burgruine aus dem 12. Jh. liegt.

An den vielen Baggerstellen bei Dondorf vorbeipaddelnd, nähern wir uns der Stadt Hennef, unter-

Die Sieg strömt zügig durch eine reizende Talaue.

Anfahrt
BAB 45 Hanau–Dortmund,
Ausfahrt Siegen, B 62 durch
das Siegtal nach Wissen, oder
BAB 3 Köln–Frankfurt, Ausfahrt Bonn/Siegburg, zuerst
auf die B 8, in Hennef Richtung Eitorf durch das Siegtal
nach Wissen.

B 62

KC

WISSEN

PIRZENTHAL

HOLPEBACH

NISTER

B 256

ROTH

OPPERTSAU

HAMM

B 256

ROSBACH

SCHLADERN

KATARAKT

IMHAUSEN

DATTENFELD

DREISEL

C

WILBERG-
HOFEN

KALTBACH-
MUHLE

WERFEN

HERCHEN

STROMBERG

UNKEL-
MUHLE

ALZENBACH

EITORF

B 478

BACH

C

EITORFER BACH

B 8

MERTEN

STADT
BLANKEN-
BERG

BRÖL

OBERAUEL

WAHNBACH-
SEE

C

LAUTHAUSEN

A 560

ALLNER
Weingarts-
gasse

SELIGEN-
THAL

HENNEF

SIEGBURG

STV

BAB 3

0   5 KM

queren die klotzigen, doch schallgedämmten Autobahnbrücken und wandern vielleicht noch hinauf ins Seligenthal zur ältesten Franziskanerkirche Deutschlands. Dazu legen wir rechts vor der Hängebrücke am Wirtshaus Sieglinde an (mögliches Fahrtende Weingartsgasse). Nachher lassen wir uns zum Kanugelände des STV Siegburg treiben, wo unsere Fahrt endet. Wenn wir uns angemeldet haben (Tel. 0 22 41/6 32 20), sind wir dort willkommene Gäste und können nach dem Aufbau der Zelte die alte, geschichtsträchtige Stadt an der Sieg besichtigen.

Charakter, Tipps

Durch ein reizvolles Tal gut strömender Wanderfluss, der ganzjährig (außer in sehr trockenen Sommerperioden) auch mit Faltbooten ab Wissen befahrbar ist. Die Wehre auf der Wanderstrecke sind alle durch Umtragen oder mittels Bootsrutschen zu überwinden. Nur für die 1 km lange Umtragestelle in Schladern ist ein Bootswagen empfehlenswert. Ufer nur an Ein- und Ausstiegsstellen betreten.

Zeltmöglichkeiten

Wissen – am KC-Gelände (DKV-Mitglieder nach Anfrage), Dreisel, Kaltbachmühle, Eitorf-Bach, Lauthausen, vor Hennef, Siegburg – (DKV-Zeltplatz).

Sehenswertes

Wissen: Schöne Häuserzeilen an der Brücke.
Windeck: Burgruine (12. Jh.), Heimatmuseum.
Merten: Ehemaliges Kloster St. Agnes (12. Jh.), frühromanische Kirche mit ungleichen Türmen.
Stadt Blankenberg: Burgruine (12. Jh.), sehenswerte Fachwerkhäuser, alte Pfarrkirche St. Katarina, Stadtmauer mit Türmen.
Hennef: Pfarrkirche mit gotischen Fresken, Station der Thurn- und Taxisschen Reit- und Fahrpost, Ortsteil Allner – Schloss mit herrlichem Park, Seligental – ehemaliges Minoritenkloster, Franziskanerkirche (13. Jh.), Talsperre.
Siegburg: Benediktinerabtei St. Michael mit kostbarem Annaschrein, St.-Servatius-Kirche (Kirchenschatz), Reste der Stadtmauer, Torhaus – Museum, Pranger (14. Jh.).

Auto nachholen

Zwischen Wissen und Siegburg regelmäßiger Bahnverkehr.

Karten, Kanu-Literatur

Generalkarte 1:200000, Blatt 10; ADAC Freizeitatlas Nordrhein-Westfalen 1:100000. – Deutsches Flusswanderbuch.

⮁ 45 km

🕐 2–3-Tage-Fahrt

Die Lenne, neben der nördlich fließenden Ruhr der wichtigste Fluss des bergigen Sauerlands, entspringt unmittelbar am Gipfelhang des Kahlen Asten (841 m). Von dort in westlicher Richtung entlang des Rothaargebirges ihren Weg suchend, durchsägt sie in viel gewundenem Lauf zwischen Finnentrop und Plettenberg die Kalksteinsedimente der Attendorfer Mulde, um anschließend die alten, im Tal eingeengten Städte Werdohl und Altena in vollkommenen Schleifen zu durcheilen. Bei Letmathe zwängt sich die Lenne entlang der bizarren Felsen des Iserlohner Massenkalkzugs. In Hohenlimburg fließt sie in einer herrlichen Kanuslalomstrecke am Schloss des Fürsten Bentheim-Tecklenburg vorbei, um dann im regulierten Flussbett nach 130 km am Fuße der stolzen Feste Hohensyburg in die Ruhr zu münden.

Bei gutem Wasserstand im Frühjahr oder nach längeren Regenfällen im Sommer beginnen wir unsere Kanuwanderung in Werdohl an der Straßenbrücke der B 236, dessen alten Ortskern die Lenne mit einer engen Schleife umschlingt. Hier können wir auf dem großen städtischen Parkplatz am Lenneufer die Autos abstellen. Eine flotte Strömung zieht unsere Boote unter mehreren Brücken hindurch. Rechts fällt ein steiler, bewaldeter Hang bis ins Flussbett, links gleiten die etwas eintönigen Fassaden des Industriegebiets vorbei. Das halbrunde Wehr bei der neuen Brücke der B 236 ist je nach Wasserstand mit Einer-Kajaks links befahrbar; man kann aber auch leicht umtragen. Nach der Schleife folgen rechts das beheizte Freibad, das Sportgelände und links nach einer Eisenbahnbrücke ein Grillplatz. Am Fluss wird es einsam und ruhig.

Bis hierher reicht der Stau von Wilhelmstal, an dessen Wehr wir rechts in den Obergraben paddeln, um kurz danach über eine Rutsche wieder das Flussbett zu erreichen. Das nächste Wehr am Industriegelände in Dressel ist glatt befahrbar. Schwieriger wird es am Kraftwerk Elverlingsen; beide Stufen sind praktisch unpassierbar (Länge der Umtragestelle ca. 200 m, Einsatzstelle erst nach der Brücke zum Werk). Zwischen bewaldeten Berghängen zwängen sich Straße, Ei-

△ *Einsam und ruhig ist es an den Ufern der Lenne hinter Werdohl.*

Die lange Bootsgasse am Nachrodter Wehr ist meistens trocken, manchmal können wir hier die Boote treideln.

senbahn und Fluss dicht nebeneinander durch das tief eingeschnittene Tal. Neben dem Bootshaus der Altenaer Kanuten liegt das nächste Wehr, an dem wir rechts umtragen. Eine sehr günstige Einsatzstelle für eine Tagesfahrt finden wir an der Straßenbrücke, die zum VDM Altena-Werk führt. Am Parkplatz neben dem Werk können wir unsere Startvorbereitungen treffen.

Wir sollten einen Tag in Altena blei-

Charakter, Tipps

In einem überaus reizvollen, überwiegend bewaldeten, tief eingeschnittenen Tal flott fließender, leicht sportlicher Wanderfluss, ab Werdohl ganzjährig befahrbar (Pegel Altena 70 cm). Der Oberlauf ist nur bei erhöhtem Wasserstand für geübte Wildwasserfahrer zu empfehlen.

Die relativ vielen Wehre sind teils problemlos befahrbar, teils zu umtragen. Nach der Lenne-Regatta, die meist im Juni stattfindet, bleiben viele Wehre ein paar Tage mit Bootsrutschen ausgestattet.

Befahrungsregelungen

Für den Lennestau zwischen Werdohl und Wilhelmstal besteht eine Befahrungsbeschränkung; ein zügiges Durchfahren mit 10 m Abstand vom rechten Ufer ist erlaubt. Durchgehende Pkw-Begleitung möglich (B 236). In Hohenlimburg Olympiastützpunkt für Kanuslalom.

Zeltmöglichkeiten

Finnentrop – Heggen, Altena – Kanuclub DKV, An der Lennemündung bei Kabel – Camping auf der Ruhr, Hohenlimburger KV am Hengsteysee.

Sehenswertes

Plettenberg: Christuskirche (13. Jh.) mit romanischem Portal und Gewölbemalereien, Böhler Kapelle, Schloss Brünninghausen.

Altena: Ausgedehnte Burganlage (urspr. 12. Jh.), Kapelle, Märkisches Heimatmuseum, Deutsches Drahtmuseum, Haus Holtzbrinck, Lutherkirche.

Letmathe: Neugotischer Lennedom St. Kilian, Dechenhöhle, Dorfkirche (12. Jh.), Heimatmuseum, Herrenhaus Letmathe.

Hohenlimburg: Schloss mit Brunnen, Heimatmuseum, Stiftskirche in Elsey.

Hagen: Jugendstilbauten, Karl-Ernst-Osthaus-Museum, Freilichtmuseum, Theater.

Hohensyburg: Burgruine, St.-Peters-Kirche, Brunnen.

Auto nachholen

Zwischen Werdohl und Hagen-Boele (Nähe Hengsteysee) regelmäßige Bahnverbindung.

Karten, Kanu-Literatur

Generalkarte 1:200000, Blatt 8 und 10; ADAC Freizeitatlas Nordrhein-Westfalen 1:100000. – Deutsches Flusswanderbuch; Gewässerführer für Nordrhein-Westfalen.

---

ben und zu der hoch über dem Fluss auf einem lang gestreckten, steil abfallenden Felssporn thronenden Burg hinaufwandern. Hinter den vorbildlich restaurierten Mauern befinden sich mehrere Museen (z. B. Drahtmuseum, Schmiedemuseum) und die erste Jugendherberge der Welt.

Im begradigten Flussbett zwischen hohen Ufermauern paddeln wir dann durch die alte »Drahtzieherstadt«, die, an den Burghang angeschmiegt, kaum Platz zwischen Fluss und Burg gefunden hat. Das nächste Wehr flussabwärts bewältigen wir links. Kurz danach teilt sich die Lenne an einer Inselspitze; wir tragen in den linken Flussarm um (wenn die Rutsche eingebaut ist, ist das Wehr befahrbar – doch Vorsicht auf Schrägströmung!).

An der Eisenbahnbrücke vereinigen sich die zwei Flussarme, und nach einer längeren Schwallstrecke folgen ruhige Passagen, das Tal weitet sich. Rechts ziehen weiß leuchtende Fachwerkhäuser und das Waldwirtshaus »An der Obstfuhr« vorbei. Die dunkle Felsenwand der Dümplerlei zwingt den Fluss zu einer scharfen Linkskehre. Eine kurze, aber heftige Stromschnelle lässt uns kaum Zeit, die schöne Nachrodter Brücke zu betrachten; es folgt die nächste Brücke mit gelbem Rohr, dann ein spritziger Schwall, eine Rechtsschleife, und schon legen wir am Wehr an. Die lange Bootsrutsche ist überwiegend trocken, so dass wir die Boote links, je nach Wasserstand ca. 200–300 m weit, umtragen müssen.

Das nächste Wehr lässt nicht lange auf sich warten, doch hier gleiten die Kajaks links über die Fischtreppe langsam ins Unterwasser. Das abgeleitete Wasser kommt von rechts zurück ins Flussbett. Bizarre Felsgestalten begleiten uns nach Letmathe, einem Ortsteil von Iserlohn. Nicht weit von hier liegt die Dechenhöhle, wo man Skelette vom voreiszeitlichen Höhlenbär und dem Wollhaarigen Nashorn

gefunden hat. Anschließend säumen weit gedehnte, vergammelte Fabrikfronten die Lenne.

Das nachfolgende Wehr befahren wir im Knick, wo uns eine lang gezogene Schwallzunge prächtig durchschüttelt. Nur wenige hundert Meter flussabwärts werden die Boote wieder umgetragen, sofern nicht linksseitig eine Rutsche eingehängt ist (markiert mit zwei Holzpflöcken). Bald danach erblicken wir in einer weiten Rechtsschleife die ersten Häuser von Hohenlimburg. Das Wehr vor der Brücke ist rechts im ersten Brückenjoch passierbar, die manchmal eingehängte Rutsche in der Wehrmitte ist vom Oberwasser aus nicht zu sehen. An der mittelschweren Kanuslalomstrecke probieren wir unser Paddelkönnen aus, Anfänger tragen links um. Eine gute Aussetzstelle befindet sich nach der Brücke; hier sind auch Parkplätze.

Im flotten Lauf eilt die Lenne jetzt wieder mehr oder weniger begradigt unter der Autobahnbrücke hindurch und am ausgedehnten Industriegelände vorbei zur Ruhr. Am Buschmühlenwehr tragen wir um und bleiben im linken Flussarm. Vor uns baut sich der steile Hang der Hohensyburg auf, von oben blickt die dunkle Burgruine ins Tal. Am Hengsteysee auf der Ruhr endet unsere Lennefahrt. Rechtsufrig stromaufwärts liegt der Zeltplatz des Hohenlimburger Kanuvereins, wo DKV-Mitglieder nach Anmeldung auch zelten dürfen.

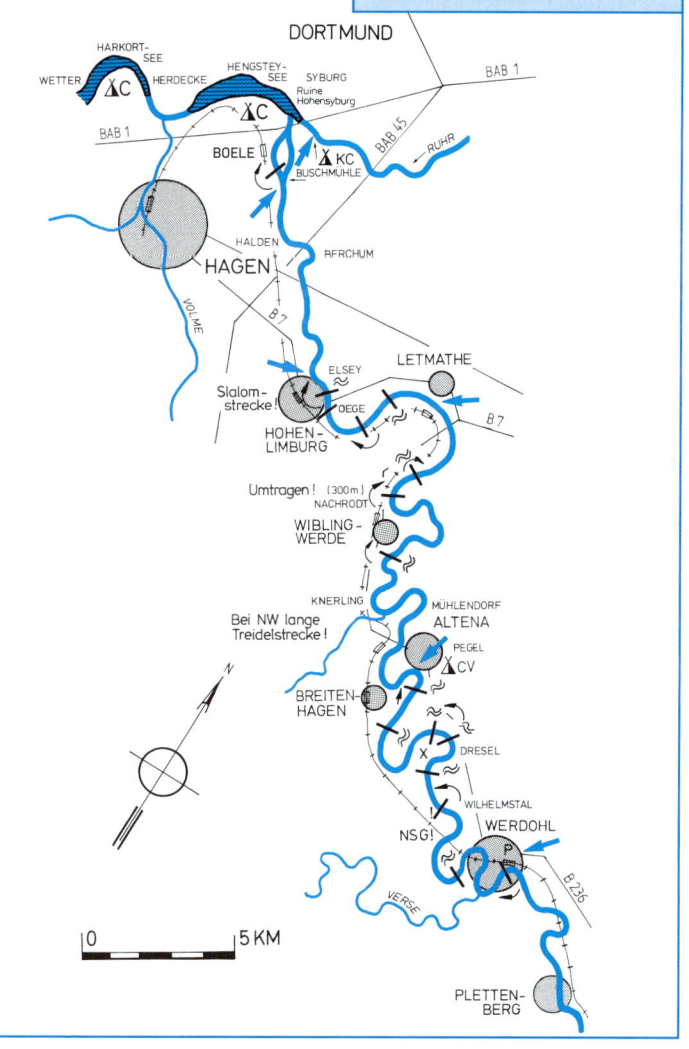

Anfahrt
BAB 45 Offenbach–Dortmund, Ausfahrt Lüdenscheid, B 229 nach Werdohe, oder BAB 1 Wuppertal–Münster, Ausfahrt Schwerte, B 236 durch das Lennetal flussaufwärts.

DORTMUND

HARKORT-SEE
WETTER
HERDECKE
HENGSTEY-SEE
SYBURG
Ruine Hohensyburg
BAB 1
BAB 1
ΔC
ΔC
BOELE
X KC
BUSCHMÜHLE
RUHR
BAB 45

HAGEN
HALDEN
BERCHUM
VOLME
B 7

Slalom-strecke!
ELSEY
OEGE
LETMATHE
B 7
HOHEN-LIMBURG

Umtragen! (300 m)
NACHRODT
WIBLING-WERDE

KNERLING
MÜHLENDORF
ALTENA
PEGEL
X CV
Bei NW lange Treidelstrecke!
BREITEN-HAGEN

N
X
DRESEL
WILHELMSTAL
NSG!
WERDOHL
P
B 236
VERSE

0   5 KM

PLETTEN-BERG

⮂ 95 km

🕐 **Kleine Ferienfahrt**

Im zusammenhängenden Waldgebiet des Rothaargebirges, nicht weit von den Quellen der Lahn und Sieg, erblickt auch die Eder, »die Eilige«, in einer Bergmulde am Hang des fast 680 m hohen Ederkopfes das Licht der Welt. Als schmales Bächlein durchflitzt sie Erndtebrück, und in östlicher Richtung durch ein enges Tal hüpfend, sammelt sie die Gewässer des Wittgensteiner Landes. Nach den letzten Schleifen bei Battenberg wird aus ihr ein ausgewachsener Mittelgebirgsfluss, der im steinigen Bett eilend die alte Hessenstadt Frankenberg mit ihrem zehntürmigen Rathaus berührt. Von hier aus fließt die Eder durch ein bewaldetes Tal nordwärts bis nach Herzhausen, um den 26 km langen Eder-Stausee, der sich wie ein enger Fjord zwischen den grünen Kuppen der Ederhöhen windet, zu speisen. Unterhalb der Staumauern, nicht weit von Bad Wildungen, erreicht der Fluss eine fruchtbare Senke und grüßt südlich vorbeifließend die altehrwürdige Domstadt Fritzlar. In der Waberner Ebene wird bei Altenburg die windungsreiche Schwalm aufgenommen. Vorüber an Felsberg und dem aussichtsreichen Heiligenberg, die landschaftlich schöne Wolfershausener Schleife hinter sich lassend, vereint die Eder ihr grünklares Wasser mit den dunklen Fluten der Fulda.

Von den 177 Flusskilometern sind für Kanuwanderer ca. 150 km befahrbar. Doch die Befahrung der sportlichen Strecke von Raumland nach Frankenberg, die zwar durch ein reizendes Tal führt, aber dafür mit 17 teilweise befahrbaren Wehren gespickt ist, ist nur bei sehr gutem Wasserstand im Frühling oder nach Regenperioden ratsam. Für eine Wanderfahrt setzen wir unsere Boote in Frankenberg (unter dem Wehr – hier Parkplatz) oder linksufrig über eine Zufahrt von der Straße Frankenberg – Schreufa rechts vor einer Schlosserei ein. Dabei umgehen wir die lange Treidelstrecke, die im Frühsommer durch Ableiten des Flusswassers in Frankenberg entsteht. Gegenüber der Einsatzstelle schießt das Wasser wieder zurück in den Fluss. Linksufrig begleitet uns noch eine Eisenbahnstrecke, rechts schmiegt

△ *Manche versteckte Halbinsel an der Edertalsperre lockt mit einem Kiesstrand zum Verweilen.*

sich die gut ausgebaute und an Wochenenden dicht befahrene B 252 an den Fluss, doch hier unten am Wasser wirkt sie nicht störend. Wir paddeln uns ein, und die ersten leichten Schwallstrecken mit lustig spritzenden Wellen lassen diesen typischen Mittelgebirgsfluss gleich am Anfang sympathisch erscheinen. Das Wasser ist sauber, ellenbogenlange Forellen flitzen gegen die Strömung an den Booten vorbei. Nach 3 km erscheint das einzige Wehr bis zum Stausee; wir sind in Viermünden. Ohne Probleme tragen wir rechts an der Wehranlage kurz um.

Wir wundern uns über die Netze, die über den Mühlenkanal gespannt sind. Die Lösung des Rätsels sehen wir etwas später in den grau gefiederten Gestalten der Graureiher, die regungslos im seichten Wasser des Flusses ihrer Beute auflauern. Wir legen die Paddel an, die Strömung trägt uns sehr nah an diese prächtigen Wasservögel heran. Erst wenn wir uns ihnen bis auf ungefähr 30 m nähern, heben sie leicht und elegant ab. Noch einmal begegnen wir einer größeren Kolonie; etwa 15 Reiher sitzen links auf hohen Fichten über dem Fluss. Rechts am Hang lugt aus dem Wald Burg Hessenstein, heute eine Jugendherberge.

Nach der Orkemündung legen wir rechts an, eine Vesperpause ist fällig. Später, nach einem Wechsel von spritzigen Abschnitten und ruhigeren Passagen, bekommen wir unter der Schmittlotheimer Brücke Bodenberührung. Bei wenig Wasser lauert hier mancher Stein tückisch unter der Wasserfläche. Die Berghänge drängen dichter an die Eder heran, nach dem Linksbogen zeigt sich der winzige Ort Kirchlotheim. Vor der Wegebrücke kommt eine spritzige Flachstelle, dann beruhigt sich der Fluss; der Rückstau des Edersees reicht bis hierher. Vorbei am großen Campinggelände erreichen wir die Herzhausener-Brücke. Bei extremem Niedrigwasser erscheint eine Stufe, sonst kommen wir gut durch.

In vielen Windungen zwischen steilen Waldhängen paddeln wir nun durchs ruhige Wasser des künstlichen Sees und haben den Eindruck, in einem norwegischen Fjord zu sein. Langsam ziehen die Kulissen der grünen Hänge an uns vorbei, stellenweise zerwühlt ein kurzer Fallwind die glatte Wasserfläche, kleine Kreuzwellen schlecken an unseren Kanus, hie und da spritzen sie auch über Bord. Eine Landzunge folgt der anderen, Harbshausen, Hohe Fahrt mit Campingplatz und Bootshäusern, Asel Süd, und kurz danach erreichen wir das schöne DKV-Heim »Edersee« mit Zeltplatz.

Auf einem der vielen Campingplätze schlagen wir unsere Zelte auf, baden, faulenzen und beobachten den regen Betrieb am Wasser. Um die mit Ferienhäusern bebaute Halbinsel Scheid paddeln wir durch den tief eingeschnittenen Seearm zum Einkaufen. Dahinter entfaltet sich der See in seiner vollen Breite. Am nördlichen Ufer entlang schieben sich unsere Boote in die Bucht beim eleganten Café »Seeblick«, von wo wir einen lohnenden Spa-

Anfahrt

Von Kassel auf der BAB 49 Ausfahrt Wabern, B 253 (Fritzlar) über Bad Wildungen (hier B 485 zur Edertal-Sperre), B 253 nach Frankenberg, oder BAB 5 Frankfurt–Hersfeld, Ausfahrt Alsfeld West, B 62 nach Cölbe, B 252 nach Frankenberg.

KASSEL

FULDA

BAB 44

GUNTERS-HAUSEN

BAUNATAL

GRIFTE

FULDA

BAB 7

WOLFERS-HAUSEN

NSG

FELSBERG

ALTENBURG

RHÜNDA

NIEDER-MÖLLRICH

FRITZLAR

EDERAUEN NSG

WABERN

BERGHEIM

WALDECK

AFFOLDERN

NSG

UNGEDANKEN

SCHWALM

P

EDERSEE

VÖHL

DKV

NSG
Ausgleich-becken Affoldern

BAD WILDUNGEN

Korbach

BRINGHAUSEN

KIRCHLOTHEIM

HERZ-HAUSEN

B 252

B 253

Stufe bei NW !

ORKE

Hessenstein

Wiederinbetrieb-nahme geplant

VIER-MÜNDEN

NUHNE

N

SCHREUFA HERRENWIESE

KC

P

FRANKEN-BERG

0   10 KM

Wie das Gleiten über einen Teppich aus Wasser und Gras gestaltet sich auf manchen Abschnitten eine Fahrt auf der Eder.

ziergang in das Städtchen Waldeck und zum gleichnamigen Schloss unternehmen. Später, wieder in den Kanus sitzend, blicken wir noch lange zurück und bewundern die dominierende Schlosssilhouette am Bergrücken.

Vor der Sperrmauer steuern wir links die Anlege- und Umtragestelle an, befestigen den Bootswagen unter dem Kanu und ziehen ihn ca. 1 km weit über die Staumauerstraße. Dann nehmen wir links den zum Ort Edersee hinunterführenden Fahrweg und kommen schließlich durch den Ort zum Unterwasser.

An diesem unteren Ausgleichsbecken dürfen wir am linken Ufer entlangpaddeln; der rechte Seeteil ist Naturschutzgebiet. Die fast 50 m hohe Staumauer im Rücken, von links durch die vom Wasser aufsteigenden Felshänge des Michelkopfes bedrängt, schieben sich die Kanus durch das enge Tal. Später kommen wir an der lang gezogenen Insel des Affolderner Stausees vorbei; dabei halten wir uns immer links. An den Treppen der Anlegestelle nehmen wir noch-

mals das Gepäck aus den Booten und transportieren das Ganze auf dem Bootswagen hinunter zur wieder frei gewordenen Eder. Kurz nach der Einsatzstelle steuern wir den schönen Campingplatz in Affoldern an. Spätnachmittags sitzen wir noch am Ufer und beobachten den patrouillierenden Schwan »Egon«, wie er mit Bedacht seinen langen Hals zwischen die meterhohen grünen Wasserpflanzen taucht. Ein leichter Dunst liegt noch über dem Fluss, wenn wir morgens zeitig in die Boote steigen und uns von der überraschend guten Strömung davontragen lassen. Wie eine grüne Wiese sieht streckenweise die Eder aus; doch beim Paddeln gibt es keine Schwierigkeiten, eine Fahrrinne ist immer da. Kurz nach dem Start erspähen wir das zwischen den Bäumen des schönen Parks versteckte Bergheimer Schlösschen.

Gleich danach können wir links am Festplatz anlegen, um im Lebensmittelgeschäft unsere Wandervorräte zu ergänzen.

Die runden Bergrücken treten noch

weiter zurück. Nach der Brücke beginnt beiderseits des Flusses ein ausgedehntes Naturschutzgebiet, zu dem die Eder selbst gehört. Selbstverständlich betreten wir hier nicht die Ufer und verhalten uns besonders ruhig. Nach dem Camping in Ungedanken macht sich der Stau des Fritzlarer Wehrs bemerkbar. Am Wehr tragen wir die Boote rechts um; bei gutem Wasserstand können wir mit Einer-Kajaks sogar über die Wehrkrone fahren. Danach wird der Fluss etwas seicht, doch bald treibt uns ein Schwallchen an mehreren Pferdekoppeln vorbei in eine schöne, parkähnliche Landschaft.

Der Fritzlarer Dom blickt durch die Bäume; vor der alten Steinbrücke legen wir an, um der ehemaligen Freien Reichsstadt unsere Referenz zu erweisen. Die fast vollständig erhaltene Stadtmauer mit dem dominierenden Grauen Turm, die vielen Fachwerkhäuser am Marktplatz, der Rolandsbrunnen und der mächtige romanische Dom bestimmen das historische Flair dieser Stadt.

Nach Fritzlar ändert sich die Umgebung des Flusses; wir erreichen die Ebene bei Wabern. Riesige Schotter- und Sanddeponien erheben sich an den Ufern, und irgendeine Fabrik verpestet die Luft mit ihrem Gestank. Dann kommen wir nach Niedermöllrich und können beim Kanufahrer-freundlichen Gasthaus an der Ederbrücke nach Anfrage zelten. Ein selbstbewusster Schwan begleitet uns durch das Naturschutzgebiet Ederauen. Schließlich liegt Altenburg vor uns. Dunkel ragt der schlanke Turm der Burgruine über den Fluss. Heute ist die Ruine in Privatbesitz, langsam dem Verfall preisgegeben. 1860 hat man hier noch Gold mit Sacktuch und Trog aus dem Fluss gewaschen. Bis zum Krieg verkehrte zwischen Altenburg und Rhünda auch eine Fähre. Am schrägen Wehr unterhalb der Burg lassen wir unsere Boote über die Krone gleiten.

Von rechts mündet die windungsreiche Schwalm in die Eder. Bald erreichen wir Felsberg. Von der in Wirklichkeit so markanten Burg ist vom Wasser aus nur wenig zu sehen. Es lohnt sich, beim Gasthaus »Zum Schwan« anzulegen und das »Hessische Kufstein« zu durchwandern.

Flussabwärts zeigen sich wieder Graureiher; wahrscheinlich kommen sie vom Naturschutzgebiet bei Böddiger. Rechts nähert sich ein Bergrücken, dahinter müsste die Fulda sein. Nach der schönen Flussbiegung befahren wir rechtsseitig das lang gezogene Schrägwehr; sogar der Kanadier kommt ohne Schäden im Unterwasser an. Dann der letzte Schwall bei Haldorf, noch eine Eisenbahnbrücke und schließlich das Wehr in Grifte. Hier könnte man die Fahrt beenden, andernfalls müssen wir nochmals die Boote kurz rechts umtragen.

Fast unmerkbar gesellt sich die Fulda zu uns; ihr dunkles braunes Wasser mischt sich mit dem klaren grünen der Eder. Unter der weit gespannten Eisenbahnbrücke hindurchpaddelnd ziehen wir linksufrig auf einer Wiese bei Guntershausen unsere Kanus an Land.

Charakter, Tipps

Am Oberlauf bis zum Stausee typischer Mittelgebirgsfluss, der ab Frankenberg oft bis in den Frühsommer mit allen Bootstypen auch von weniger geübten Kanuten befahrbar ist. Sehr sauberes Wasser mit flotter Strömung und kleinen Schwallen, unterhalb von Brücken schön spritzig. Wegen des steinigen Flussbetts sind bei niedrigerem Wasserstand Kunststoffboote den Faltbooten vorzuziehen. Nach der Talsperre ruhiger, doch zügig fließender Wanderfluss, dessen Wasserstand von der Wasserabgabe des Eder-Stausees abhängig, aber fast den ganzen Sommer befahrbar ist. (Info: WSA Münden, Tel. 05541/9520) An allen Wehren kann man leicht umtragen; für die Umtragestellen an den Staumauern ist ein Bootswagen erforderlich. Wenn unter dem Fritzlarer Wehr kein Wasser ist, dann links in den Mühlgraben umtragen, aber hier Vorsicht bei niedrigen Brücken und zwei Wehren (immer rechts umtragen, rechtzeitig anlegen – Sog!).

Befahrungsregelungen

Bei einer Befahrung des Eder-Stausees müssen bei allen Booten (auch Gummibooten) Name und Wohnort des Eigentümers außen und innen gut lesbar angebracht sein! Auf Sperrgebiete (mit Tonnen gekennzeichnet) und NSG achten. Affolderner Ausgleichebecken 16.10.–15.3. gesperrt, sonst nur links paddeln!

Zeltmöglichkeiten

Camping Herzhausen, Edersee – Hohe Fahrt, Asel Süd, DKV Edersee, Scheid, weiter am Fluss Affoldern, Bergheim, Ungedanken, Zeltwiesen in Niedermöllrich (Gasthaus an der Ederbrücke).

Sehenswertes

Frankenberg: Gotische Liebfrauenkirche, zehntürmiges Rathaus mit Markthalle, Kreisheimatmuseum.
Edertalsperre: Stadt Waldeck, Schloss, Stadtkirche, Sperrmauer.
Bad Wildungen: Evangelische Stadtkirche, Heimatmuseum, schöne Fachwerkhäuser (16. Jh.), Kurpark, Schloss Friedrichstein.
Fritzlar: Dom St. Peter mit Krypta und Domschatz, schöner Marktplatz mit dem Rolandsbrunnen, Rathaus (12. Jh.), Hochzeitshaus, Minoritenkirche, Stadtmauer, Der Graue Turm.
Felsberg: Mittelalterliche Kleinstadt, Stadtkirche, St.-Jakobs-Kapelle, Burg mit Turm, nicht weit davon Altenburg und Burg Heiligenberg.

Auto nachholen

Zwischen Bad Wildungen und Kassel regelmäßiger Bahnverkehr.

Karten, Kanu-Literatur

Generalkarte 1:200000, Blatt 11; ADAC Freizeitatlas Hessen 1:100000. – Deutsches Flusswanderbuch; Gewässerführer für Nordrhein-Westfalen.

⌇ 118 km

🕐 Ferienfahrt

Fast 180 km legt die Fulda von ihrer Quelle an der Wasserkuppe in der Rhön bis zum Weserstein in Münden zurück. Auf dem vielfach gewundenen Weg durchquert sie, in nördlicher Richtung fließend, das geschichtsträchtige Land zwischen Rhön und Vogelsberg und verbindet dabei die barocke Bischofsstadt Fulda mit Bad Hersfeld, dessen romanische Stiftskirche jahrhundertelang die größte nördlich der Alpen war. Bei Bebra knickt der Flusslauf nach Nordwesten ab, um eingeengt im lieblichen, von steilen Waldhängen umsäumten Tal von der schmucken Residenzstadt Rotenburg durch die Enge von Beiseförth nach Melsungen zu eilen. Nach der großen Schleife bei Büchenwerra lockern die schroff abfallenden Berghänge ihre enge Umarmung, und die Fulda, von links gestärkt durch das klare Wasser der Eder, tritt in die Talweite von Kassel ein. Ein reizvoller architektonischer Teil der schönen Großstadt geworden, durchsägt sie nördlich die letzten Ausläufer des Kaufunger Waldes, um am Weserstein in Hann. Münden durch den berühmten »Kuss« mit der Werra die Weser entstehen zu lassen.

Unsere Flusswanderung beginnt in Bad Hersfeld, wo schon im frühen Mittelalter die dort ansässigen Benediktinermönche mittels Einbäumen einen Bootsverkehr zwischen ihrem Kloster und dem in Fulda aufrechterhielten. Nach der Stadtbesichtigung finden wir eine gute Einsatzstelle am Hersfelder Kanuclub oder beim Reit- und Fahrverein. Am nahen Steilwehr erleichtert ein Treppchen das Umtragen der Boote.

Unter mehreren Brücken hindurch trägt uns die Fulda zuerst im ausgebauten, regulierten Flussbett zum Mecklarer Wehr, an dem wir links umtragen. Kurz danach folgt Bebra, heute ein wichtiger Eisenbahnknotenpunkt. Hier ändert die Fulda in einem Linksbogen ihre Fließrichtung nach Nordwesten. Rechts, unweit des Flusses, liegt das 1200-jährige Lispenhausen mit seiner Wasserburg. Nach der Haselbachmündung paddeln wir am Rotenburger Campingplatz vorbei und steuern links vor der Stadtbrücke zur ehemaligen, heute verschütteten Schleuse, wo wir links umtragen können.

△ *In der Fuldaschleife bei Schwarzenberg.*

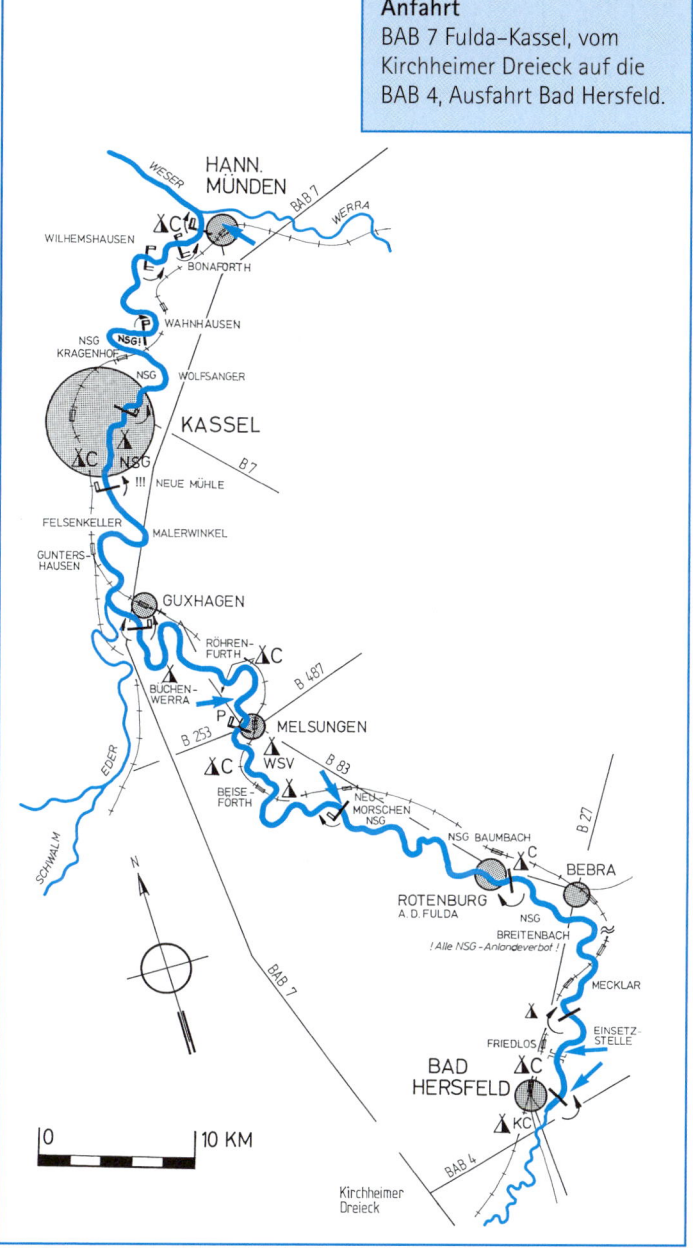

Anfahrt
BAB 7 Fulda–Kassel, vom Kirchheimer Dreieck auf die BAB 4, Ausfahrt Bad Hersfeld.

HANN. MÜNDEN

WESER

WERRA

BAB 7

WILHEMSHAUSEN

BONAFORTH

WAHNHAUSEN

NSG!

NSG
KRAGENHOF

NSG

WOLFSANGER

KASSEL

B 7

NSG

!!! NEUE MÜHLE

FELSENKELLER

MALERWINKEL

GUNTERS-
HAUSEN

GUXHAGEN

RÖHREN-
FURTH

C

B 487

BUCHEN-
WERRA

P

EDER

B 253

MELSUNGEN

C

WSV

B 83

BEISE-
FORTH

NEU-
MORSCHEN
NSG

SCHWALM

N

NSG BAUMBACH

C

BEBRA

ROTENBURG
A. D. FULDA

NSG

BREITENBACH
! Alle NSG-Anlandeverbot !

B 27

MECKLAR

EINSETZ-
STELLE

FRIEDLOS

BAD
HERSFELD

C

KC

BAB 7

0   10 KM

Kirchheimer
Dreieck

BAB 4

Charakter, Tipps

Geruhsam fließender Wanderfluss, ab Bad Hersfeld ganzjährig auch mit Faltbooten befahrbar. Landschaftlich eindrucksvoll, steil abfallende Waldhänge begleiten in langen Abschnitten den Flusslauf, nur bei Kassel weitet sich das Tal kesselartig aus. Ab Mecklar Bundeswasserstraße, teilweise mit Kilometrierung versehen, wenig Bootsverkehr. Unterhalb Kassel an Feiertagen verstärkter Motorbootbetrieb, von Kassel bis Spiekershausen Personenschifffahrt. Alle Wehre unterhalb Rotenburg sind mit Schleusenanlagen versehen.

Flussaufwärts von Kassel sind die Schleusen für Selbstbedienung eingerichtet, flussabwärts werden sie von Personal bedient (Schleusenzeiten 16.4.–30.9. bei Tageslicht, gebührenfrei). Ein Teil der Schleusen ist jedoch außer Betrieb; in diesem Fall stehen zum Umfahren der Boote Gleisloren zur Verfügung (diese bitte wieder zum Oberwasser zurückschieben!).

Zeltmöglichkeiten

Bad Hersfeld, Camping im Geistal, Camping Rotenburg, Beiseförth, Obermelsungen, WSV Melsungen, Wagenfurth, Büchenwerra, mehrere Plätze in Kassel, Hann. Münden.

Sehenswertes

Bad Hersfeld: Stadtmauer mit Wehrturm, Rathaus mit herrlicher Renaissancefassade, Ruine der riesigen Stiftskirche (9. Jh.), Katharinenturm mit Lullusglocke, gotische Stadtkirche, schöne Fachwerkhäuser, Duden-Denkmal, Kurpark, Schloss Eichhof u.a.
Rotenburg a. d. Fulda: Ehemalige Residenzstadt, mittelalterliches Stadtbild, Renaissanceschloss, Rathaus mit Freitreppe, Stadtkirche St. Jakob, Stadtmauer mit Hexenturm, Gut Elingerrode u.a.
Altmorschen: Zisterzienserkloster Heydau mit gotischem Kreuzgang und Engelsaal, schöne Fachwerkhäuser, Orangerie.
Kassel: Eine der schönsten und grünsten deutschen Städte, Stadt der Kirchen, Museen, Galerien und Parks, Brüderkirche (13. Jh.), Martinskirche mit Grabstätten der hessischen Landgrafen, Landesmuseum, Deutsches Tapetenmuseum, Brüder-Grimm-Museum, Staatstheater, Ottoneum, Neue Galerie, Murhard-Park, Park Schönfeld mit botanischem Garten, Karlsaue, Wilhelmshöhe mit Schloss und Park, Herkules, Kaskade u.v.a.

Auto nachholen

Zwischen Bad Hersfeld und Hann. Münden regelmäßiger Bahnverkehr.

Karten, Kanu-Literatur

Generalkarte 1:200000, Blatt 11; ADAC Freizeitatlas Hessen 1:100000. – Deutsches Flusswanderbuch, Kanuführer für Südwestdeutschland.

Bei der Weiterfahrt begleitet uns entlang des Flusses eine schöne Fachwerkfront. Wir haben nun eine reizvolle Strecke durchs wiesenreiche Fuldatal vor uns, das beiderseits von bewaldeten Höhenzügen eingefasst ist. In Morschen lugt die gotische Kirche des sehenswerten ehemaligen Zisterzienserklosters hervor. Die links liegende Stauanlage können wir selbst bedienen, doch schneller geht das Umtragen über die festen Landestege. Mit Faltbooten achten wir auf die Untiefen und spitzen Steine unter der nächsten Brücke sowie unter der neuen Eisenbahnbrücke der Schnellstrecke Hannover–Würzburg.

Das Tal verengt sich noch weiter, es folgt der Durchbruch von Beiseförth. Über kleine Schwalle und Schnellen paddeln wir durch die bewaldete Engstrecke, die bis Guxhagen mit vielen schönen Flussschlingen aufwartet. Nur das Wehr in der alten »Bartenwetzerstadt« Melsungen unterbricht die flotte Strömung. Es wäre fast eine Sünde, hier nicht aus den Booten zu steigen, um die Altstadt zu besuchen. Vor der Selbstbedienungsschleuse an der sechsbogigen Steinbrücke nisten manchmal Schwäne, deshalb bitte im weiten Bogen anfahren. Ebenso treibt sich ein Schwanenpärchen an der Anlegestelle am großen Parkplatz herum; doch ist es recht zahm und friedlich.

Am Schwall unter der Grebenauer Brücke beginnt dann die einzigartige große Fuldaschleife, in welcher der lang gestreckte Umlaufberg von Büchenwerra den Fluss mehrere Kilometer in südliche Richtung abdrängt, bis er sich in einer scharfen Kurve wieder seinen Weg nach Norden zurückerkämpft.

Am Auslauf der Guxhagener Schleuse beachten wir bei Niedrigwasser die flachen Stellen, da eine Grundberührung mit dem Faltboot meist nicht ohne böse Folgen bleibt. Nach der Autobahnbrücke gesellt sich unauffällig die Eder zu uns, deren grünes, klares Wasser sich lange mit dem dunklen der Fulda mischt. Nach Guntershausen (guter Ausbootplatz in Bahnhofsnähe) leuchtet am Hang links oben das Hotel »Felsenkeller«. Dahinter treiben die Kanus in die schöne, ebenmäßige Malerwinkel-Schleife.

Die nächste Autobahnbrücke sagt uns das neue Mühlenwehr an. Wegen des starken, gefährlichen Wehr- und Turbinensogs legen wir frühzeitig rechts vor der Wehrkrone an Treppen an, um so die Kanus mit einem Gleiswagen zum Unterwasser weiterzubefördern.

Danach zieht uns schon die Großstadt Kassel in ihren Bann. Linksufrig am Städtischen Campingplatz oder an einem der vielen Vereinsplätze finden wir sicher eine Möglichkeit zum Aufstellen unserer Zelte, um mindestens einen Tag den historischen Gebäuden, Museen, Schlössern oder Kirchen zu widmen. Großzügig angelegte Grünanlagen verschaffen der Stadt eine angenehme Atmosphäre, so dass wir am nächsten oder übernächsten Tag erholt weiterpaddeln können.

Am Städtischen Walzenwehr (Vorsicht, Sog!) schleusen wir oder fahren die Kanus rechts mit dem Gleiswagen um. Das wieder sehr enge

Ab Bad Hersfeld ist die Werra ganzjährig befahrbar.

Flusstal überrascht mit immer neuen Landschaftsbildern, die sich nach jedem Bogen kulissenartig vorbeischieben.

Ein Teil der herrlichen Kragenhofener Schleife steht unter Naturschutz; wir halten die Boote streng links in der Außenkurve, um das geschützte Gebiet nicht zu gefährden. Es folgen noch die Schleusen von Wahnhausen und Wilhelmshausen. Hier gibt es eine Bootsgasse, genauso wie am umgebauten Wehr in Bonaforth.

Bald darauf erblicken wir die ersten Häuser der wunderschön am Zusammenfluss mit der Werra liegenden Stadt Hann. Münden. Das den linken Flussarm sperrende Wehr ist bei gutem Wasserstand von erfahrenen Kanuwanderern befahrbar. Doch zum Zelten und für eine Stadtbesichtigung steuern wir zur Schleuse hinüber und legen auf der Insel »Tanzwerder« an. Dort erwartet uns ein kanufreundlicher Campingplatz; die Wanderfahrt ist zu Ende.

⮌ 203 km

🕐 Ferienfahrt

Bei ihrer Entstehung durch den Zusammenfluss von Werra und Fulda in Hann. Münden ist die Weser schon ein stattlicher, ausgewachsener Fluss, der mit ruhiger Strömung in vielen unregelmäßigen Schleifen die landschaftlich ungemein reizvollen norddeutschen Mittelgebirgszüge durchquert, an der Porta Westfalica bei Minden das norddeutsche Tiefland erreicht und nach 430 km Flusslänge bei Bremerhaven von der Nordsee aufgenommen wird. Auf ihrem Wege zeigt uns die Weser viele, manchmal sehr verschiedene Gesichter. Ohne Hindernisse gemächlich strömend, ist sie ein Fluss der Ruhe, gleichzeitig ein Tummelplatz der Wassersportler, wenn an Wochenenden hunderte der verschiedensten Boote die Fluten beleben. Sie ist auch ein Fluss der Märchen und Sagen – erinnern wir uns nur an Doktor Eisenbart, der in Hann. Münden lebte, oder an das Märchen vom Dornröschen. Die im geheimnisvollen Reinhardswald versteckte Sababurg lieferte sicher den Brüdern Grimm die Kulisse für ihre Erzählungen. In Bodenwerder gab es den »Lügenbaron« Freiherr von Münchhausen seine phantastischen Geschichten zum Besten. Auch Hameln mit seiner Rattenfängersage sowie die Bremer Stadtmusikanten dürfen hier nicht vergessen werden.
Die Weser ist aber genauso ein Fluss der deutschen Geschichte.

Viele Klöster wurden um die Jahrtausendwende an ihren Ufern gebaut und beherbergen heute unschätzbare historische Kunstwerke. Auch mehrere mittelalterliche Städte mit gut erhaltenen, reich gezierten Fachwerkhäusern und Schlössern der Weserrenaissance säumen den Strom und laden zum Aufenthalt ein. Das alles, zusammen mit der beschaulichen Landschaft, macht aus einer Kanuwanderfahrt auf der Weser ein unvergessliches Erlebnis.
Trotz wesentlicher Verbesserung der Wasserqualität gehört die Weser leider noch immer zu den von der Industrie meistbelasteten Flüssen Deutschlands. Die Versalzung über die Werra ist zwar durch teilweise Stilllegung der Kalibergwerke zurückgegangen, doch bleiben noch immer viel Salz und verschiedene Abwässer der Che-

△ *Die Türme der Kilianskirche begrüßen uns in Höxter.*

Anfahrt

BAB 7 Ausfahrt Hann. Münden oder BAB 7
Ausfahrt Hann. Münden–Werratal,
BAB 2 Hannover–Osnabrück, Ausfahrt Bad
Eilsen, B 83 über Hameln nach Karlshafen,
B 80 nach Hann. Münden (durchs Wesertal).

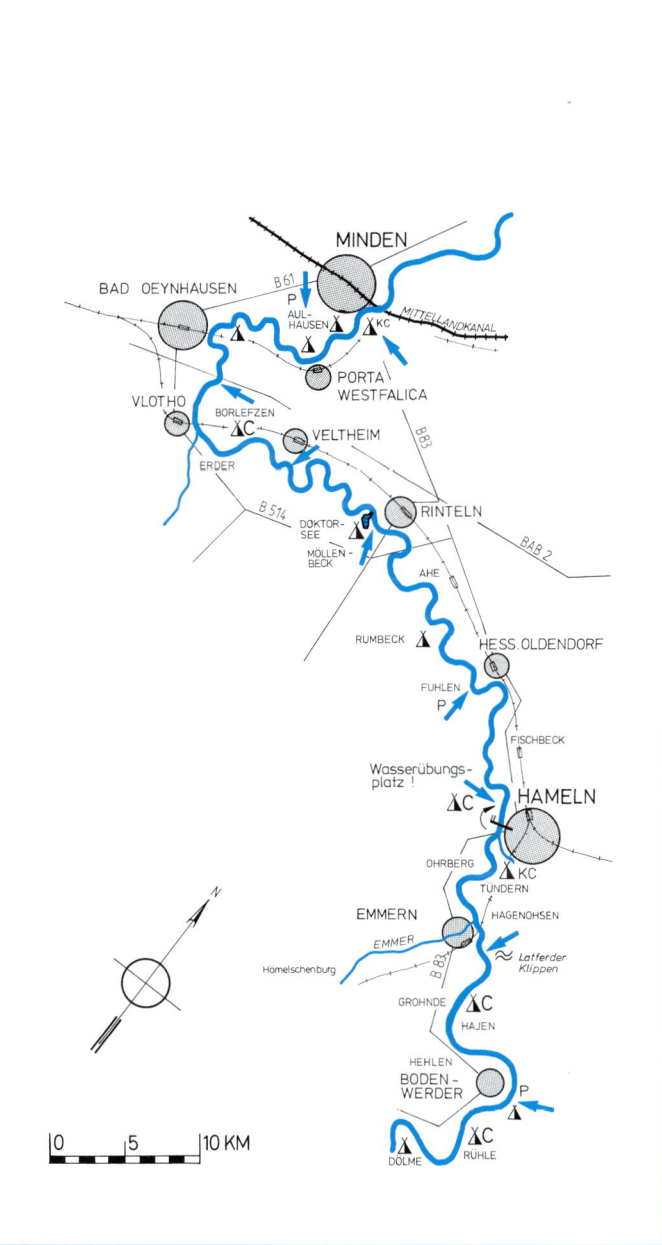

MINDEN

BAD OEYNHAUSEN

B 61

P
AUL-
HAUSEN

KC

MITTELLANDKANAL

PORTA
WESTFALICA

VLOTHO

BORLEFZEN
C

VELTHEIM

B 83

ERDER

B 514

DOKTOR-
SEE

RINTELN

MÖLLEN-
BECK

BAB 2

AHE

RUMBECK

HESS. OLDENDORF

FUHLEN
P

FISCHBECK

Wasserübungs-
platz !

C

HAMELN

OHRBERG

KC
TÜNDERN

EMMERN

HAGENOHSEN

EMMER

B 83

Latferder
Klippen

Hämelschenburg

GROHNDE

C

HAJEN

HEHLEN

BODEN-
WERDER

P

N

DÖLME

RÜHLE

C

0   5   10 KM

mieindustrie übrig. Weitere Besserung ist angesagt.

Wenn wir nicht bereits im Boot sitzend von der Fulda oder Werra ankommen, beginnen wir unsere Wanderfahrt am besten in Münden, oft noch Hannoversch Münden genannt. Malerisch auf einer Landzunge zwischen Fulda und Werra liegend, bietet diese alte Stadt so viel Sehenswertes, dass ein Tag zur Besichtigung kaum ausreicht.

Im paddlerfreundlichen Campingplatz auf der Flussinsel vor den Toren der Stadt sind wir gut aufgehoben; von hier aus setzen wir unsere Boote unterhalb der Schleuse ins Wasser. Vorbei am berühmten Weserstein mit der so oft zitierten Inschrift »Wo Werra sich und Fulda küssen…« führen uns die ersten Paddelschläge in den ruhigen, doch zügig strömenden Weserfluss. Wenn wir keinen Gegenwind haben, können wir ab jetzt in den Kanus herrlich faulenzen, uns an der vorbeiziehenden Landschaft erfreuen, und nur hie und da mit dem Paddel ein wenig die Richtung korrigieren.

Die nächsten 40 km sind wahrscheinlich die reizvollsten; doch die Weser überrascht uns auch weiter flussabwärts immer wieder mit neuen prächtigen Landschaftsbildern. Über weite Strecken reichen jetzt die steilen Buntsandsteinhänge des Bramwaldes, des Sollings und des sagenumwobenen Reinhardswaldes rechts und links bis an den Fluss. Zwischen den vielen kleinen Dörfern, die die Weserufer schmücken, verkehrt noch wie in alten Zeiten so manche handgetriebene Hochseilfähre. Hier heißt es aufpassen, denn so eine Fähre hat natürlich Vorfahrt!

Gimte, Hilwartshausen und Vaake mit seiner schönen Häuserfront hinter uns lassend, verbringen wir anschließend im einladenden Veckerhagener »Brauhaus« eine angenehme Vesperpause. Am gegenüberliegenden Ufer, am Fuße des Bramwaldes, liegt Hemeln. Kurz danach, in einer scharfen Rechtskurve hoch über dem Fluss, versteckt sich im Wald die Ruine Bramburg, von der wir eine prächtige Aussicht ins Wesertal genießen können. Die Burg wurde zum Schutze des Benediktinerklosters Bursfelde errichtet, dessen weit emporragenden Türme wir zuerst vom Fluss aus erblicken. Nachher bewundern wir die kostbaren Fresken in der dreischiffigen Klosterkirche. Von Gieselwerder, heute ein Ortsteil von Oberweser, kommen wir nach einer Wanderung durch urwaldähnlichen Forst zu einem Dornröschenschloss – der Sababurg.

Wieder zurück in den Kanus, paddeln wir nach Lippoldsberg in einem großen Bogen nach Süden, um anschließend in einer vollendeten Schleife am Umlaufberg Kalberg vorbeizuziehen. Das Tal ist sehr eng; eine einsame Strecke, der so genannte Sollingdurchbruch, führt uns nach Karlshafen, wo wir am großen Campingplatz rechtsufrig gegenüber der Stadt anlegen. Über eine der wenigen Weserbrücken spazieren wir in die 1699 gegründete Hugenottenstadt. Im alten Hafenbecken spiegelt sich die weiß leuchtende Barockfassade des Rathauses. Der Hafen ist ein Überbleibsel des ehrgeizigen Schiffskanal-Projekts, das die Weser über das Diemeltal mit Kassel verbinden sollte.

Wenn wir etwas Zeit haben, scheuen wir nicht den steilen Aufstieg zum Hugenottenturm; der Ausblick auf die symmetrisch angelegte Stadt und ins Wesertal ist sehr hübsch.

Von links mündet knapp unterhalb der Stadt die Diemel, ein lohnendes Wanderflüsschen. Weiter flussabwärts säumt das rechte Ufer eine Felsgalerie – die Hannoverschen Klippen. Das enge Tal öffnet sich, vor uns liegt der Große Weserbogen. Unverhofft ragen wie riesige antike Amphoren die Kühltürme des stillgelegten Kernkraftwerks Würgassen hoch über dem Fluss auf. Wir paddeln links im Außenbogen vorbei und spüren, dass dieses technische Monstrum nicht in die liebliche Weserlandschaft hineingehört. Es dauert lange, bis unterhalb des reizvollen Städtchens Beverungen die drohenden Ungetüme am Horizont verschwinden.

In weiten, rhythmischen Schleifen teilt jetzt die Weser die hellen Kalksteinschichten des Lipper Berglandes vom rötlichen Buntsandstein des Sollings. Der flache Auboden des nunmehr breiten Tals ist von Kiesgruben zerwühlt und mancher Berghang durch Steinbrüche verwundet. Von den übrig gebliebenen Weideflächen entlang der Ufer beäugen uns Schafe und gescheckte Kühe, die an heißen Tagen ins kühlende Wasser steigen.

Rechts gegenüber der Nethemündung ragt hoch über dem Fluss das auf einem Felssporn erbaute Schloss Fürstenberg auf, seit fast 250 Jahren Sitz einer weltberühmten Porzellanmanufaktur. Eine Besichtigung des interessanten Museums und die Werksführung geben einen Einblick in die Geschichte der Porzellanherstellung.

Nach der nächsten Flussbiegung erblicken wir weit voraus Höxter, eine über 1100 Jahre alte Stadt, deren Kern noch immer mittelalterliche Züge trägt. Hier finden wir manches Kleinod der Weserbaukunst: reich geschnitzte, renovierte farbige Fachwerkhäuser mit ihren typischen »Fächerrosetten«, die romanische Kilianikirche, die Dekanai, das Rathaus mit seinem reizenden Erker. Ein Spaziergang am Weserufer führt uns zur berühmten Benediktinerabtei Corvey, die über viele Jahrhunderte hinweg als religiöses, politisches und kulturelles Zentrum des Nordens Deutschlands wirkte. Es lohnt sich, hier eine Tagespause einzuplanen. Auf dem geräumigen Campingplatz rechtsufrig vor der Brücke oder auch auf dem Zeltgelände des Wassersportvereins Höxter sind wir gut aufgehoben.

Bei der Weiterfahrt können wir vom Kanu aus noch einmal die majestätisch vorbeiziehenden Türme und alten Mauern der Abtei Corvey bewundern, bevor uns die Strömung in eine enge, unübersichtliche Südschleife hineinzieht. Hier müssen wir bei Begegnungen mit Ausflugsschiffen der Weserflotte

Auf der Weser ist noch manche Seilfähre in Betrieb.

besonders aufpassen, rechtzeitig ausweichen und die Kanadier und Kajaks mit dem Bug gegen die ankommenden Wellen halten. Bei Holzminden können wir vielleicht einige der 30 000 Düfte der dort ansässigen Aroma- und Parfümindustrie erschnuppern. Auf jeden Fall lohnt ein kurzer Aufenthalt am schattigen Marktplatz der Altstadt.

Flussabwärts von Holzminden pendelt die Weser von einem Prallhang zum anderen, vom Kiekenstein zum Kapenberg, Eckberg und Kollberg, oft nackten Fels dabei freilegend, und sägt so ihren Weg durch die Muschelkalkschichten der Ottensteiner Hochfläche. Nach dem Städtchen Bodenwerder, wo der bekannte Geschichtenerzähler Freiherr Hieronymus von Münchhausen lebte, verlässt der Fluss das enge Tal. In großen, sanften Bögen nähern wir uns dem zweiten Kernkraftwerk an der oberen Weser, Grohnde, das umgeben vom hohen Sicherheitszaun klotzig und steril in der Landschaft steht. Flott strömt die Weser über die »Latferder Klippen«, als möchte sie die Begegnung mit dem Atomzeitalter schnell hinter sich bringen. Doch die aus den Trichtern der hochgeschwungenen, mächtigen Betonkühltürme herausströmenden dicken, weißen Dampfwolken verfolgen bei ungünstigen Wetterverhältnissen weit ihren Lauf.

Beim Dorf Emmern verlangsamt sich die Strömung, der Rückstau des Hamelner Wehrs macht sich bemerkbar. Von hier aus können wir eine schöne Wanderung ins Emmertal zum Schloss Hämelschenburg, einem Juwel der Weserrenaissance, unternehmen. Im ruhigen Wasser erreichen wir dann langsam das Hafengebiet von Hameln und können dort rechts vor der Fußgängerbrücke am Anleger des KC Hameln anlanden.

Bei einer Weiterfahrt lenken wir kurz nach der Fußgängerbrücke unsere Boote halblinks zur großen Schiffsschleuse; an ihr rechts vorbei leitet eine Beschilderung zur Bootsschleuse und zur automatischen Bootsgasse. Sofern sie in Betrieb ist, öffnen wir durch Betätigen eines Druckschalters (dazu erst die dort angebrachte Anweisung durchlesen!) diese Gasse, fahren mit einigen Schlägen hinein, legen die Paddel an, fahren durch, paddeln im Unterwasser weiter und steuern weg vom Wehr zum linken Ufer.

Beim Durchfahren von Hameln halten wir uns links und achten auf den Schiffsverkehr. Nach Unterqueren der Straßenbrücken erreichen wir den Campingplatz. Hier schlagen wir unser Zelt auf, um der Metropole der Oberweser einen Besuch abzustatten. Wir werden nicht enttäuscht sein. Diese voller Leben pulsierende und doch so historisch wirkende Stadt zieht uns sofort in ihren Bann.

Viele Häuserreihen mit formenreichen, bunten Fachwerkfassaden, die in den letzten Jahren sorgfältig renoviert wurden, versetzen unsere Phantasie in die Zeit der Rattenfängersage, in die Zeit des mittelalterlichen Wohlstands, als Hameln eine reiche, bedeutende Hansestadt war. Die ausgedehnte Fußgängerzone ermöglicht ein ermüdungsfreies Laufen durch Gassen und Plätze dieser so sehenswerten Stadt. Voller Eindrücke kriechen wir spätabends in unsere Schlafsäcke und hören vielleicht noch im Traum das Flötenspiel des Rattenfängers …

Am nächsten Morgen trägt uns die Weser mit neuem Schwung weiter flussabwärts. Die Orte liegen jetzt etwas mehr vom Fluss entfernt; wahrscheinlich hat man sie wegen der oftmals drohenden Überschwemmungen so gebaut. Rechts beherrschen den Horizont die Süntelhöhen; mit ihren ausgedehnten Waldkomplexen und bizarren Felsformationen sind sie ein Paradies für Wanderer und Kletterer. Links begrenzt das Massiv des Rumbecker Berges das breite Tal. Mehrere Kieswerke säumen den Flusslauf, und es folgen viele einsame Flusskilometer, bis wir die nächste Stadt erreicht haben.

Rinteln begrüßt uns mit dem markanten mehrstöckigen Turm der Nikolaikirche und schönen Fachwerkhäusern. Erstaunt stellen wir fest, dass diese kleine Stadt schon vor mehr als 350 Jahren eine Universität besaß, die von Jerôme Napoleon erst 1810 geschlossen wurde.

Immer dichter wird jetzt am Fluss der Motorbootverkehr. Bei Erder sowie auf mehreren Strecken müssen wir auf Wasserskifahrer achten, die manchmal bedrohlich nah an unseren Booten vorbeiflitzen. Hier beginnt die letzte »Engtalstrecke«, und die Weser zeigt sich nochmals von ihrer schönsten Seite. Als nehme sie Anlauf, lässt sie sich weit nach Westen abdrängen und ändert ihre Richtung erst im großen Bogen bei Vlotho und Bad Oeynhausen. Das weltberühmte Bad ist durch eine Autobahn und Umgehungsstraße vom Fluss etwas abgeschirmt. Knapp vor der Werremündung finden wir in Rehme einen guten Anlegeplatz, um von da aus durch den schönen Kurpark zum stärksten Thermalsolegeysir der Welt zu spazieren.

Nun ist es nicht mehr weit zum letzten Höhepunkt unserer Weserfahrt. Links nähern sich die steilen Waldhänge des Wiehengebirgs. Bis zuletzt sehen wir nirgendwo einen Durchschlupf; erst knapp vor der Brücke kommt ein Linksbogen, und wir paddeln durch die Scharte – die »Porta Westfalica«. Unterhalb der Brücke finden wir dann eine gute Ausbootmöglichkeit sowie Zeltplätze.

Von hier aus ist der beste Aufstieg zum monumentalen, 87 m hohen Kaiser-Wilhelm-Denkmal am Wittekindberg. Auf der Terrasse erwartet uns ein großartiger Ausblick, mit dem wir vom so vielgestaltigen Weseroberlauf Abschied nehmen. Wir können natürlich auch weiter nach Minden fahren und am Bootshaus des MTV Minden oder der Faltbootabteilung des TV Jahn die Fahrt beenden, um mit einer Besichtigung der im letzten Krieg stark zerstörten und heute wieder aufgebauten alten Bischofs- und Hansestadt Minden nach dem landschaftlichen noch den urbanen Abschlusspunkt zu setzen.

Charakter, Tipps

Ganzjährig befahrbarer, ca. 50 m breiter Wanderfluss, der im regulierten Flussbett in vielen weiten Schleifen durch ein teils enges, teils breiteres, landschaftlich sehr schönes Tal mit guter Strömung fließt.

Für alle Bootstypen geeignet, bietet der Fluss die einzigartige Möglichkeit, die 200 km von Hann. Münden bis Minden nur mit einem Wehr (Bootsgasse) zu bewältigen. Die Strömung treibt uns dabei prächtig an; 40–50 km am Tage zu paddeln, ist kein Problem, doch für die unzähligen Sehenswürdigkeiten sollte man sich Zeit lassen und mindestens eine Woche für die Strecke planen.

Obwohl der Fluss ab Hann. Münden als Bundeswasserstraße eingestuft ist (Binnenschifffahrtsstraßenordnung!), herrscht auf der oberen Weser bis Hameln so gut wie kein Frachtverkehr; nur eine Personenschifffahrtslinie verbindet Münden mit Hameln. Unangenehm kann der rege Motorbootverkehr an Wochenenden werden. Darum ist es wichtig, mit Wanderbooten stets in der Nähe des Ufers zu fahren.

Zeltmöglichkeiten

Städt. Campingplatz Hann. Münden, hier auch DKV Zeltplatz, weitere Campingplätze in Hemeln, Oedelsheim, Gieselwerder, Karlshafen, Beverungen, Fürstenberg, Höxter, Holzminden, Polle, Rühle (Rühler Schweiz, An der Himmelspforte), Grohnde, Hameln, Rinteln KC, Borleffzen, Porta, Minden. Zwischen Hann. Münden und Bursfelde nicht frei zelten, hier rechtsufrig Naturpark Münden.

Sehenswertes

Hann. Münden: Altstadt mit hervorragend restaurierten Fachwerkhäusern, Renaissance-Rathaus mit prächtigem Portal und Freitreppe, St.-Blasius-Kirche, Ägidienkirche, Werrabrücke (14. Jh.), Heimatmuseum, ehemaliges Welfenschloss, Weserstein u.a.

Vaake: Wehrkirche (Wandmalereien), Friedhof mit alten gusseisernen Kreuzen.

Veckerhagen: Barockes Jagdschloss.

Ruine Bramburg: Aussicht ins Wesertal.

Bursfelde: Benediktinerabtei, Klosterkirche mit Wandfresken, Sababurg (4 km) mit Tierpark, Urwald.

Gieselwerder: Wasserburg, Freilichtmuseum.

Lippoldsberg: Dreischiffige romanische Basilika, ehemaliges Jagdschloss des Landgrafen Karl von Hessen.

Bad Karlshafen: Barockes Hugenottenstädtchen, Rathaus, Hafen an der Diemelmündung, Invalidenhaus, Solequelle, Ruine Kruckenburg.

Beverungen: Fachwerkhäuser, Burgturm.

Wehrden: Wuchtiges Schloss – ehemalige Wasserburg, Schloss

Fürstenberg mit weltberühmter Porzellanfabrik.

Höxter: Ehemal. Hansestadt, romanische Kilianskirche, frühgotische Minoritenkirche, Fachwerkhäuser mit reicher Balkenornamentik, Rathaus mit Glockenspiel, Steinbrücke über die Weser, Benediktinerabtei Corvey.

Holzminden: Lutherkirche, Marktplatz, Geschmacksstoff-Industrie.

Polle: Burgruine (Freilichtbühne), Kirche, Fachwerkhäuser.

Bodenwerder: Romanische Klosterkirche, Kemnade, Geburtshaus des Freiherrn »Baron von Münchhausen« mit Museum, Brunnen, Schiffswerften.

Hehlen: Wasserschloss mit Türmen.

Emmern: Von hier Wanderung (4 km) zum Schloss Hämelschenburg.

Hameln: Ehemalige Hansestadt. Altstadt mit bürgerlichen Fachwerk- und Renaissancehäusern, Stadtmauerreste mit Pulverturm, Rattenfängerhaus, Stiftsherrenhaus, Münster St. Bonifatius, Lachsbrunnen, Marktkirche u. v. a.

Fischbeck: Romanische Kirche – dreischiffige Basilika mit Säulenkrypta, Kirchenschatz, Teppich mit Klosterlegende.

Hessisch-Oldendorf: Spätgotische Hallenkirche, Herrenhäuser, NSG Hohenstein im Sönte.

Rinteln: Ehemalige Universitätsstadt, Rathaus und frühgotische Kirche, Marktplatz mit Fachwerkhäusern.

Möllenbeck: Klosterkirche, Klosterkomplex mit Kreuzgang.

Veltheim: Denkmal, gegenüber Schloss Varenholz.

Vlotho: Alte Schifferstadt, Burgruine Wittekindstein, Schwedenschanze, Kleine oder Lippische Porta.

Bad Oeynhausen: Kurpark, Jordansprudel-Geysir, Deutsches Märchen- und Sagenmuseum, Auto- und Motorradmuseum.

Porta Westfalica: Kaiser-Wilhelm-Denkmal am Wittekindsberg.

Minden: Früher Hansestadt, Dom St. Peter mit Domschatz, Heimatmuseum, eines der ältesten deutschen Rathäuser, malerische Fischerstadt, »Schachtschleuse« – Schiffshebewerk.

Auto nachholen

Zwischen Hann. Münden und Minden überwiegend gut ausgebauter Bahn-/Busverkehr. Umsteigen notwendig. Einzelne Teilstrecken auch ohne Umsteigevorgang.

Karten, Kanu-Literatur

Generalkarte 1:200000, Blatt 7 und 9; ADAC Freizeitatlas Hessen und Nordrhein-Westfalen 1:100000, Panoramakarte Weserlauf mit Beschreibung (Stollfuß Verlag, Bonn). – Deutsches Flusswanderbuch; Kanuwanderbuch für Nordwestdeutschland; Wasserwandern auf der Weser – Prospekt der Kreisverwaltung Minden-Lübbecke.

> 117 km
>
> Ferienfahrt

An den südlichen Hängen des Thüringer Waldes bei Eisfeld entspringend, fließt die Werra, die oft als Oberlauf der Weser angesehen wird, durch ein breites Tal, von der Vorderrhön immer mehr nach Norden abgedrängt. Im »Salzbogen« zwischen Bad Salzungen und Mihla wird das Werrawasser durch Kalisalze angereichert, die hier über Jahrhunderte aus dem Erdinnern gefördert werden.

Riesige Abraumhalden bestimmen an manchen Stellen das Talbild des Flusses, der sich in vielen vollendeten Schleifen seinen weiteren Weg durch die abwechslungsreiche Mittelgebirgslandschaft zwischen dem Hainich und dem Schlierbachwald bahnt. Stolze Burgen und Schlösser begleiten die Werra auf ihrem Lauf in der schon immer exponierten Grenzlage zwischen Hessen und Thüringen, und manche Altstadt wie Meiningen, Creuzburg, Eschwege und Witzenhausen spiegelt ihre historischen Gemäuer im glatt dahinfließenden Wasser. Eingezwängt von den steilen Hängen des Kaufunger Waldes in ein enges, tief eingeschnittenes Tal, erreicht die Werra nach fast 300 km Flusslänge die Fulda, um mit dieser zusammen die Weser entstehen zu lassen.

Obwohl die Werra als Wanderfluss schon ab Meiningen auch für Zweier-Boote befahrbar ist, beginnen wir unsere Wanderung erst am Zeltplatz des KC in Hörschel. Der Grund: 16 unbefahrbare Wehre versperren den oberen Flussabschnitt. Bald nach dem Start erreichen wir das Kraftwerk Spiehra, an dem wir links umtragen, und paddeln bald durch einen großen Flussbogen. Links zeigt sich die Ringmauer des mittelalterlichen Städtchens Creuzburg, in dessen engen Gassen die Zeit stehen geblieben ist.

Die anschließende einsame Fahrt durch das vielfach gewundene, enge Werratal wird nur von den schrägen Wehren in Mihla und in Falken unterbrochen. Einladende Kiesbänke säumen die Innenbögen der vielen Flussschleifen, und nach den ehemaligen Grenzorten Treffurt und Großburschla erreichen wir Altenburschla. Eine gute Strömung treibt unsere Boote nach Wanfried, an dessen unbefahrbarem Wehr wir links umtragen. Hier

△ *Die Werra ist unterhalb Hörschel ein gemütlicher Wanderfluss.*

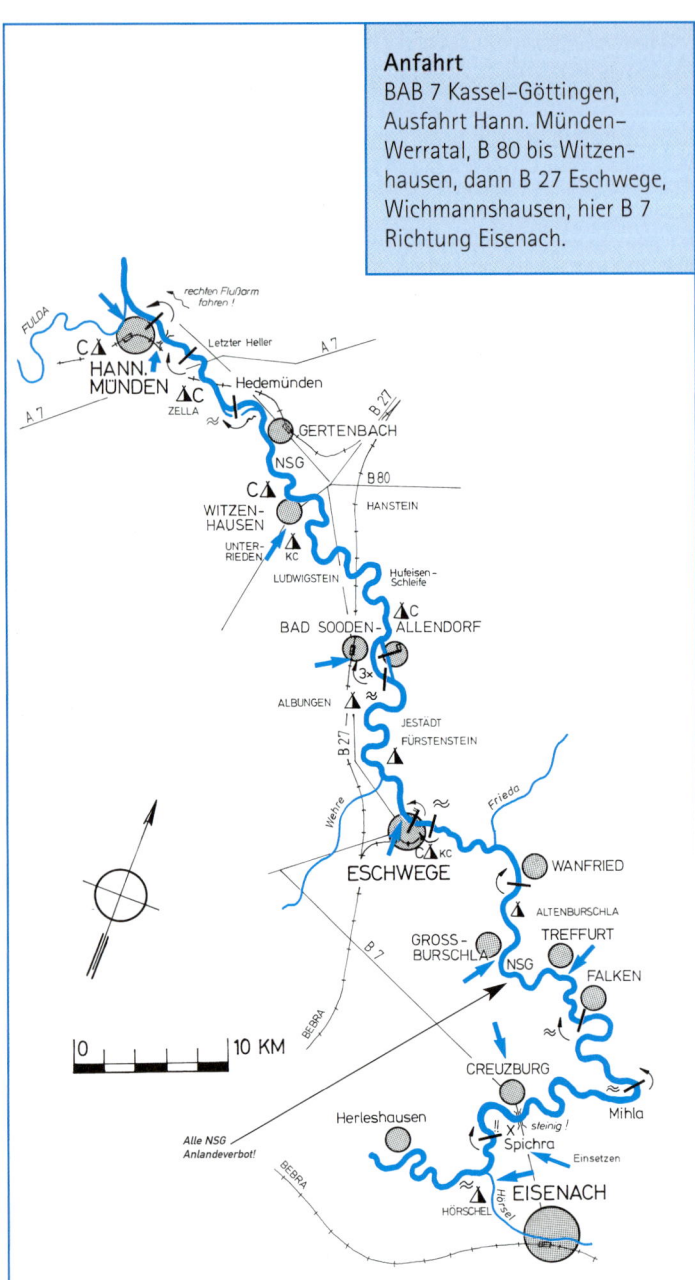

Anfahrt
BAB 7 Kassel–Göttingen,
Ausfahrt Hann. Münden–
Werratal, B 80 bis Witzen-
hausen, dann B 27 Eschwege,
Wichmannshausen, hier B 7
Richtung Eisenach.

rechten Flußarm
fahren!

FULDA

C
HANN.
MÜNDEN

Letzter Heller

A 7

A 7

ZELLA

C

Hedemünden

GERTENBACH

B 27

NSG

B 80

HANSTEIN

C
WITZEN-
HAUSEN

UNTER-
RIEDEN

KC

LUDWIGSTEIN

Hufeisen-
Schleife

C

BAD SOODEN- ALLENDORF

ALBUNGEN

3x

≈

JESTADT

FÜRSTENSTEIN

B 27

Wehre

Frieda

≈

C KC

ESCHWEGE

WANFRIED

ALTENBURSCHLA

GROSS-
BURSCHLA

TREFFURT

NSG

FALKEN

B 7

≈

BEBRA

0   10 KM

*Alle NSG
Anlandeverbot!*

CREUZBURG

Mihla

Herleshausen

steinig!

II X
Spichra

Einsetzen

BEBRA

≈

EISENACH

Hörsel

HÖRSCHEL

188

endete im vorigen Jahrhundert die Weser-Werra-Schifffahrt; alte Warenspeicherhäuser zeugen vom geschäftigen Leben des damaligen Binnenhafens.

Nach einer Flussbiegung bei Frieda weitet sich das Tal kesselartig aus, rechts am Hang steht Schloss Wolfsbrunnen, vor uns der Bismarckturm am großen Leuchtberg, hinter dem sich die alte Landgrafenstadt Eschwege versteckt. Linksufrig am Bootshaus des Eschweger Kanuclubs lassen wir unsere Kajaks liegen.

Bei der Weiterfahrt, nach Passieren des hübschen »Klein-Venedig«, müssen wir kurz nach der Straßenbrücke am Ende des schrägen Überfallwehrs die Kanus umtragen oder wir nutzen die Selbstbedienungsschleuse. Vorbei am Schloss, dann die letzten Gebäude des großen Industriegebiets linker Hand hinter uns lassend, erreichen wir Jestädt. Kurz nach dem Felsen des »Weinbergs« beginnt eine landschaftlich sehr ansprechende Talstrecke. Burg Fürstenstein, die Andreaskapelle und Schloss Rothestein begleiten die Flussschleifen.

Bei langsamer werdender Strömung erwarten uns das erste und zweite Allendorfer Wehr; wir paddeln jeweils rechts im Fluss weiter. Vor der alten Steinbrücke liegt das dritte Wehr; hier tragen wir die Boote über die neuen Treppenanlage links um. Ein Parkplatz bei der Brücke erleichtert das Abladen der Kanus beim Ein- und Aussetzen. Wir könnten natürlich auch rechts die alte, selbstbedienbare Schleuse ansteuern. Die Fahrt entlang der farbigen, mittelalterlichen Häuserkulisse lohnt sich. Die Schleusenanlage ist jedoch nicht immer in Betrieb (vorsichtig bedienen!)

Nach der ausgeprägten Hufeisenschleife bei Lindewerra durchbricht die Werra den Bergriegel zwischen Ludwigstein und der Hasenkanzel. Das Tal öffnet sich, und in der Flussbiegung bei der Flachsbachmühle erhaschen wir beim Zurückschauen den berühmten Zweiburgenblick.

Das nun flache Tal ertrinkt im Frühling in der weißen Farbe der blühenden Kirschbäume, welche die sanft ansteigenden Hänge rings um Witzenhausen bedecken. Im Sommer, nach der Ernte, dreht sich das ganze Gemeindeleben in dieser alten Stadt um die süßen Kirschen. Alljährlich wird das Kirschfest gefeiert, eine Kirschkönigin wird gekrönt, und aus dem Stadtbrunnen am Marktplatz fließt statt Wasser Kirschsaft. Weiter flussabwärts nähern sich links die Ausläufer des Kaufunger Waldes, und bei guter Strömung paddeln wir an den alten Fachwerkdörfern Gertenbach und Blickershausen vorüber. Vor dem Städtchen Hedemünden steuern wir an der Flussgabelung unsere Boote in den linken Flussarm, »die Lache«; dadurch umfahren wir das Hedemünder Wehr. Die Strömung lässt bald nach; langsam paddeln wir in ein bewaldetes Engtal hinein. Erst kommt ein Campingplatz, dann eine Bootsanlegestelle und hoch über dem Fluss die schlanke, 400 m lange Autobahnbrücke. Noch ein paar hundert Meter und wir legen links vor der Schleuse neben dem mit Türmchen versehenen Wehr des Kraftwerks »Letzter Heller« an.

Jetzt heißt es aussteigen, Boote auf die bereitstehenden Wagen, dann kräftig bremsen – es geht steil hinunter zum Unterwasser. Wir lassen uns für die letzten Kilometer durch das grüne Tal viel Zeit. Die ersten Häuser der Stadt Hann. Münden ziehen an unseren Booten vorbei, unter der Eisenbahnbrücke halten wir uns rechts und erreichen so unter der alten Steinbogenbrücke hindurch die kleine Insel vor der Bootsschleuse. Ein Wagen erleichtert uns wieder das Umtragen. Nach wenigen Paddelschlägen sehen wir links auf der Inselspitze den Weserstein; hier, am Zusammenfluss der Fulda und Werra, beginnt die Weser. Wir fahren stromauf in den Schleusenkanal, wo wir neben dem Campingplatz an der Schleuse anlegen können.

Charakter, Tipps

Durch eine abwechslungsreiche, reizvolle Mittelgebirgslandschaft gemächlich fließender Wanderfluss, ohne irgendwelche wassertechnische Schwierigkeiten mit allen Bootstypen ganzjährig befahrbar. Besonders in der Obstbaumblütezeit (Kirschbaumblüte) ist eine Wanderfahrt zu empfehlen. Die Wehranlagen zwischen Spichra und Münden müssen umtragen werden, nur die Schleusen in Bad Sooden-Allendorf und Eschwege betriebsbereit. An der größeren Stauanlage »Letzter Heller« erleichtert eine Umtragerampe mit Wagen das Umsetzen der Boote. Die Werra ist im beschriebenen Abschnitt zwar Bundeswasserstraße, doch findet heute kein Schiffsverkehr mehr statt.

Die Wasserbelastung durch Salzeinleitungen aus den Kalibergwerken ist in den letzten Jahren weitgehend zurückgegangen. Eine fast durchgehende Pkw-Begleitung ist möglich, und die im Flusstal führende Eisenbahnstrecke ermöglicht ein Zurückholen der abgestellten Autos mit der Bundesbahn. Anfang Mai findet jedes Jahr eine Bootsrallye statt.

Befahrungsregelungen

In den NSG bei Treffurt und Witzenhausen ist die Durchfahrt erlaubt, es besteht jedoch Anlandeverbot.

Zeltmöglichkeiten

Zeltplatz KC Rennsteig Hörschel – Zeltplatz Altenburschla – Zeltplatz Wanfried – Mühlenanger, Eschwege – beim Bootshaus des Kanuclubs, Camping Eschwege, Camping bei Jestädt, Albungen – am Gasthaus »Werratal«, Camping Witzenhausen, Camping Wallhausen, Laubach – Zella, Hann. Münden.

Sehenswertes

Eisenach: Wartburg, Marktplatz mit Brunnen, barockes Stadtschloss (Museum), Rathaus, Residenzhaus, Lutherhaus, Nikolaitor, Richard-Wagner-Museum, NSG Drachenschlucht, Hörselberg u.a.

Creuzburg: Stadtmuseum, Schloss.

Mihla: Rotes Schloss, Graues Schloss, barocke Dorfkirche; Treffurt: Burgruine Normannenstein.

Altenburschla: Kirche mit Bauernmalereien, Wohnhaus des »Propheten von Altenburschla« – Bruder Lorenz.

Wanfried: Fachwerkhäuser, Rathaus, Endpunkt der mittelalterlichen Schifffahrt, alte Speicher, Kran, Plesseturm (NSG) – schöne Aussicht.

Eschwege: Landgrafenschloss, Marktplatz mit Fachwerkfront, Altstädter Kirche mit Orgel, Nikolaiturm, Raiffeisenhaus, Bismarckturm, am Fluss »Klein Venedig«.

Albungen: Höllental, Wanderung zum Hollesee, Kasseller Kuppe, Burg Fürstenstein.

Bad Sooden-Allendorf: In Allendorf – mehrere Straßenzüge mit Fachwerkhäusern, Heimatmuseum, Heiliggeisthospital, alte Werrabrücke; Sooden – Söder Tor, Marienkirche, Salzamt, schöne Fachwerkhäuser.

Witzenhausen: »Kolonialschule« – im ehemaligen Wilhelmitenkloster, Stadtkirche, Kapelle des St.-Michael-Hospitales, Renaissance-Rathaus, Stadtmauer mit Wehrtürmen, prachtvolle Fachwerkhäuser, Völkerkundemuseum, Tropengewächshäuser.

Hedemünden: Berlepsch – Schloss, Arnstein, Ludwigstein, Mollenfelde – Europäisches Brotmuseum.

Hann. Münden: Herrliche renovierte Altstadt, Rathaus mit Portal und Freitreppe, St.-Blasius-Kirche, Werrabrücke, Weserstein u.v.a. – siehe auch Weser.

Auto nachholen

An den einzelnen Flussabschnitten öffentlicher Nahverkehr unterschiedlicher Qualität.

Karten, Kanu-Literatur

Generalkarte 1:200000, Blatt 11; ADAC Freizeitatlas Hessen 1:100000. – Deutsches Flusswanderbuch, Kanuwanderbuch für Südwestdeutschland, DKV-Gewässerführer für Ostdeutschland.

⮀ 66 km

🕐 3-Tage-Fahrt

Von ihrer Quelle an den Südhängen des Teutoburger Waldes, unweit von Paderborn, bis zur Mündung in Dollart in die Nordsee hat die Ems eine Lauflänge von 370 km. Als typischer Niederungsfluss mäandert sie in zahlreichen Windungen durch eine breite, feuchte Talaue und entwässert dabei mit ihren größten Nebenflüssen, der Werse, der Hase und Leda, als drittgrößter norddeutscher Fluss über 12 000 km^2 Land. Über Jahrhunderte diente die Ems bis nach Greven der Schifffahrt, doch wegen des wechselnden Wasserstands damals nur kleinen Schiffen mit wenig Tiefgang, so genannten »Pünten«, mit denen die Ware zur und von der Nordsee verfrachtet wurde. Heute ist ein Teil des Unterlaufs in den viel genutzten Dortmund-Ems-Kanal einbezogen, doch überwiegend fließt die Ems noch ungestört in der flachen, verträumten Landschaft.
Für Kanufahrer schon ab Rietberg bei Gütersloh befahrbar, bietet sie eine beschauliche Ferienfahrt quer durch das geschichtsträchtige Münsterland. Doch wegen der vielen, wenn auch teilweise befahrbaren Wehre und Stufen im Oberlauf beginnen wir unsere Wanderung erst bei Münster, im gemütlichen, schmucken »Dorf der Kaffeekannen« in Handorf an der Werse, wo wir eine schöne Einsatzstelle finden. Am einladenden Campingplatz »Hof zur Linde« bauen wir unsere Zelte auf, fahren mit dem Bus oder mit Fahrrädern über das Boniburger Wäldchen, am Haus Dyckburg – einer ehemaligen Wasserburg – vorbei zur Stadt, wo es manches anzuschauen gibt.
Beherrschend ragt der wuchtige St.-Pauls-Dom mit seinen zwei Türmen und dem 100 m langen Mittelschiff über dem weitläufigen Domplatz auf. Ein ganzer Tag genügt nur knapp für eine Stippvisite in der alten Bischofsstadt, deren viele Kirchen ihr zum Beinamen »Rom des Münsterlandes« verholfen haben.
Am nächsten Morgen paddeln wir die windungsreiche Werse hinunter und tragen bei der Sud- und Havichhorster Mühle die Boote jeweils auf der rechten Seite um. An den Resten einer prägermanischen Wallanlage vorbeiziehend, erreichen wir vor den Kastenbrücken des Dortmund-Ems-Kanals unseren

△ *Manches schmucke Häuschen liegt an den Werseufern.*

Anfahrt
BAB 1 von Bremen, Ausfahrt Münster Nord, Umgehungsring Nord auf die B 51 Richtung Telgte, am Bahnhof Handorf links zum Campingplatz, oder von Dortmund BAB 1, AB-Kreuz Münster Süd, B 51 a, B 51 bis Handorf.

Wie ein römisches Aquädukt überbrückt der Dortmund-Ems-Kanal unseren Wanderfluss.

eigentlichen Wanderfluss, die Ems. Am Zusammenfluss noch recht schmal, zieht hier die Ems lieblich zwischen niedrigen Ufern in weiten Bögen und mit guter Strömung dahin. Links sehen wir bald das rote Dach der Dorfkirche in Gimbte, rechts stehen ein paar Ferienhäuser und kleine Villen. Der Autobahnbrücke folgt das Freibadgelände von Greven. Am Parkplatz nahe der Straßenbrücke Greven – Nordwalde können wir unsere Autos abstellen, wenn wir hier die Etappe beenden oder anfangen wollen.

Greven erwartet uns mit einer sauber restaurierten Innenstadt, der St.-Martins-Kirche mit herrlicher Orgel und in der Martinistraße mit einer gemütlichen Konditorei.

Wieder am Fluss angelangt, können wir die steinige Sohlschwelle vor der Straßenbrücke eventuell ganz rechts befahren; in der Mitte bildet sich ein gefährlicher Rücksog (beladene Boote sollten besser umgetragen werden). Kurz danach folgt bei niedrigen Wasserständen eine harmlos aussehende Betonstufe, die einen gefährlichen Rücksog bildet. Hier ist äußerste Vorsicht geboten. Oft ist das Umtragen rechtsufrig empfehlenswert. Danach schwingt die Ems im großen Bogen in westlicher Richtung nach Emsdetten. Hier ragen an der Bispinger Brücke noch ein paar alte Fundamente aus dem Fluss; zwei rot-weiße Rauten zeigen die richtige Durchfahrt an. Beim Hotel »Waldesruh« liegt ein kleiner Campingplatz, und kurz danach sehen wir rechts den Zeltplatz der Emsdettener Kanuten am großzügig gebauten Bootshaus und Vereinsheim.

Die Eintönigkeit der nächsten Flusskilometer ist beim schönen Wirtshaus »Emsfähre« vergessen, wo wir anlegen und bei einem guten Pils eine Pause machen. Es folgen verträumte Schleifen, Altarme mit niedrigen, verwachsenen Ufern, an denen manches Ferienhaus seinen Platz gefunden hat. Bis Rheine überspannt nur die Mesumer Brücke den einsamen Fluss. Es folgt ein Naturschutzgebiet (nicht anlegen), und am Horizont zeigen sich die Türme des auf dem Hügel stehenden, neuromanischen St.-Antonius-Doms.

Nach der Eisenbahnbrücke paddeln

Charakter, Tipps

Die Ems ist ein ruhig fließender Wanderfluss und mit allen Kanutypen ab Rietberg ganzjährig ohne Schwierigkeiten befahrbar.

Die wenigen Wehre sind durch selbst bedienbare Schleusen oder problemloses Umtragen zu überwinden. Das Wasser der Ems ist nur wenig verschmutzt. Pkw-Kontakt nur an Brücken.

Befahrungsregelungen

Die Ems durchfließt von Warendorf bis Rheine das Naturschutzgebiet Emsaue. In der Zeit vom 1. 5.–31. 10. ist an Wochenenden und Feiertagen eine Anmeldung beim KV NRW vor Antritt der Fahrt erforderlich. (Mo.–Do. 8.00–16.00 Uhr, Fr. 8.00–13.00 Uhr, Tel. 0203/7381653 oder www.kanu-nrw.de)

Zeltmöglichkeiten

An der Werse: Handorf – hier auch Busverkehr nach Münster; an der Ems: Greven, Emsdetten, Bockholt, Rheine KC, Emsbüren, Lingen.

Sehenswertes

Münster: Bischofs- und Universitätsstadt, Rathaus (14. Jh.) mit prachtvoller Innenausstattung, viele Bogenhäuser, St.-Paulus-Dom (größte Kirche Westfalens) mit herrlichen Plastiken und Domschatz, St.-Mauritz-Stiftskirche (11. Jh.), Martinikirche, Liebfrauenkirche u. a. Kirchen, Residenzschloss – heute Universität, Krameramtshaus, Buddenturm, Museen, Theater, Stadthafen, Zoo, botanischer Garten u.a.
Handorf: St.-Petronilla-Kirche, gemütliche Gartencafés, Haus Dyckburg, Kloster.
Greven: Textilstadt, spätgotische Hallenkirche St. Martinus mit großer Orgel und Sonnenuhr von 1616.
Emsdetten: Pfarrkirche, NSG Emsdettener Venn-Hochmoor, Hof Deitmar (Heimatmuseum).
Rheine: Altstadt, Schloss Bentlage, Bürgerhaus Falkenhof, St.-Antonius-Basilika (116 m hoher Turm), St.-Dionysius-Kirche (15. Jh.), Heilquelle – Solbad Gottesgabe.

Auto nachholen

Zwischen Münster und Rheine gut ausgebauter Nahverkehr durch Bus und Bahn.

Karten, Kanu-Literatur

Generalkarte 1:200000, Blatt 6 und 8; ADAC Freizeitatlas Nordrhein-Westfalen 1:100000. – Gewässerführer für Nordrhein-Westfalen.

---

wir an der Uferpromenade im aufgestauten Flusslauf entlang zum Klubhaus des Rheiner Wassersportvereins, wo wir unsere Wanderung beenden. Bei einer Weiterfahrt müssen wir am unbefahrbaren Wehr in Rheine die Boote in Selbstbedienung schleusen.

↗ 79 km

🕐 3–4–Tage-Fahrt

Die Hasequelle liegt am 173 m hohen Kersenbrocker Berg im Teutoburger Wald. Ein paar Kilometer nördlich von hier weiß die Hase noch nicht, zu welchem Strom sie sich wenden soll; also teilt sie ihr Gewässer bei Gesmold in zwei Arme und lässt den westlichen als Hase in die Ems, den östlichen als Else in die Weser fließen. So etwas nennen die Hydrologen eine Bifurkation; es ist die einzige in Deutschland. Wir verfolgen weiter die eigentliche Hase, die uns über Osnabrück zum Mittellandkanal führt. Von hier durchquert sie in nördlicher Richtung als reizvoller Wiesenfluss das fruchtbare Artland sowie das malerische Städtchen Quakenbrück, um anschließend nach Westen abzuknicken. Weiter an Löningen und Haselünne vorbeifließend, erreicht die Hase, in unzähligen Mäandern pendelnd, die am Zusammenfluss mit der Ems liegende historische Stadt Meppen, die auch wir zum Ziel unserer Kanuwanderung machen.

Am Rande der malerischen Stadt Quakenbrück, unweit des Schützenhofs, wo sich die Mühlen- und Überfall-Hase teilen, finden wir unterm Wehr einen guten Einsatzplatz für unsere Flusswanderung. Im Flussbett der zwar begradigten, doch idyllisch wirkenden Überfall-Hase paddeln wir zuerst in nördlicher Richtung. Das Brokhager Wehr ist über die Bootsgasse auf der rechten Seite glatt befahrbar.

Die zuerst hohen Ufer werden nach und nach niedriger, und wir blicken über sie hinweg in die leicht wellige Landschaft, die von Schafherden belebt wird. Zwei, drei einsame Häuser erwecken den Eindruck, als seien wir hier am Ende der Welt. Die Eisenbahn- und die Straßenbrücke der B 68 bleiben hinter uns zurück. Nach der niedrigen Volkersbrücke gesellt sich die langsame Lager Hase leise zu uns. An der Landzunge vor dem Zusammenfluss lässt sich gut picknicken. Danach steigen wir wieder in die Bootsluken und paddeln auf der Großen Hase, wie sie hier genannt wird, zügig weiter. Der Wasserstau des Farwicker Wehrs macht sich bemerkbar; bald sind wir am Wehr und tragen, wenn es nicht offen ist, rechts um. Es folgen Oster- und Westerbrücke, und in weiten Bögen nähern wir uns bei guter Strömung Löningen.

△ *Bei Herzlake weiden Schafherden unter den Pappelreihen.*

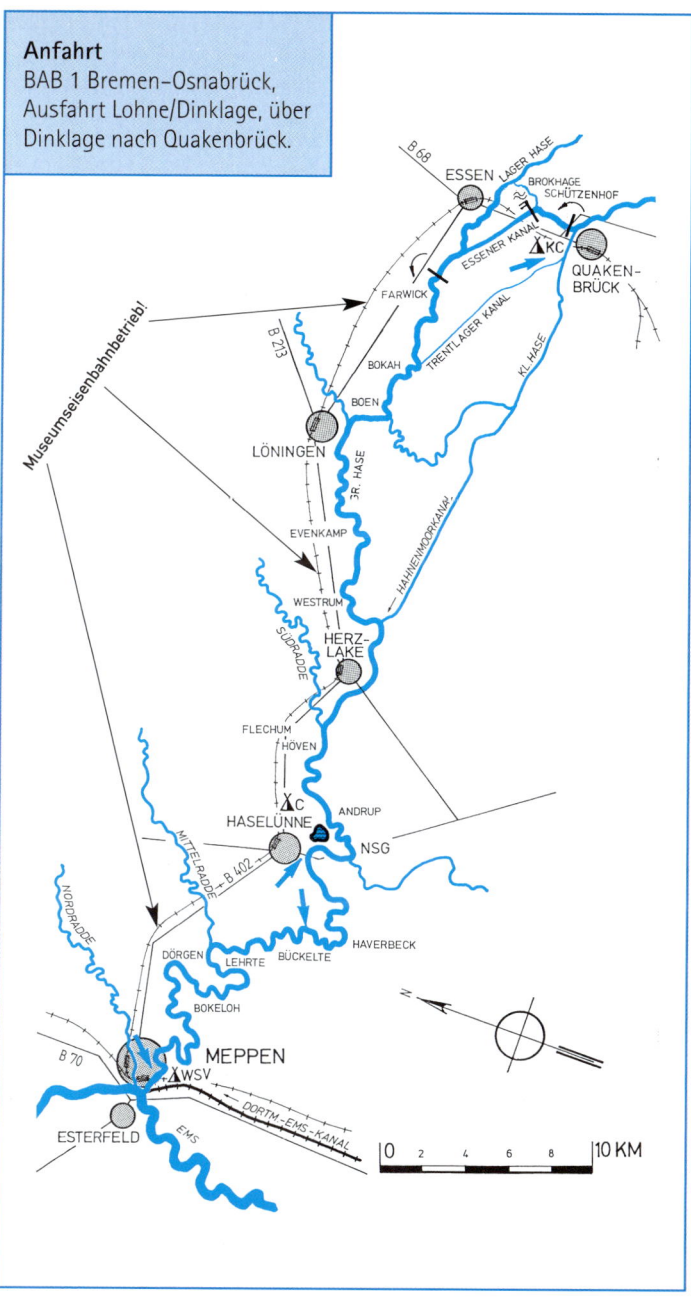

Anfahrt
BAB 1 Bremen–Osnabrück,
Ausfahrt Lohne/Dinklage, über
Dinklage nach Quakenbrück.

Museumseisenbahnbetrieb!

B 68

ESSEN
LAGER HASE
BROKHAGE
SCHÜTZENHOF
ESSENER KANAL
KC
QUAKEN-
BRÜCK
TRENTLAGER KANAL
FARWICK
KL. HASE
B 213
BOKAH
BOEN
LÖNINGEN
GR. HASE
HAHNENMOORKANAL
EVENKAMP
WESTRUM
SÜDRADDE
HERZ-
LAKE
FLECHUM
HÖVEN
C
HASELÜNNE
ANDRUP
NSG
MITTELRADDE
B 402
NORDRADDE
DÖRGEN
LEHRTE
BÜCKELTE
HAVERBECK
BOKELOH
N
B 70
MEPPEN
WSV
DORTM.-EMS-KANAL
ESTERFELD
EMS

0 2 4 6 8 10 KM

197

Ein breites, bassinartiges Flussbett leitet an der Stadt vorbei, von der wir nur den Kirchturm über den hohen Ufern sehen. Nach den Brücken verengt sich das Flussbett wieder, und umgeben von Weiden und Pappeln wendet sich die Hase nach Südwesten. Lange Pappelreihen werfen schöne Spiegelbilder auf die ruhige Wasserfläche.

Bei Einhaus mündet von links der Hahnenmoor-Kanal, danach erreichen wir den netten Erholungsort Herzlake. Die Südradde, ein begradigtes und nur bei ausreichendem Wasserstand befahrbares Wanderflüsschen, ergießt sich von rechts in die Hase. Die Landschaft wird vielfältiger. Sandufer, Wacholdergruppen und Kiefernwäldchen begleiten uns bis nach Haselünne, wo ein einladender Campingplatz liegt. Wir bleiben dort und wandern am nächsten Tag in die Umgebung.

Die Hasemündung in Meppen an der Höltingmühle.

Charakter, Tipps

Im vorgeschlagenen Streckenabschnitt ein mit allen Kanutypen ganzjährig leicht befahrbarer, reizvoller Wiesenfluss. Mäßige Strömung, wenige Wehre und ziemlich sauberes Wasser.

Zeltmöglichkeiten

Quakenbrück (Verein), Camping Haselünne, Meppen (Vereinsplatz).

Sehenswertes

Quakenbrück: Altstadt, Patrizierhäuser, Marktplatz, Stadttor Hohe Pforte, St.-Sylvester-Kirche, Rathaus.
Löningen: St.-Vitus-Kirche, Glockenturm, Werwe-Hünengrabstätte.
Herzlake: Aseburg – ehemalige Burganlage (9. Jh.).

Haselünne: Altes Hansestädtchen, gotische Kirche (14. Jh.) mit Kronleuchter, Heimatmuseum, NSG Wacholderhain, NSG Hudener Moor.
Meppen: Rathaus mit reich geziertem Erker, Stadtwälle, Pfarrkirche (15. Jh.), Jesuitenkolleg mit Kapelle.

Auto nachholen

Zwischen Quakenbrück und Meppen Busverkehr (über Haselünne).

Karten, Kanu-Literatur

Generalkarte 1:200 000, Blatt 6; ADAC Freizeitatlas Westliches Niedersachsen 1:100 000. – Deutsches Flusswanderbuch.

Es gibt hier manches zu sehen: ein Wildgehege, einen großen See, der zum Baden einlädt, das Freilichtmuseum – und nicht zu vergessen den unter Naturschutz stehenden Wacholderhain, ein wahrer Urwald von mächtigen, 6–8 m hohen Exemplaren, die eingebettet in der hügeligen, ungemein reizvollen Heidelandschaft uns herrliche fotografische Motive bieten.

Nicht weniger reizvoll sind die anschließenden zahlreichen Flussschleifen, in denen sich steile Sandufer mit flachen Stränden abwechseln und in deren Spitzkehren uns umgestürzte Bäume überraschen. Dieser natürliche, einsame Flussabschnitt endet erst vor Meppen. Einer Eisenbahnbrücke folgt die verlandete Mündung (mit grünen Tonnen ist die richtige Fahrstrecke abgesteckt) in den Ems-Kanal. Links am sanft gerundeten Hügel ragen die Windflügel der alten Höltingmühle, und nur wenige Meter rechts davon liegt der Anlegesteg des Wassersportvereins Meppen.

Unsere Hase-Befahrung beenden wir mit einem Spaziergang durch die schöne Altstadt von Meppen, wo besonders das Rathaus mit seinem Renaissanceerker und der reich geschmückte Barockbau der turmlosen Gymnasialkirche unsere Aufmerksamkeit wecken.

🠒 54 bzw. 74 km

🕐 2- bzw. 3-Tage-Fahrt

Die Wümme, ein Quellfluss der Lesum, entspringt am Südwesthang des Wilseder Berges im Herzen der Lüneburger Heide. Im großen Bogen umrundet sie das ausgedehnte Königsmoor und vereint sich in der Lauenbrücker Auenlandschaft mit der Fintau. Südlich von Scheeßel, gestärkt durch die wasserreiche Veerse, nähert sich die Wümme in zahlreichen Schleifen dem alten Ort Rotenburg, früher wie heute ein Schulzentrum des Landes. Das Städtchen verlässt der Fluss in westlicher Richtung, um dann ein besonders schönes breites Wiesental zu durchfließen. Bei Ottersberg teilt sich der Fluss in mehrere, heute teilweise regulierte Arme (besonders gelitten hat der südliche Arm). Wir wählen den mittleren Arm, der in das malerisch auf einer niedrigen Sanddüne liegende Künstlerdorf Fischerhude durch- und umfließt und sich vor dem beliebten Ausflugsort Lilienthal wieder vereinigt. Hier berührt die Wümme das Bremer Stadtgebiet, durchfließt das große Naturschutzgebiet im Norden der Stadt und geht bei Ritterhude mit der Hamme zusammen zur Lesum, die bei Bremen-Vegesack in die Weser mündet.

Für Kanus ist die Wümme ab Lauenbrück ganzjährig befahrbar. An der Brücke der B 75 über die Wümme (bei einem Altenheim) starten wir zu unserer Wanderung. Das Flüsschen mäandert ganz schön, scharfe Spitzkehren mit Sandbänken in Innenbögen wechseln mit einigen behutsam regulierten Abschnitten.

Die nächste Brücke, Baujahr 1955, liegt in der Nähe von Scheeßel, das durch seine Volkstrachten weitum bekannt ist. Die Strömung lässt nach, ein Mühlenwehr macht sich bemerkbar. Große, niedrige Bauernhöfe stehen am Ufer, neugierige Pferde beobachten uns von den Koppeln. Der Fluss teilt sich, wir steuern links. Vor der kleinen Insel mit roten Häuschen geht es wieder rechts zur Holztreppe der Anlegestelle. Das kleine Zauntor an der Straße bitte wieder schließen! Die Boote werden links an der Mühle vorbeigetragen, und vor dem Bootshaus (eine ehemalige Schnapsbrennerei) der Kanuabteilung TV Scheeßel können wir sie wieder einsetzen.

△ *Blühende Wiesenlandschaften begleiten unsere Wümmefahrt.*

Die Wümme fließt im Herbst durch bunten Mischwald.

Im nächsten Flussabschnitt nach dem Umtragen der Scheeßeler Mühle mündet von links die Veerse, ehe Schnellstraßen das nahe Rotenburg ankündigen. Ab der Eisenbahnbrücke wurde das Flussbett neu reguliert und links im Altarm eine Anlegestelle als kleiner Hafen ausgebaut. Am Ufer gibt es genügend Parkplätze, daneben gleich das Hallen- und Freibad, und am Amtshof vorbei ist es nur knapp 1 km bis zum Bahnhof. Im weitläufigen Stadtpark befindet sich die künstlich angelegte Slalomstrecke, der Austragungsort mancher norddeutscher Meisterschaften. Kurz danach mündet von links die Rodau mit der Wiedau. Nun folgt eine großzügige naturbelassene Wiesenlandschaft.

Über mehrere Wiesenwehre, die

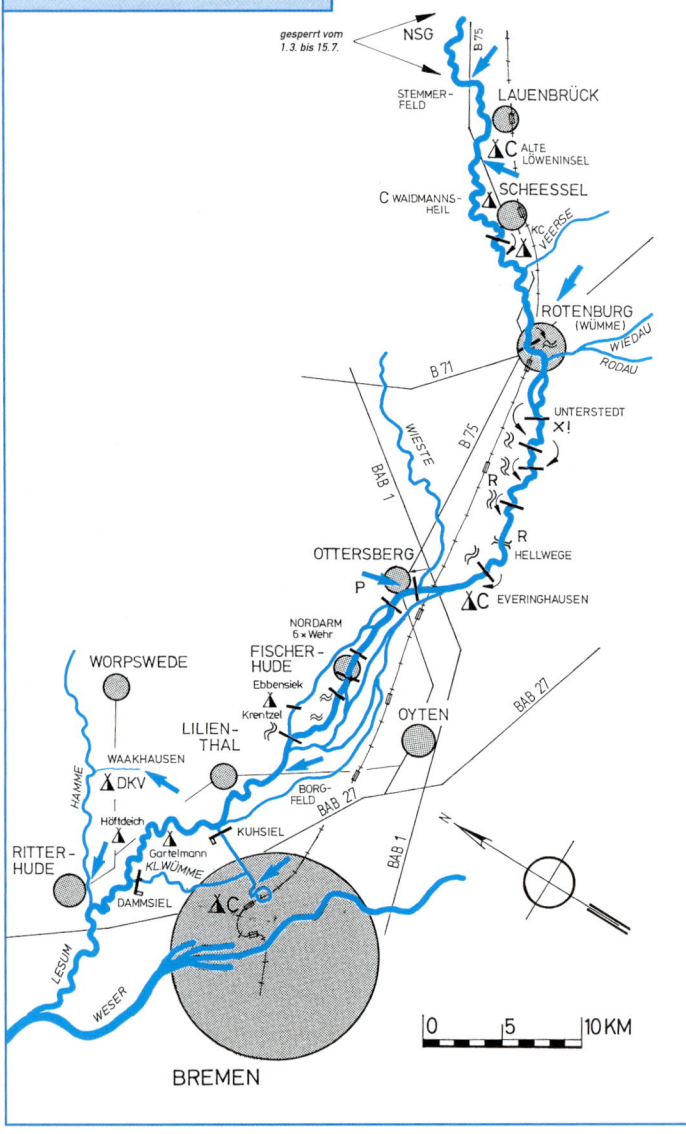

Anfahrt
BAB 1 Bremen Kreuz–Hamburg, Ausfahrt Sittensen nach Scheeßel und Lauenbrück.

gesperrt vom 1.3. bis 15.7.

NSG

B 75

STEMMER-FELD

LAUENBRÜCK

C ALTE LÖWENINSEL

C WAIDMANNS-HEIL

SCHEESSEL

KC

VEERSE

ROTENBURG (WÜMME)

WIEDAU

RODAU

B 71

WIESTE

B 75

BAB 1

UNTERSTEDT

×!

R

R

HELLWEGE

OTTERSBERG

P

EVERINGHAUSEN

NORDARM 6 × Wehr

FISCHER-HUDE

Ebbensiek

Krentzel

OYTEN

BAB 27

WORPSWEDE

LILIEN-THAL

WAAKHAUSEN

DKV

HAMME

BORG-FELD

BAB 27

Höftdeich

KUHSIEL

BAB 1

N

RITTER-HUDE

Gartelmann

KLWÜMME

DAMMSIEL

C

LESUM

WESER

0   5   10 KM

BREMEN

überwiegend offen sind oder an denen wir auch leicht umtragen können, gelangen wir zur Straßenbrücke nach Hellwege. Bei sonnigem Wetter lockt der kleine, reizende »Kaiser's Gasthof« an der Wümme zu einer Bier- oder Eispause unter bunten Sonnenschirmen. An Wochenendhauskolonien, die auf sandigen Geestrücken zwischen Kiefern hervorlugen, vorbei (Campingplatz von Everinghausen), unter der Autobahnbrücke hindurch, erreichen wir die erste Flussgabelung und nehmen den rechten Wümmearm, der uns nach Ottersberg führt. Links am Ortsanfang finden wir eine gute Anlegestelle mit Parkplätzen am neuen Sportgelände. Das ehemalige Schloss auf der Insel zwischen den Wümmearmen versteckt sich unter hohen, alten Bäumen und beherbergt heute eine Internatsschule. Nach Ottersberg wird die Landschaft flacher. Am Wehr steuern wir links den naturnahen Mittelarm an, der uns durch eine Wiesen- und Moorlandschaft von einzigartigem Reiz führt. Der weite Horizont, der hohe Himmel, die verstreut grasenden Pferde und Rinder sowie die durchsichtige klare Luft an sonnigen Sommertagen charakterisieren das Bild dieser anziehenden Gegend. Zwischen mächtigen Erlen und Eichenriesen malerisch eingebettet, liegt das Künstlerdorf Fischerhude. Ein niedriger Steg (umtragen), ein kleines befahrbares Wehr und viele hübsche reetgedeckte, auf Pfählen ruhende Entenhäuschen begrüßen uns in dieser alten Siedlung, in der

die Zeit stehen geblieben scheint. Nach Fischerhude fließen die Wümmearme meist zwischen niedrigen Deichen, die Strömung lässt stark nach, die Ufervegetation wird vielfach unüberwindbar. Eine Beendigung der Fahrt in Fischerhude bietet sich also an, vielleicht in Verbindung mit dem Besuch des Modersohn-Hauses.

Die Tour lässt sich aber bis fast in die Bremer Innenstadt fortsetzen, zwar etwas eintönig, aber ohne dass die bei Großstädten oft abstoßenden Industriebezirke in unser Blickfeld geraten.

Am nächsten Wehr entscheiden wir uns für den linken Arm, und unter mehreren niedrigen Holzstegen sich hindurchzwängend, an verträumten Bauerngärten vorbei, sind wir bald am Sportplatzwehr, an dem rechts umgetragen wird (Schwimmponton). Es folgen vier niedrige befahrbare Stufen (alte Wehre), dann vereinigen sich die einzelnen Wümmearme, und wir treiben am Ausflugsort Lilienthal vorüber bis zur Schleuse Kuhsiel. Wir können links neben dem großen, reetgedeckten Gasthaus anlegen und über die Straße in den Kuhgraben umtragen oder uns schleusen lassen (nach Anmeldung beim freundlichen Schleusenwärter).

Das schöne Gasthaus mit dem bewohnten Storchennest hinter uns lassend, paddeln wir im schnurgeraden, mit Teichrosen bewachsenen, stromlosen Kuhgraben durch Wiesen den hohen Häusern und Türmen der Stadt Bremen entgegen bis zum Bürgerpark. Nicht weit davon liegt der Städtische Campingplatz, der als Standquartier für einen längeren Aufenthalt hervorragend geeignet ist. Natürlich können wir auch auf der Wümme weiter bis an den Zusammenfluss mit der Hamme nach Ritterhude fahren. Vorher zweigt linksufrig bei der Schleuse Dammsiel die Kleine Wümme ab, die sich 9 km durch das Naturschutzgebiet auch zum Bürgerpark schlängelt.

Charakter, Tipps

Gemächlich fließender Heide- und Wiesenfluss, ohne Schwierigkeiten ab Lauenbrück ganzjährig befahrbar. Viele günstige Einsatzstellen (Scheeßel, Rotenburg, Ottersberg, Fischerhude) ermöglichen auch kurze Etappenfahrten.

Die Wümme fließt durch eine sehr eindrucksvolle, weite, überwiegend einsame Landschaft. Das Wasser ist sauber, oft herrliche Sandufer. Gute Bahnverbindung bis Lauenbrück. Pkw-Begleitung teilweise möglich, sonst Kontakt an Brücken. Nördlich von Bremen liegt das ausgedehnte NSG Blockland und Hollerland. An der Schleuse Kuhsiel wird je ½ Stunde geschleust.

Zeltmöglichkeiten

Camping in Lauenbrück, TV Scheeßel (auf Anfrage), Camping Everinghausen, Otterstedter See (nicht am Fluss), Ebbensiek (am Nordarm) Camping Krentzel, Gartelmann, Zeltplatz Höftdeich, Bremen – Am Bürgerpark.

Sehenswertes

Lauenbrück: Großer Wildpark, auf dem Campinggelände uralter Eibenhain.

Scheeßel: Barocke Saalkirche (18. Jh.), Findlingsblöcke – Heidenkultstätte, Heimatmuseum – alte Trachten, schöne Höfe.

Rotenburg: Heimatmuseum (Bauernhaus von 1695).

Ottersberg: Amtshaus im ehemaligen Schloss.

Fischerhude: Reetgedeckte Bauernhäuser, Künstlerkolonie, Otto-Modersohn-Haus, Heimatmuseum.

Bremen: Prächtiges Rathaus, Ratskeller, Rolandsäule, Dom St. Petri, Schütting (Handelskammer), Schnoorviertel, Böttcherstraße mit Roseliushaus, Kunsthalle, Übersemuseum, Hafen, Park am Stadtgraben, Windmühle u. v. a.

Auto nachholen

Lauenbrück, Scheeßel, Rotenburg und Ottersberg (nicht jedoch Fischerhude) liegen an der viel befahrenen Eisenbahnstrecke Bremen–Hamburg.

Kartenmaterial, Kanu-Literatur

Generalkarte 1:200 000, Blatt 3/4 und 5; amtliche Karte 1:100 000, Blätter Soltau und Bremen; Kanuwanderbuch für Nordwestdeutschland.

Die aus der Großen Heide um Munster entspringende und zum Süden fließende, fast 50 km lange Örtze bietet auf ⁴/₅ ihrer gesamten Länge eine sehr schöne, erlebnisreiche Kanufahrt, die wir auch im trockensten Sommer unternehmen können. Gespeichert von vielen kleinen Moorbächen – der größte davon ist die wasserreiche Wietze –, bahnt sich die Örtze, nach Hermann Löns der »echteste Heidefluss«, leicht schwingend im flachen Urstromtal durch die vielfältige Landschaft des Naturparks Südheide ihren Weg.

Vorbei an typischen, jahrhundertealten Heideorten wie Müden, Hermannsburg, die Höfe von Oldendorf und Eversen hinter sich lassend, beginnt die Örtze nach dem Wolthausener Wehr kräftig zu mäandern, bevor sie die niedrigen Randhügel des Allertals durchbricht und bei Winsen ihre Gewässer mit denen der Aller vereinigt. Die ersten Kilometer von Munster bis Kreutzen wären zwar gut befahrbar; da sie jedoch durch das Truppenübungsgelände Munster führen, ist eine Befahrung nicht gestattet. Auch der Abschnitt Kreutzen–Müden ist nicht mehr für den Kanusport freigegeben, und so finden wir bei der ehemaligen alten Mühle in Müden eine schöne Einsatzstelle mit Bootsrampe, Bänken und Tischen. Daneben liegt auch die Bootsverleihstelle. An sommerlichen Wochenenden und Feierta-

$\rightleftarrows$ 43 km

🕐 2-Tage-Fahrt (Tagesfahrt bis Eversen)

gen »wuselt« es hier von Kajakfahrern, organisierten und »wilden«; sogar Zelten wird für eine Nacht geduldet. Das Ganze erinnert an die fränkische Wiesent. Doch während der Woche ist es am Flüsschen ruhig, und wir begegnen nur gelegentlich Gleichgesinnten.

Kaum in den Booten, zieht uns eine flotte Strömung unter die Straßenbrücke, verfolgt von neugierigen Blicken zuschauender Touristen. Überhängende Bäume beengen das noch recht schmale Flussbett, doch bald bringt die von rechts mündende Wietze die gleiche Wassermenge. Ein halb zerfallenes Wehr unterm Steg befahren wir ohne Schwierigkeiten. Links begleitet uns ein Kiefernwäldchen, am Sandsteilhang (Jugendherberge) tummeln sich Kinder, hier kann im Fluss noch gebadet werden! Nach mehreren Schleifen durch

△ *Mit Kanu und Zelt an und auf der Örtze.*

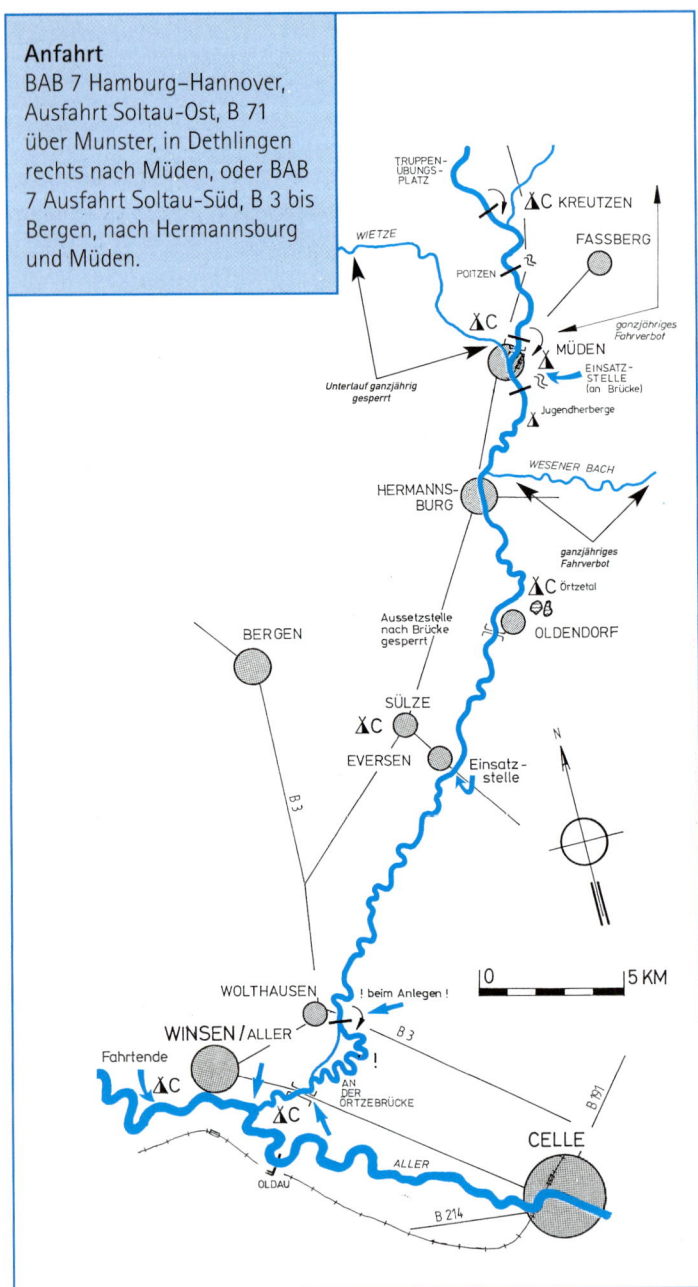

Anfahrt
BAB 7 Hamburg–Hannover, Ausfahrt Soltau-Ost, B 71 über Munster, in Dethlingen rechts nach Müden, oder BAB 7 Ausfahrt Soltau-Süd, B 3 bis Bergen, nach Hermannsburg und Müden.

TRUPPEN-ÜBUNGS-PLATZ

C KREUTZEN

FASSBERG

WIETZE

POITZEN

ganzjähriges Fahrverbot

C

MÜDEN

EINSATZ-STELLE (an Brücke)

Unterlauf ganzjährig gesperrt

Jugendherberge

WESENER BACH

HERMANNS-BURG

ganzjähriges Fahrverbot

C Örtzetal

B

OLDENDORF

BERGEN

Aussetzstelle nach Brücke gesperrt

SÜLZE

C

EVERSEN

Einsatz-stelle

N

B 3

WOLTHAUSEN

! beim Anlegen !

WINSEN / ALLER

B 3

Fahrtende

!

C

AN DER ÖRTZEBRÜCKE

C

B 71

CELLE

OLDAU

ALLER

B 214

0   5 KM

Wiesen sehen wir die erste Straßenbrücke und am Ufer einen Wanderrastplatz mit einer schönen Grillstelle. Kurz danach paddeln wir durch den gepflegten Park von Hermannsburg. Vor der Straßenbrücke hat die Ortsverwaltung beidseitig schöne Anlegestellen ausgebaut. Wir steigen aus den Booten, schlendern durch den lieblichen Ort und besuchen die 1000-jährige Peter- und Paulskirche.

Wälder und Wiesen umranden weiter die Örtze; linksufrig gibt es schöne Kiefernbestände, die zum Westrand des Naturparks gehören, durch den ausgedehnte Wanderwege führen. Wer hier länger bleiben will, findet im Campingplatz von Oldendorf freundliche Aufnahme. In Eversen beenden viele Ausleihboote ihre Fahrt, der folgende Flussabschnitt wird nun etwas ruhiger. Mit erhöhter Strömung zieht das Gewässer in eine Wildnis von Eichen und Erlen hinein. Wie mit hunderten von kleinen Füßchen sind die vielen Erlen in den Ufern verankert, und ein dichtes Baumkronendach schirmt uns in dieser grünen Röhre völlig von der Außenwelt ab.

Rhythmische Kehren wechseln mit geraden Abschnitten. Vor dem Wolthausener Wehr paddeln wir an der Flussverzweigung links (rechts ein Sperrschild) zum Wehr und tragen hier die Kanus kurz um.

Es geht unter der B 3 hindurch, der Fluss verengt sich etwas und gewinnt an Gefälle und Geschwindigkeit. Etwa 10 Min. nach der B 3 lassen wir einen Abkürzungskanal (mit Wehr) rechts liegen. Mit unzähligen scharfen Spitzkehren, die schon etwas Bootsbeherrschung verlangen, beginnt ein sportlicher und landschaftlich sehr ansprechender Teil: überhängende Weiden, hohe Sandufer und immer wieder viele Schleifen. Als möchte sich die Örtze noch austoben, bevor sie von der Aller verschluckt wird. Nach mehreren Kilometern erblicken wir die ersten Wochenendhäuschen, der Fluss beruhigt sich. Über uns wölbt sich die »Blaue Brücke« der Straße Celle–Winsen. Hier könnten wir anlanden und beim gemütlichen Gasthaus an der Örtzebrücke die Fahrt beenden. Es lohnt sich aber, weiterzupaddeln, vorbei am versteckten »Camping im Ruhigen Winkel« bis in die Aller. Nach ca. 2 km zeigt sich am regulierten Aller-Flussbett Winsen, wo uns kurz nach der Brücke beim Campingplatz »Auf der Hude« die abgestellten Autos erwarten.

△ *Die Örtze bietet auch in trockenen Sommern ausreichenden Wasserstand.*

Charakter, Tipps

Sehr sauberes Wanderflüsschen, das durch eine der schönsten Landschaften der Lüneburger Heide fließt. Von Müden bis Eversen angenehme, leicht beherrschbare Strömung, im Abschnitt Eversen – Mündung gewinnt das Flüsschen durch viele Spitzkehren und guten Stromzug an Sportlichkeit. Ein ganzjährig ausgeglichener Wasserstand erlaubt auch im Spätsommer eine Befahrung mit Kunststoff- und Faltbooten. An Wochenenden und Feiertagen sind viele Leihboote auf dem Wasser.

Befahrungsregelungen

Der obere Flussabschnitt bis Müden ist für den Kanusport gesperrt. Flussabwärts 29. 2.–15. 7. Befahrverbot. Vom 16. 7.–30. 9. ist eine Befahrung von 8–19 Uhr gestattet; zwischen 1. 10. und 28. 2. von 8–16 Uhr. Anlegen ist nur an gekennzeichneten Plätzen erlaubt. Zugelassen sind nur Boote bis 6 m Länge und 1 m Breite (keine Schlauchboote). Ab Brücke B 3 – Wolthausen keine Befahrungsregelung. Der Anlegesteg oberhalb der Brücke darf für Fahrten flussabwärts ganzjährig benutzt werden.

Zeltmöglichkeiten

Camping Kreutzen, Müden (Sonnenberg), Oldendorf und Winsen/A. In Müden Jugendherberge am Fluss.

Sehenswertes

Munster: St.-Urbani-Kirche (12. Jh.), alte Wassermühle, Panzermuseum.
Müden/Ö.: St.-Laurentius-Kirche (urspr. 13. Jh.), Bauernhäuser, mächtige Tilly-Linde.
Hermannsburg: Kirche St. Peter und Paul, Missionssammlungen im Ludwig-Harms-Haus, Hiesterhof.
Oldendorf: Gemäldegalerie im Bauernhausmuseum, kleiner Vogelpark.
Eversen: In Sülze Afrika-Museum.
Winsen/Aller: St.-Johannis-Kirche, Junkerntor, Kötnerhaus.
Celle: Ehemalige Residenzstadt, Straßenzüge mit Fachwerkbauten, Renaissance-Rathaus, Schloss mit Anlagen und Schlosstheater, Bomann-Museum (Heimatmuseum), Stadtkirche, Blumenlägerkirche, Landgestüt u. v. a.

Auto nachholen

Keine akzeptable öffentliche Verkehrsverbindung.

Karten, Kanu-Literatur

Generalkarte 1:200000, Blatt 5 und 7; ADAC Freizeitatlas Östliches Niedersachsen 1:100000; amtliche Karte 1:50000, Blatt Naturpark Südheide; Kanuwanderbuch für Nordwestdeutschland.

⮎ 110 km

🕐 Kleine Ferienfahrt

Die Aller ist der wichtigste Nebenfluss der Weser. Von ihrer Quelle bei Seehausen am Rande des Lappwaldes fließt sie in nördlicher Richtung und entwässert im Oberlauf die fruchtbare Magdeburger Börde. Vor Wolfsburg wendet sich die Aller in westliche Richtung und durchquert als sauberer Wiesenfluss den Drömling, um weiter im eiszeitlichen Urstromtal über Gifhorn und Celle die vielen Flüsschen der Lüneburger Heide aufzunehmen. Nach über 260 km langem Lauf mündet die Aller, zuvor noch kräftig mäandernd, bei der historischen Stadt Verden in die Weser.

Unsere Wandertour beginnen wir in einer der weitläufigsten und modernsten Städte Deutschlands, in Wolfsburg. Am Allersee, einem großen Sport- und Badesee, finden wir am Südufer einen Campingplatz und das schöne Zeltgelände der Wolfsburger Kanuten (Mitglieder des DKV sind willkommene Gäste). Vor Antritt der Fahrt lohnt es sich, an einer Führung im großen Volkswagenwerk teilzunehmen sowie die moderne Stadt zu besichtigen (am besten mit dem Fahrrad). In Alt Wolfsburg erweckt das große Renaissanceschloss mit seinen Sammlungen und der Kunstgalerie unser Interesse.

Am südlichen Sandufer des langgestreckten Allersees lassen wir unsere Boote ins Wasser und steuern in Richtung des gelb leuchtenden Eispalastes. Neben dem Freischwimmbad legen wir an der Bootsrampe an und tragen die Kanus über den Wanderweg zum Fluss. Man kann auch 2 km flussaufwärts in dem sehenswerten Städtchen Vorsfelde einsetzen. Durch eine weitläufige Parkanlage, die moderne Eissporthalle hinter uns lassend, paddeln wir unter der breiten Straßenbrücke hindurch und am Wolfsburger Schloss vorbei. Es folgt ein langer, begradigter Flussabschnitt am VW-Werk vorbei. Lange sehen wir die hohen Schornsteine des neuen Kraftwerks Ost voraus. Wir können froh sein, in diesem Abschnitt keinen starken Gegenwind zu haben.

Endlich, kurz vor Weyhausen, einem wendischen Rundlingsdorf, zweigt am niedrigen Schützenwehr die Alte Aller nach rechts ab, gerade weiter führt der Aller-Kanal,

△ *Ein hübscher Rastplatz an der Aller bei Osloß.*

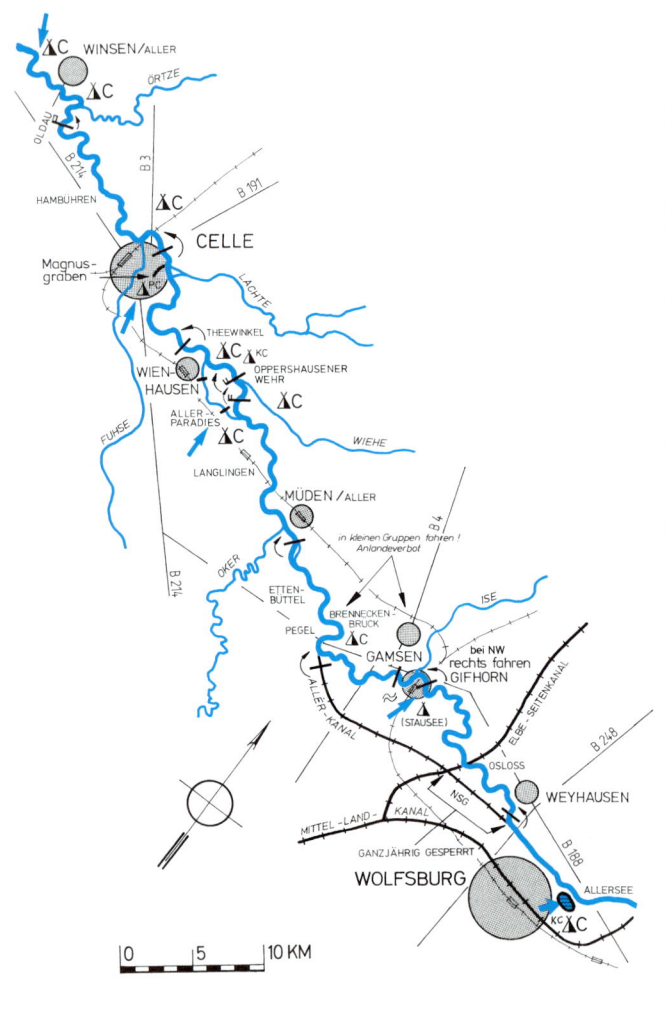

Anfahrt
BAB 2 Hannover–Berlin,
AB Kreuz Wolfsburg/Königs-
lutter, BAB 39 nach Wolfsburg, B 188 nach Vorsfelde.

WINSEN/ALLER

ÖRTZE

OLDAU

B 214

B 3

HAMBÜHREN

B 191

CELLE

Magnus-
graben

LACHTE

THEEWINKEL

WIEN-
HAUSEN

KC

OPPERSHAUSENER
WEHR

FUHSE

ALLER-
PARADIES

WIEHE

LANGLINGEN

MÜDEN/ALLER

B 4

OKER

B 214

in kleinen Gruppen fahren !
Anlandeverbot

ETTEN-
BÜTTEL

ISE

BRENNECKEN-
BRUCK

PEGEL

GAMSEN

bei NW
rechts fahren

GIFHORN

ELBE-SEITENKANAL

B 248

ALLER-KANAL

(STAUSEE)

OSLOSS

WEYHAUSEN

MITTEL-LAND-KANAL

NSG

B 188

GANZJÄHRIG GESPERRT

WOLFSBURG

ALLERSEE

KC

0   5   10 KM

der leider aus Gründen des Natur-
schutzes für Kanufahrer auf 5 km
Länge im Barmbrucher Forst ganz-
jährig gesperrt wurde. Und so pad-
deln wir im engen, ursprünglichen
und viel gewundenen Flussbett der
Alten Aller durch die Gärten von
Weyhausen und unter niedrigen
Brücken hindurch. Pferde weiden
am flachen Flussufer, und niedrige
Sandhügel, bewachsen mit kleinen
Kiefernhainen, bestimmen das
Landschaftsbild.

Nach Osloß erreichen wir die Kas-
tenbrücke des Elbe-Seitenkanals;
wir legen an und klettern die 15 m
hinauf, um den Schiffsverkehr, der
sich hier hoch über dem Tal ab-
spielt, zu beobachten. In weit ausholenden Schlingen windet sich die
Aller weiter durch das Clausmoor
und den Gifhorner Stadtwald. Vor
der Stadt liegt das bekannte internationale Mühlenmuseum, wo
Wind- und Wassermühlen, aus
ganz Europa zusammengetragen,
einen würdigen Platz gefunden
haben. Bis hier reicht auch der Stau
des Entlastungswehrs; bei Niedrigwasser fahren wir im rechten
Stadtarm weiter, bei gutem Wasserstand tragen wir die Boote links
über die Rampe in den Umlei-
tungskanal um.

Unterhalb der Stadt mündet die
wasserreiche Ise in die Aller. Durch
die Fahle Heide paddeln wir in
westlicher Richtung weiter. Vor der
»Brenneckenbrück« der B 188, wo
ein Campingplatz und das einladende Wirtshaus »Im Wiesen-
grund« liegen, schließt sich uns mit
einem Schwall fast rechtwinklig
der Aller-Kanal wieder an. Ein klei-

ner Bootshafen und eine Minigolf-
anlage befinden sich links von der
Stahlbogenbrücke in Ettenbüttel.
Pferdekoppeln und eine Parklandschaft begleiten den nun ca. 15 m
breiten, mäßig strömenden Fluss.
In Dieckhorst-Müden nehmen wir
den linken Flussarm und tragen am
Wehr links über die Straße um. Kurz
danach mündet im spitzen Winkel
über ein Steilwehr die Oker.

Etwas reguliert wird das Flussbett
vor dem 1971 erbauten Langlinger
Wehr. Leider ist die automatische
Bootsgasse nicht immer in Betrieb,
denn dann würde ein Knopfdruck
genügen, um die Gasse öffnen und
ins Unterwasser hinunterrutschen
zu können. So müssen wir die Kanus über einen Holzsteg umtragen.
Wir nutzen die Gelegenheit für eine Pause, trinken ein kühles Bier
oder essen Eis gleich daneben im
gemütlichen Wirtshaus »Allerpara-
dies«. Im sanft regulierten Fluss mit
schönem Ausblick in die Landschaft geht es zur Oppershausener
Bootsgasse (die oft nicht funktio-
niert). Rechts steht das Bootshaus
der Flotwedeler Kanuten.

Vor der Wienhausener Brücke können wir anlegen, um das ehemalige Zisterzienserkloster Wienhausen (heute ein Damenstift) mit
seinen bedeutenden Kunstschät-
zen aufzusuchen. Begleitet von
einzelnen mächtigen Eichen, wei-
denden Kühen und Pferden erreichen wir das »Theewinkelwehr«,
tragen über die Treppchen rechts
um und lassen danach die Kanus
ohne Hindernisse nach Celle treiben. An Alten-Celle vorbei, die kris-
tallklare Lachte von rechts aufneh-

Auch im Spätsommer bietet die Aller guten Wasserstand und schöne Vesperplätze.

mend, trägt uns die Aller in die Stadt. Wir halten uns links, finden, geführt von der Kastanienallee am Ufer, die Einfahrt in den Magnusgraben und steigen am Anleger des Celler Paddler Clubs aus den Booten. Das Vereinsgelände auf der Ziegeninsel ist ein idealer Aufenthaltsort, und nach Anfrage sind wir hier gern gesehene Gäste.

Mindestens einen freien Tag muss man Celle widmen. Die alte Residenzstadt wirkt mit ihren vielen schönen Straßenzeilen voller farbiger Fachwerkhäuser, dem prächtigen Rathaus sowie dem Schloss und den Marktplätzen wie ein großes, lebendiges Freilichtmuseum.

Unsere Kanuwanderung können wir auch unterhalb Celle problemlos fortsetzen. Die Aller ist hier zwar Binnenwasserstraße, doch mit nur sehr geringem Schiffsverkehr. Am Celler Wehr tragen wir vor dem Wehrhaus rechts um und erreichen nach 20 km gemütlicher

Charakter, Tipps

Ganzjährig ab Vorsfelde mit allen Kanutypen leicht befahrbarer Wanderfluss (für Kanadier bei vorherrschendem Gegenwind oft etwas mühsam). Das sandige Flussbett und sauberes Wasser laden zum Baden ein. Viele Zeltplätze erlauben eine Ferienfahrt mit Gepäck.

Nach Wolfsburg am Schützenwehr rechts hineinfahren in die alte Aller (im Sommer stark verwachsen), durch die Stadt Gifhorn, da der Allerkanal auf 5 km Länge ganzjährig für Kanufahrer gesperrt ist. Zwischen Gifhorn und Brenneckenbrück am Fluss Anlandeverbot. Pkw-Kontakt an Brücken.

Zeltmöglichkeiten

Wolfsburg (am See KC), Gifhorn, Brenneckenbrück, bei Schwachhäusern, Langlingen, Wienhausen, Theewinkel (Paddlerclub), Camping »An der Örtze« (Örtzemündung), Celle (Kanugelände), Winsen/Aller.

Sehenswertes

Wolfsburg: Renaissanceschloss mit Galerie (Alt Wolfsburg), St.-Annen-Kirche (13. Jh.), Kulturzentrum, moderne Kirchen, Planetarium, Volkswagenwerk u.a.

Gifhorn: Schloss (16. Jh., Kreisheimatmuseum), Torhaus, Schlosskapelle, Wind- und Wassermühlenmuseum, Nikolaikirche, schöne Bürgerhäuser.

Wienhausen: Ehemaliges Zisterzienserinnenkloster mit herrlichem Nonnenchor und berühmten Sammlungen (Wienhäuser Teppiche).

Celle: Altstadt mit vielen schönen Fachwerkhäusern, Altes Rathaus (16. Jh.), Stadtkirche mit Holztonnendecke, Schloss, Parkanlage, Schlosstheater (ältestes Theater in Deutschland), Bomann-Museum (sehenswert).

Winsen/Aller: Wietze: Erdölmuseum.

Auto nachholen

Von Winsen nach Celle keine öffentlichen Verkehrsmittel. Von Celle und von Verden nach Wolfsburg gute Bahnverbindung (über Hannover oder Lehrte).

Karten, Kanu-Literatur

Generalkarte 1:200000, Blatt 7; Amtliche Karten 1:100000, Blätter Wolfsburg und Celle; Kanuwanderbuch für Nordwestdeutschland.

Fahrt (Schleuse in Oldau) das sehenswerte Winsen. Der schöne Campingplatz am rechten Al
lerufer bietet sich als Etappenziel an.

Bis zur Mündung bei Verden (noch ca. 80 km) erwarten uns dann noch drei Schleusenanlagen. Hier strömt der Fluss in vielen natürlichen Schleifen bis nach Verden, wo wir am WSV-Zeltplatz die Fahrt beenden können.

⌇ 59 km

🕐 2-Tage-Fahrt

Geografisch und hydrologisch betrachtet ist die Ilmenau mit ihrem fast 3000 km² umfassenden Einzugsgebiet der größte Heidefluss. Er wurde schon vor Jahrhunderten schiffbar gemacht, um den Lüneburgern als viel genutzte Wasserstraße zu dienen. Genau betrachtet hat die Ilmenau keine eigene Quelle; erst am Zusammenfluss zweier Heidebäche – der Stederau und Gerdau – bei Uelzen bekommt das neu entstandene Flüsschen den Namen Ilmenau.

Man nennt sie auch Ulmenfluss, vielleicht wegen der zahlreichen Ulmenhaine, die in alten Zeiten den viel gewundenen Wasserlauf begleiteten und später unter den Salzsiedepfannen der Lüneburger Saline verheizt wurden. Das flache, von niedrigen Waldhügeln umrahmte Ilmenautal hat durch intensive landwirtschaftliche Nutzung schon lange seinen ausgeprägten Heidecharakter verloren. Durch eine liebliche Wiesen-, Feld- und Parklandschaft schlängelt sich heute der noch wenig regulierte Oberlauf von Uelzen über Bad Bevensen, Bienenbüttel nordwärts nach Lüneburg.

Zweimal unterquert er dabei den in den Sebzigerjahren fertig gestellten, manchmal hoch über die Talsohle führenden Elbe-Seitenkanal, den »Heide-Suez«, wie ihn die Anwohner scherzhaft nennen. Ein paar Kilometer flussabwärts von Lüneburg berührt die Ilmenau den mächtigen Bardowicker Dom. Bei Wittorf übernimmt der Ilmenau-Kanal das ganze Wasser und nähert sich, zwischen Weiden und Wiesen fließend, in westlicher Richtung der Elbe. Nördlich von Winsen wird noch ein Juwel unter den Heideflüssen, die flotte Luhe, aufgenommen. Kurz danach in Hoopte, wo ein Hochwasser-Sperrwerk den Unterlauf vor bedrohenden Sturmfluten schützt, mündet die Ilmenau nach fast 88 km Flusslänge in die Elbe.

In der Stadt der »Eulenkäufer«, in Uelzen, beginnt unsere Kanuwanderung. Nach der Stadtbesichtigung lassen wir die Autos am großen Parkplatz neben der alten Ilmenaubrücke stehen; von hier sind es knapp 100 m über die Straße zur Einsatzstelle, wo ein kleines »Hafenbecken« unsere Boote aufnimmt.

△ *Die regulierte Ilmenau bei Jastorf.*

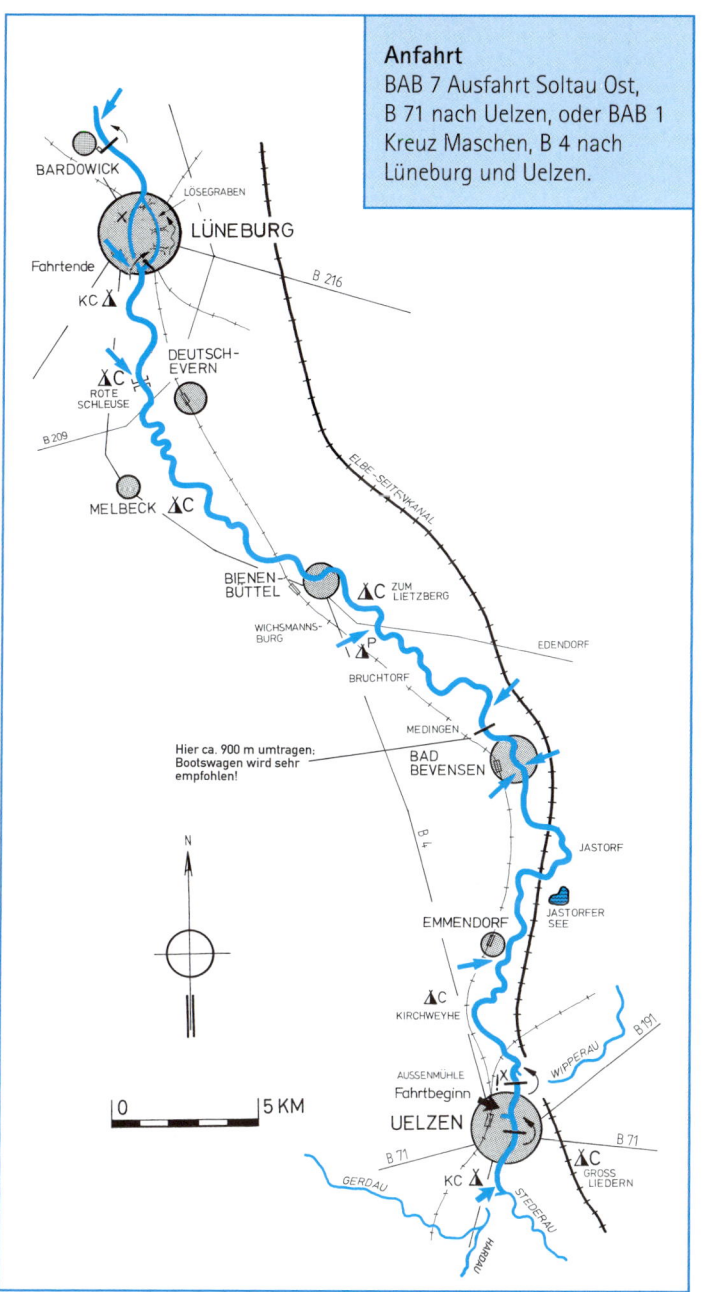

Anfahrt
BAB 7 Ausfahrt Soltau Ost,
B 71 nach Uelzen, oder BAB 1
Kreuz Maschen, B 4 nach
Lüneburg und Uelzen.

BARDOWICK

LÖSEGRABEN

LÜNEBURG

Fahrtende

KC

DEUTSCH-EVERN

ROTE
SCHLEUSE

B 209

MELBECK

BIENEN-
BÜTTEL

WICHSMANNS-
BURG

ELBE-SEITENKANAL

ZUM
LIETZBERG

EDENDORF

BRUCHTORF

MEDINGEN

Hier ca. 900 m umtragen;
Bootswagen wird sehr
empfohlen!

BAD
BEVENSEN

N

JASTORF

JASTORFER
SEE

EMMENDORF

KIRCHWEYHE

WIPPERAU

B 191

AUSSENMÜHLE
Fahrtbeginn

UELZEN

B 71

GERDAU

KC

STEDERAU

HARDAU

B 71

GROSS
LIEDERN

0   5 KM

B 216

B 4

Nach den ersten Paddelschlägen, die uns an der Stadt entlangführen, trauen wir unseren Augen nicht: Links voraus sehen wir ein Storchennest!? Leider ist es nur ein weißer Blechstorch, der den lebendigen Adebar ersetzt. Wahrscheinlich sind die Feuchtwiesen in der Umgebung bereits entwässert und bieten keine Nahrungsgrundlage mehr. In der Kleingärtneranlage am Fluss entlang machen wir noch mehrere Windmühlenmodelle aus. Ein paar hundert Meter nach der modernen Straßenbrücke sperrt ein unbefahrbares Steilwehr die Ilmenau. Rechts winkt eine gut angelegte Rampe; wir legen an, tragen 50 m um, und schon sitzen wir wieder in den Booten. In weit ausholenden Schleifen, leicht im Terrain eingeschnitten, zieht uns die Strömung zwischen Holunderbüschen, Pappeln und Weiden unter der neuen Eisenbahnbrücke hindurch und an den vielen Hügelgräbern bei Kirchweye vorbei.

Die nun flachen Flussufer ermöglichen einen schönen Ausblick auf die verstreuten, niedrigen Bauernhöfe, alte Holzbrücken überspannen das Flüsschen; eine angenehme ländliche Stimmung begleitet uns. Gemütlich paddeln wir durch die liebliche Landschaft. Nach einer Rechtsschleife nähern wir uns der ersten hohen Brücke des neuen Elbe-Seitenkanals, der seit 1976 die Elbe mit dem Mittellandkanal verbindet. Wenn wir Glück haben, surrt im Kanaltrog der Brücke gerade ein Schiff; wir legen an und steigen die steilen Treppen hinauf. Es ist schon seltsam, wie hoch diese mächtige künstliche Wasserstraße über der ursprünglichen Talsohle fließt, fast schnurgerade in der Nord-Süd-Achse. – Noch ein kurzer Blick auf Jastorf; unweit von hier unterquert die Ilmenau nochmals den »Heide-Suez«. Ab der zweiten Brücke ist der Kanal nicht mehr in Sicht.

Durch eine parkähnliche Landschaft paddelnd, nähern wir uns in regelmäßigen Flussschlingen Bad Bevensen. Von den blumengeschmückten Brücken aus beobachten uns Kurgäste. An der Fußgängerbrücke am Ortsausgang muss das folgende Wehr der Mühle rechts ca. 900 m weit umtragen werden (Bootswagen!). Die Besichtigung der reich ausgestatteten klassizistischen Klosteranlage sollten wir uns nicht entgehen lassen. Pferdenarren kommen im anschließenden Klostergestüt auf ihre Kosten.

Nach Medingen folgt bei guter Strömung über mehrere Kilometer eine schöne, abwechslungsreiche Waldstrecke. Birken, mächtige Eichen und Buchen begleiten den Flusslauf, Sandbänke laden bei heißen Sommertemperaturen zum Faulenzen ein. Ein stetiger Wechsel von Wald und Wiesen bestimmt die weitere Szenerie. Große Findlinge knapp unter dem Wasserspiegel erfordern unsere Aufmerksamkeit; im glitzernden Gegenlicht der Nachmittagssonne sind sie leicht zu übersehen. Mehrere Terrassenhäuser auf niedrigem Moränenhügel und die Campingzelte signalisieren Wichmannsburg, wo es eine Feldsteinkirche mit einem Schnitzaltar aus dem 16. Jh. zu bewundern

Charakter, Tipps

Zügig fließendes Wanderflüsschen, das ein liebliches, von niedrigen Moränenhügeln gesäumtes Flachtal durchquert. Ganzjährig von Uelzen mit allen Bootstypen problemlos befahrbar. Durch ihre parkähnliche Auenlandschaft, das saubere Wasser und die vielen Sehenswürdigkeiten bietet die Ilmenau eine genussvolle Wanderfahrt.

Etwas erfahrene Kanufahrer können bis in den Vorsommer auf einem der Quellbäche, der Stederau, schon ab Bodenteich ganze 22 km bis Uelzen an einem Tag als schöne Fahrt hinunterpaddeln (hier jedoch fünf teilweise nicht befahrbare Wehre!).

Der Quellfluss Gerdau ist ab dem gleichnamigen Dorf auf 14 km, die Hardau ab Suderburg (10 km) befahrbar, während die Wipperau (ca. 15 km) wegen vieler Wehre eher beschwerlich ist.

Zeltmöglichkeiten

Stederau – Bodenteich; Ilmenau – Uelzen-Großliedern, KC Uelzen für DKV-Mitglieder, Camping Westerweyhe, Wichmannsburg, Campingplatz Melbeck, Rote Schleuse, Kanuclub Lüneburg.

Sehenswertes

Uelzen: Gepflegte Altstadt, backsteinerne Marienkirche (13. Jh.), gotische St.-Gertruden-Kapelle, Heiliggeistkapelle mit Flügelaltar und schönen Glasmalereien, im Stadtteil Oldenstaddt ehemaliges Benediktinerkloster (12. Jh.).

Jastorf: Elbe-Seitenkanal – lohnender Aufstieg an der Brücke, NSG Jastorfer See.

Bad Bevensen: Thermalquellen, Kurzentrum, Kloster Medingen (Damenstift), Gestüt Klosterhof, gotisches Brauhaus (13. Jh.), Hügelgräber.

Bienenbüttel: Kirche mit Altar von 1520 (Wichmannsburg).

Lüneburg: Alte Salzstadt und Hansestadt, herrliche Straßenzüge mit reichgeschmückten Giebelhäusern, Rathaus, ehemaliges Schloss, Ratsbücherei, ehemalige Ritterakademie, (Landratsamt), Naturdenkmal Kalkberg, spätbarocke St.-Benedikt-Kirche, St.-Johannis-Kirche mit 105 m hohem Backsteinturm, gotische Basilika St. Nikolai, Hafen mit altem Kran, 1000-jährige Saline, Kloster Lüne u. v. a.

Bardowick: Gewaltiger Dom mit Schnitzaltar und schönem Chorgestühl.

Auto nachholen

Sehr gute Bahnverbindung Lüneburg – Uelzen.

Karten, Literatur

Generalkarte 1:200000 Blatt 5; amtliche Karten 1:100000 Blätter Hamburg-Wandsbek und Uelzen; Kanuwanderbuch für Nordwestdeutschland; Faltblatt Wasserwandern Lüneburger Heide.

gibt. Kurz danach finden wir im Erholungsort Bienenbüttel an der Straßenbrücke zu Vastorf eine gute Anlegestelle mit Treppe und einer Sitzgruppe.

Eine bequeme Tagesetappe trennt uns noch von Lüneburg. In mehreren sanften Schleifen, von Waldstreifen begleitet, nähert sich der Fluss dem komfortablen Campingplatz in Melbeck. Durch die Flachwiesen vor Deutsch-Evern mäandert die Ilmenau sehr stark; immer wieder pendeln wir mit unseren Kanus von Ost nach West und umgekehrt. Im kanufreundlichen Campingplatz Rote Schleuse bei der Häcklinger Holzbrücke finden wir einen idealen Ausgangsort für viele Flusswanderungen in der Heide.

Von hier ist es nicht mehr weit in die 1000-jährige Salz- und Hansestadt Lüneburg, die uns mit ihren vielen Sehenswürdigkeiten verwöhnt. Am Stadtrand, links beim Lüneburger Kanu-Club, finden wir einen günstigen Anlandeplatz.

Auf der Ilmenau paddeln wir durch eine parkähnliche Landschaft.

⮀ 42 km

🕐 2-Tage-Fahrt

Welche Großstadt in Deutschland außer Hamburg kann schon einen solchen urwüchsigen und erfrischend fließenden Fluss sein Eigen nennen? Ob es der noch natürlich mäandernde, durch Feuchtwiesen und einen Grüngürtel von Auwäldern ziehende Oberlauf ist oder der in die Stadt behutsam integrierte und regulierte Unterlauf ab Fuhlsbüttel oder die riesige Wasserfläche der Außenalster und die vielen Kanäle, die wie ein Netz die Stadt durchziehen. Keine Stadt versteht sich so natürlich und selbstverständlich mit einem glitzernden Flussband und einem blauen See zu schmücken wie Hamburg.

Die Hamburger sind stolz auf ihren Fluss. Viele von ihnen verbringen einen großen Teil ihrer Freizeit auf der Alster, und wenn man hier als Fremder den Fluss herunterpaddelt, ist man von den vielen Kanus, Kajaks und Ruderbooten sehr beeindruckt. Alles, was ein Paddel in der Hand halten kann, schippert samstags den Fluss hinauf, um hier am Wasser ein freies Wochenende zu verbringen. Zu ihnen gesellen sich Wanderer an den Uferwegen und Badende im Fluss. Trotzdem ist es nicht zu laut und nicht überall überlaufen; die Menschen verteilen sich, und so können wir eine erholsame und recht abwechslungsreiche Kanufahrt unternehmen.

Bei gutem Wasserstand setzen manche ihre Einer schon an der Straßenbrücke Henstedt-Wilstedt in die Alster ein. Das Wiesen- und Moorflüsschen ist hier jedoch keine 3 m breit, und außerdem nisten im Frühling Kiebitze, Schnepfen und Brachvögel in den umliegenden Feuchtwiesen. Da wir es vermeiden wollen, die letzten Refugien dieser gefährdeten Vogelarten zu stören, verzichten wir lieber auf diesen Flussabschnitt und beginnen unsere Kanuwanderung unter der Straßenbrücke der B 432 am Gasthof Naherfurt, bei dem wir auch gleich einen Parkplatz vorfinden.

Eine Treppe erleichtert das Einsetzen, und der Pegel zeigt fast das ganze Jahr einen guten Wasserstand an. Zuerst geht es gerade durch eine Pappelallee, doch bald schwingt die Alster von Schleife zu Schleife, und Teppiche von Teichrosen überwuchern die Wasserfläche.

△ *Kopfweiden säumen die Ufer vor der Mündung der Alten Alster.*

Blühende Weißdornbüsche ziehen vorbei, und an den frisch gemähten Wiesen finden wir schöne Plätze zum Ausruhen.

Mächtige Weiden säumen die Flussufer, und vor uns tauchen die großen Gebäude des alten Guts Stegen auf. Oberhalb der Straßenbrücke mündet die Alte Alster, vor vielen Jahrhunderten als Alster-Trave-Kanal ausgebaut, doch bald danach versandet und heute unbefahrbar. Die Reste einer Burg aus dem 14. Jahrhundert bezeugen die strategische Bedeutung dieses Platzes.

Die nachfolgenden, weit ausholenden Mäander wurden mit grobem Steinwurf etwas verflacht, um die Erosionsschäden in Grenzen zu halten; ein Weidegeflecht wäre natürlicher gewesen. Das Wehr vor Heidkrug (nettes historisches Wirtshaus) ist meist offen und problemlos befahrbar. Ab hier ändert sich fast schlagartig der bisherige Wiesenflusscharakter – die Alster ist jetzt ein Wald- und Parkfluss, ein Fluss der tausend Spiegelungen. Jede Kehre überrascht mit neuen Bildern, bei Sonnenschein glitzern unendlich viele kleine Lichter auf der Wasserfläche, und wir tauchen in ein grünes, alles durchdringendes Zwielicht ein. Langsam lassen wir uns treiben, um diese Stimmung einzufangen.

Drei meist leicht befahrbare Wehre unterbrechen unsere Fahrt, gute Umtrageanlagen erleichtern das Weiterkommen. Nach dem ausgedehnten Rade-Wulksfelder Forst, in dem alte Eichen an steilen Uferhängen bis an die Alster reichen, mündet links die Wohldorfer Au,

danach folgt ein Wehr. Wir steuern unsere Boote rechts unter die Straßenbrücke, eine Rolltreppe mit Bootssteg ermöglicht es, auch beladene Faltboote oder die breiten, schweren Holzkanadier mühelos ins Unterwasser zu schieben.

Bevor wir unsere Fahrt fortsetzen, schauen wir uns noch den schönen Fachwerkbau des Schleusenmeisterhauses an, das seinen Ursprung im 16. Jh. hat. Die Schleusenanlage selbst ist 100 Jahre älter, wenn auch natürlich schon vielfach umgebaut.

Die Alster hat sich jetzt tief eingegraben, und alte Pfahlregulierungen befestigen die Ufer. Die ersten Villen der reichen Hamburger Bürger lugen hinter der Waldkulisse hervor, manche Gärten grenzen bis an den Fluss. Herrlich blühende, mächtige Rhododendronbüsche leuchten im Frühjahr wie rote, violette und gelbe Inseln im Grün der Buchen- und Eichenwälder. Bald legen wir am hübschen, etwas versteckten Campingplatz Haselknick, dem Ziel dieser Tagesetappe, an. Abends können wir durch die Gartenstraßen von Ohlstedt spazieren oder mit der Bahnlinie U 1 in die Stadt hinunterfahren.

Am nächsten Morgen paddeln wir durch das Naturschutzgebiet Rodenbeker Quellental, das mit vielen Wasserläufen, Quellteichen und schönem Auwaldbestand sehr ursprünglich wirkt. Unter mehreren Brücken hindurch steuern wir zu einer Rechtsschleife; hier mündet der Mühlbach. Ein paar Meter weiter liegt das sehenswerte Mühlenhaus mit einer malerischen Gast-

Charakter, Tipps

Ruhig fließender, teilweise noch sehr urwüchsiger und abwechslungsreicher Wiesen-, Wald- und Parkfluss, in der Stadt seenartig (Außenalster) verbreitert. Auch für wenig Erfahrene zu empfehlen. Die vorhandenen Wehre sind teilweise befahrbar, ab Wohldorf unbefahrbar, jedoch mit Bootsschleppen, die ein müheloses Umtragen erlauben, ausgestattet. Ab Straßenbrücke B 432 Naherfurt bzw. Kayhude ganzjährig auch mit Faltbooten befahrbar.

Obwohl der Fluss durchs Stadtgebiet fließt, kann die Fahrt recht ruhig und romantisch sein. An Wochenenden herrscht natürlich im unteren Bereich reger Bootsverkehr, Pkw-Begleitung nicht möglich, nur an manchen Brücken Kontaktmöglichkeiten. Jedoch führt ein Wanderweg, der die alten Treidelwege nutzt, am Fluss entlang (gleichzeitig Fahrradweg – Zurückholen des Autos mittels Fahrrad!).

Befahrungsregelungen

Keine Gewässersperrung. Als freiwillige Selbstbeschränkung sollte die Alster nicht oberhalb der B 432 gepaddelt werden.

Zeltmöglichkeiten

An der Alster – Campingplatz Haselknick in Ohlstedt (Voranmeldung empfohlen unter Tel. 040-6050494).

Sehenswertes

An der Alster: Gasthof Heidkrug, Herrenhaus Wohldorf, Schleusen, Alte Mühle, Poppenbüttler Markt.

Hamburg: Rathaus, Börse, St.-Michaeli-Kirche, St.-Nikolai-Kirche, St.-Petri-Kirche, Deichstraße, Mönckebergstraße, Wallringpark, botanischer Garten, Hafenanlagen, St. Pauli, Landungsbrücken, Museum für Völkerkunde, Kunsthalle, Museum für Kunst und Gewerbe u.v.a.

Auto nachholen

Von HH-Ochsenzoll (U-Bahn) fährt Bus 1742 nach Naherfurt (am Wochenende selten). Von der Hamburger Innenstadt bis Poppenbüttel S-Bahn-Verkehr, bis Ohlstedt U-Bahn. An der gesamten Oberalster Radwege, sodass sich Kanu- und Radwandern ideal ergänzen lassen.

Karten, Kanu-Literatur

Generalkarte 1:200000, Blatt 2; ADAC Freizeitatlas Schleswig-Holstein 1:100000; amtl. Karte 1:50000 Blatt HH-Fuhlsbüttel; Kanuwandern in Schleswig-Holstein und Hamburg; Wassersport-Wanderatlas nördlich der unteren Elbe; Kanuwanderbuch für Nordwestdeutschland.

wirtschaft. Die folgende Mellingburger Schleuse mit Anlegestellen, Rolltreppen und dem alten Schleusenmeisterhaus ist eine Sehenswürdigkeit für sich, ganz wie aus den Zeiten der Oberalsterschifffahrt. Der steile Umlaufberg der Großen Alsterschleife diente vor 1000 Jahren als Fluchtburg und war mit Erdwällen befestigt. Der Alsterwanderweg, auf ehemaligen Treidelwegen geführt, quert mit niedrigen Stegen den Fluss, helle Wiesen lockern den Wald auf. Wir paddeln immer weiter in einer gepflegten Parklandschaft. Vor dem Poppenbütteler Wehr erweitert sich die Alster seeartig, und viele Enten beleben die Ufer.

Wir tragen die Boote um, rechts

hinauf, dann über die Straße und die Bootsschleppe ins Unterwasser. Ein einladender Biergarten lockt zum gemütlichen Umtrunk, der Lohn für eine lange Paddelstrecke. Nach der Erfrischung geht es weiter, an Spielwiesen, Gärten, Teichen, Sportplätzen vorüber zur Schleuse Fuhlsbüttel, die wir wieder rechts über eine Rollenrampe bewältigen. Ab hier ist die Alster kanalisiert, begradigt und für die »Weiße Flotte« der Ausflugsschiffe befahrbar.

Hamburg tritt jetzt ins Rampenlicht, schöne Anlagen schmücken die Alsterufer. In Eppendorf liegt rechts versteckt hinter einer Halbinsel der Mühlenteich, das Winterquartier der unzähligen Alsterschwäne. Es folgt das Gelände des Alster-Canoe-Clubs. Vorbei an der St.-Johannis-Kirche und dem landsitzähnlichen Kloster erreichen wir die Krugkoppelbrücke, die uns den Zugang zur fast 200 ha großen Außenalster öffnet. Wie ein übergroßes blaues Juwel, eingefasst mit Grünanlagen, liegt der See inmitten der Stadt. An Wochenenden tummeln sich hier hunderte von Seglern, Surfern und Kanuten; es sieht aus, als ob ganz Hamburg auf dem Wasser wäre. In der schönen Parkanlage des Alstervorlandes beenden wir unsere Wanderung; am großen Parkplatz am Fährdamm können wir die Kanus aufladen.

◁ *Die Alster ist im Oberlauf ein urwüchsiger Wald- und Wiesenfluss.*

Anfahrt
BAB 7 Ausfahrt Schnelsen Nord, B 432 Hamburg–Bad Segeberg nach Kayhude, Naherfurt.

Auf ihrem Weg zur Kieler Förde durchfließt die Schwentine, die in der Nähe des 168 m hohen Bungsbergs entspringt, zwischen Eutin und Preetz die landschaftlich einmalige Ostholsteiner Seenplatte, ein geologisches Überbleibsel des dahingeschmolzenen Eiszeitgletschers.

Nördlich von Preetz zwängt sich die bisher sehr zahme Schwentine unverhofft durch die enge Waldschlucht von Raisdorf, springt dabei wie ein Wildwasser von Stein zu Stein (hier nicht befahrbar, weil NSG), um wieder sichtlich beruhigt die moderne Landeshauptstadt Kiel anzusteuern und dort im Fischerhafen in die Ostsee zu münden.

Sportlich lässt sich dieser Wandervorschlag in zwei Tagen bewältigen. Die faszinierende Seenlandschaft und die vielen Sehenswürdigkeiten in den nahen Städtchen jedoch verlangen viel mehr Zeit; eine kleine Ferienfahrt ist hier schon angebracht.

In Eutin, wo uns außer dem roten Backsteinschloss der kunstsinnigen Fürstbischöfe noch die Kirche und die verzierten Bürgerhäuser am Marktplatz beeindrucken, setzen wir unsere Faltboote oder Kanus nicht weit vom Schloss ins Wasser (hier Parkplatz). Noch ein Blick über den Eutiner See zum behelmten Schlossturm, und bald paddeln wir unter die schwebende, weiße Holzbogenbrücke, am gepflegten Gelände des Rudervereins

50 km

3–4-Tage-Fahrt

Germania vorbei (nach Anfrage sehr günstige Einsatzstelle) zur Neumühle. Der Europäische Wanderweg E 6 überquert die verschilfte Schwentine, die uns zum Wehr der Fissauer Mühle führt. Rechtsufrig erleichtert eine Anlegestelle das Aussteigen aus den Booten, die wir anschließend ca. 80 m um die Mühle umtragen. In nördlicher Richtung steuern wir nun unter der nächsten Straßenbrücke hindurch zum Kellersee. Alte, mächtige Buchenbestände säumen das rechte Ufer, an dem entlang wir bis nach Sielbek kommen und von hier einen kleinen Spaziergang zum verträumten, sagenumwobenen kleinen Ukleisee mit dem reizenden hölzernen Jagdschlösschen unternehmen. Wieder zurück, paddeln wir in westlicher Richtung, vielleicht im Windschatten der hohen

△ *Alte Baumbestände säumen die Schwentine auf ihrem Weg nach Kiel.*

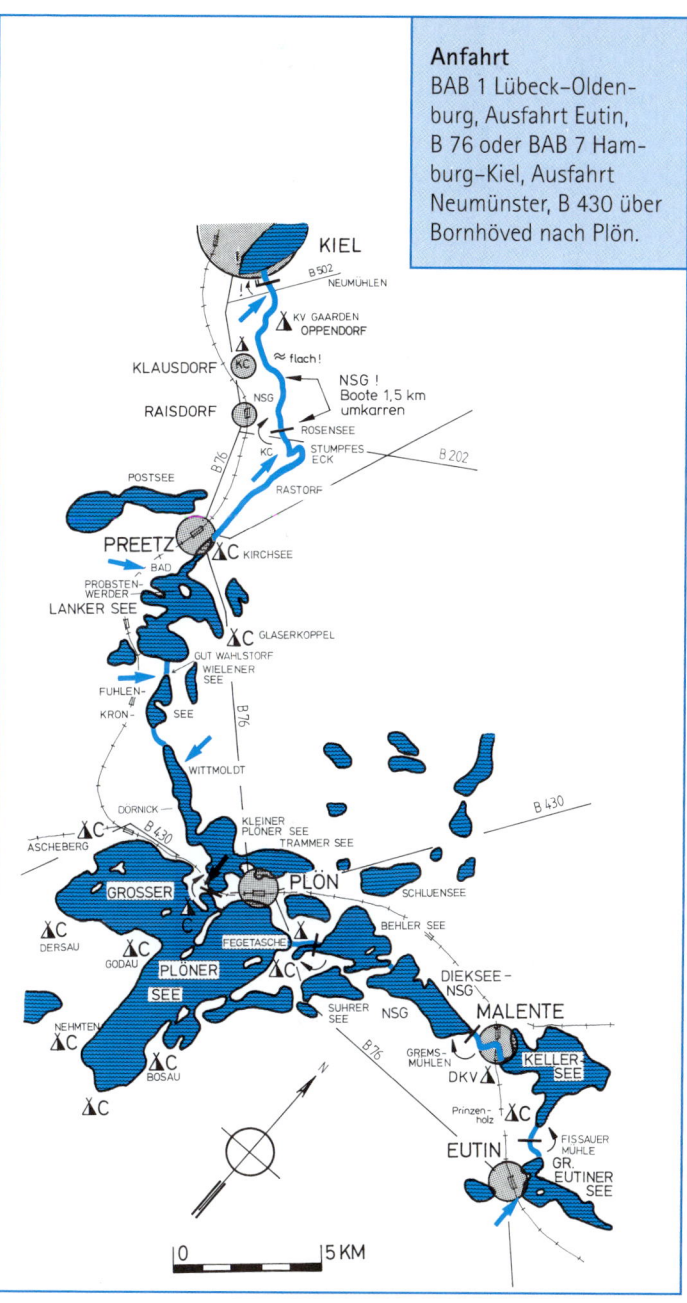

Anfahrt
BAB 1 Lübeck–Olden-
burg, Ausfahrt Eutin,
B 76 oder BAB 7 Ham-
burg–Kiel, Ausfahrt
Neumünster, B 430 über
Bornhöved nach Plön.

KIEL

B 502 NEUMÜHLEN

KV GAARDEN
OPPENDORF

KLAUSDORF   KC   ≈ flach !

NSG   NSG !
Boote 1,5 km
RAISDORF   umkarren

ROSENSEE

KC   STUMPFES
ECK   B 202

POSTSEE   RASTORF

PREETZ   C KIRCHSEE

BAD
PROBSTEN-
WERDER
LANKER SEE

C GLASERKOPPEL

GUT WAHLSTORF
WIELENER
FUHLEN-   SEE

KRON-   SEE

WITTMOLDT

DÖRNICK   KLEINER
C   PLÖNER SEE   B 430
B 430   TRAMMER SEE
ASCHEBERG

PLÖN
GROSSER   SCHLUENSEE

C   BEHLER SEE
DERSAU   FEGETASCHE
C   DIEKSEE-
GODAU   NSG
PLÖNER   C   MALENTE
SEE   SUHRER   NSG
NEHMTEN   SEE   KELLER-
C   B 76   GREMS-   DKV   SEE
MÜHLEN
BOSAU   PRINZEN-   C
C   holz
FISSAUER
MÜHLE
N   EUTIN   GR.
EUTINER
SEE

0   5 KM

Nordwestufer, und erreichen bald die Halbinsel Ohlenhof, wo aus dem dunklen Grün der Buchenwälder ein hübscher Pavillon zum See herüberleuchtet. Doch die Schwentine liegt am Südufer; also steuern wir das Gut Rothensande, bekannt von der Filmserie Immenhof, an. Hier finden wir den etwas im Schilf versteckten Flusslauf. Nach ein paar Windungen grüßt der kanufreundliche Campingplatz »An der Schwentine«. Malente als Etappenziel ist sicher lohnend, in dem hübschen Kneipp-Kurort gibt es allerhand zu sehen.

Am nächsten Tag, unter mehreren Brücken hindurch, legen wir linksufrig am Holzsteg vor der wuchtigen Gremsmühle an und bewältigen die lange Umtragestelle am besten mit dem Bootswagen. Über die Straßenbrücke erreichen wir in der Parkanlage vor dem modernen Hotel Intermar die Einsatzstelle im Unterwasser.

Weiter geht die Fahrt auf dem Dieksee, der gänzlich im Naturschutzgebiet liegt. Zwei Inseln (Warder sagt man hier) unterbrechen die fast 4 km lange Paddelstrecke, die an der engen Durchfahrt zum Behler See endet. Abwechslungsreich mit vielen Einbuchtungen und Halbinseln zeigt sich der See. Wir steuern am Großen Warder, der uns die ganze Sicht auf die Seefläche versperrt, links vorbei, lassen die Jugenderholungsstätte Adlerhorst und das Militärgelände hinter uns und finden den Hals zum Höftsee und, über diesen weiterpaddelnd, die Anlegestelle der weißen Passagierschiffe. Links daneben befinden sich der Bootssteg und die Gleislore der Umtragestelle an der Fegetasche. So nannte der Volksmund die frühere Zollstation am Schwentine-Einlauf in den Großen Plöner See.

Das alte Jagdhaus an der Mühleninsel dient heute dem Wassersportverein als Bootshaus. Wir fahren weiter. Langsam öffnet sich vor uns die weite, silbrig blendende Wasserfläche des Großen Plöner Sees (30 km^2). Rechtsufrig dehnt sich die ehemalige Residenzstadt Plön mit ihrem vielgiebeligen weißen Schloss aus. Langsam ziehen wir am Yachthafen und an der Parkanlage entlang zur Prinzeninsel, die vom Land nur durch einen engen, doch mit dem Kanu befahrbaren Kanal getrennt ist. Von hier sind es wenige Paddelschläge zum herrlich auf einer schmalen Halbinsel liegenden, für Bootsfahrer idealen Campingplatz »Am Spitzenort«, wo wir unsere Zelte aufschlagen.

Die zweite Hälfte dieser Wanderung ist nicht weniger schön und abwechslungsreich. Beim Campingplatz setzen wir am Nordufer die Kanus wieder ins Wasser, um kurz danach unter der Straßenbrücke die Boote auf die bereitstehende Gleislore aufzuladen und sie dann langsam in den Kleinen Plöner See hinabzulassen. Den Gleiswagen sollten wir wieder zur Rampe zurückbringen. Vom leicht gerundeten Koppelsberg schaut die spitztürmige Kirche herüber. Am rechten Ufer entlang steuern wir zuerst unter der etwas versteckten Eisenbahnbrücke hindurch und nachher nördlich durch

Mit vereinten Kräften ziehen wir den Mannschafts-Kanadier aus dem Wasser.

den Durchschlupf zum offenen See. Anschließend orientieren wir uns an der kleinen Bauminsel vor uns. Noch lange leuchtet in unserem Rücken das weiße Plöner Schloss am südlichen Seezipfel. Bei günstiger Windrichtung erreichen wir bald die Halbinsel mit den großen Häusern des Wittmolder Guts und fahren mit etwas gemischten Gefühlen unter den niedrig über dem Wasserspiegel hängenden Drahtseilen der Hochspannungsleitung hindurch. Runde grüne Kuppen umrahmen die seeartige Schwentine, und sandige Ufer locken mit schönen Badeplätzen. Nur wenige rot gedeckte Häuser liegen eingesprenkelt in der ruhigen Landschaft.

Als wirklicher Fluss offenbart sich die Schwentine erstmals vor dem Kronsee. Schilfufer wechseln mit dem Wurzellabyrinth mächtiger Erlen, auf deren Ästen manchmal Graureiher sitzen. Vor unseren Booten tauchen Enten, und am Ufer entlang schwimmt ein Teichhuhn mit seinen rotköpfigen, wie kleinen Teufelchen aussehenden Küken. Eine sehr schmale Enge trennt den Kronsee vom nachfolgenden Fuhlensee, an dessen Ufer das schöne Herrenhaus des über 380 Jahre alten Guts Wahlstorf liegt. Wir bewältigen vorsichtig die Reusenklappe unter der Straßenbrücke. Kurz nach dem reetgedeckten Bootshaus öffnet sich vor uns der südliche Teil des Lanker Sees.

Die kleine, fast in der Mitte liegende Sonneninsel ist Vogelschutzgebiet. Ein kaum 100 m breiter Hals trennt den südlichen Seeteil vom nördlichen; nun zeigt sich der See in seiner ganzen Breite. Bei frischem Westwind ist eine Überquerung recht anstrengend, umso mehr, wenn wir in drehfreudigen Wildwasserkajaks ohne Steuerung sitzen. Ein kleines Fernglas hilft beim Anpeilen des Kurses (Richtung Freibad-Rutsche).

An der Möwenschutzinsel und am Probstenwerder vorbei laufen unsere Boote wieder in die Schwentine ein, wo wir links am Doppelsteg der Preetzer Ruderer und Kanufahrer eine wohlverdiente Pause einlegen dürfen. Am Kirchsee, der anfänglich wie ein großes Bassin aussieht, begegnen wir trainierenden Rudersportlern, die in ihren Vierern mit oder ohne Steuermann oder superschlanken Skiffen wie riesige Wasserläufer an uns vorbeiflitzen. Links lugt zwischen mächtigen Weiden die rote, etwas geduckte Stadtkirche von Preetz hervor, rechts finden wir den netten Campingplatz »Am Kirchsee«. Bei einem ausgedehnten Spaziergang durch die liebliche »Schusterstadt« entdecken wir eine Reihe von Sehenswürdigkeiten – unter anderem befindet sich hier auch das einzige deutsche Zirkusmuseum.

Nördlich der Stadt verliert die Schwentine endgültig ihren seeartigen Charakter, fließt zuerst geradeaus zwischen flachen Schilfufern, später durch ein leicht hügeliges Tal in sanften Bögen an der prächtigen Gutsanlage Rastorf vorbei. Das leuchtende Gelb und Rot des spätbarocken Herrenhauses sowie die weißen Giebel der gepflegten Wirtschaftsgebäude lassen etwas von der Erhabenheit und dem Reichtum früherer Besitzer ahnen.

Das Brücklein und die Flussgabelung – wir nehmen den linken Arm – signalisieren den Anfang einer wunderschönen Waldstrecke mit mächtigen Eichen, Buchen, Erlen und Kastanienbäumen. Auf der Halbinsel »Stumpfes Eck« finden wir einen oft genutzten Rastplatz und gegenüber auf einer Waldwiese mehrere uralte, knorrige Eichen. In der Mitte des künstlich gestauten Rosensees wachsen aus überschwemmten Weidenstümpfen junge Triebe.

Die B 202 überquert hier mit der »blauen« Brücke den aufgestauten Fluss, links davor finden wir eine gute Aussetzstelle mit kleinem Parkplatz. Wir können aber auch weiterfahren, unter der weißen Bogenbrücke hindurch, bis zum idyllisch liegenden Bootshaus der Raisdorfer Kanuten und hier die Reise beenden. Unweit befindet sich der große Parkplatz des Sportzentrums am bekannten Schwentinepark. Natürlich könnten wir auch mit dem Boot die Landeshauptstadt Kiel erreichen. Dabei erwartet uns die 1,5 km lange Umtragestelle durch das NSG Alte Schwentine. Nach dem Einsetzsteg begegnen wir auch Linienbooten, umpaddeln Klausdorf im rechten Flussarm und landen an der Hochbrücke der B 502 (Busverbindung zur Stadtmitte).

Charakter, Tipps

Herrliche Wanderfahrt auf überwiegend stromlosem Gewässer, ganzjährig mit allen Kanu- und Kajaktypen befahrbar. Wie auf allen großen ungeschützten Wasserflächen kann auch hier ein starker Wind hohe Wellen aufwühlen, kurze Wildwasserkajaks sind dann im Nachteil. Für die Umtragestellen in Malente-Gremsmühlen (ca. 400 m) und Raisdorf Bootswagen notwendig. Umrundung Plöner See 18 km (ca. 1 Tag).

Befahrungsregelungen

Ausgewiesene und durch Schwimmbojen gekennzeichnete Vogelschutzgebiete nicht befahren! Plöner See: Betretungsverbot der Inseln (Warder) – Ausnahme tagsüber Langeswarder, Lanker See: Westliche Buchten und Inseln sind NSG! Dieksee-NSG: Durchfahrt erlaubt, Zelten verboten!

Zeltmöglichkeiten

Camping Eutin, Rotengrund, Malente – An der Schwentine, Plön-Spitzenort, weitere Campingplätze am Großen Plöner See, Camping Lanker See, Glaserkoppel, Preetz, Kirchsee, Postsee, KV Gaarden (Kiel).
Jugendherbergen am Wasser: Malente, Plön.

Sehenswertes

Eutin: Kleine Residenzstadt, ehemaliges fürstbischöfliches Schloss, Kapelle, Kavaliershaus, englischer Park, Hospital, fürstliches Stadtpalais, Rathaus (18. Jh.), Geburtshaus von Carl Maria von Weber.
Malente: Gremsmühlen – Feldsteinkirche (13. Jh.), Räucherkate mit Heimatmuseum, Arboretum, Wildgehege, Mahnmal der Heimatvertriebenen am Krützen.
Plön: Dreiflügeliges Schloss, Schlosskapelle mit Sarkophagen, Prinzenhaus, Prinzeninsel mit Bauernhaus, St.-Nikolai-Kirche, Hofapotheke mit Museum, Pastorat am Marktplatz; Bosau – feldsteinerne Vizelinkirche.
Preetz: Klosterkirche mit Nonnenchor, ehemaliges Benediktinerinnenkloster, Stadtkirche, St. Lotharius, Plastik Schusterjunge, Zirkusmuseum.
Raisdorf: Schwentinepark (Zoo).
Kiel: Rathaus mit 106 m hohem Turm, spätgotische Nikolaikirche, Kieler Schloss, Schlossgarten, viele Museen, Zentrum »Pumpe«, Opernhaus u. v. a.

Auto nachholen

Regelmäßige Bus- und Bahnverbindungen zwischen Eutin und Kiel.

Karten, Kanu-Literatur

Generalkarte 1:200000, Blatt 1 und 2; amtliche Karte 1:75000 Blatt Kreis Plön; Kanuwanderbuch für Nordwestdeutschland; Kanuwandern in Schleswig-Holstein und Hamburg.

74 km

3–4-Tage-Fahrt

Am Tresssee, wo die Kielstau und Bondenau zusammentreffen, entsteht die Treene, die am Sankelmarker See vorbeifließt, ab Frörup in südlicher Richtung zuerst die wellige Geestlandschaft, ab Treia die flachen Marschwiesen in unendlich vielen Schleifen durchquert und in Kanälen, Grachten und Sielen aufgeteilt, sich durchs liebliche Friedrichstadt zur Eider durchzwängt.

Eine geeignete Einsatzstelle zu dieser reizvollen Kanuwanderung finden wir nach dem Mühlenwehr in Frörup. Kaum 4–5 m ist hier das saubere Flüsschen breit, und auch nach 20 km nimmt es noch nicht viel an Breite zu. Mächtige Wurzelstöcke der alten Erlen verengen beträchtlich das Flussprofil, und mehrere Holzstege überspannen bedenklich niedrig den Wasserlauf. In dem noch ziemlich schmalen Tal beginnt die Treene schon kurz nach Frörup ihre vielen, für sie so charakteristischen Schleifen zu ziehen. Wiesen und Weiden lockern den dichten Erlenbestand auf, und nach Unterqueren der Autobahnbrücke nähern wir uns dem reizenden Ort Tarp. Nach jeder Schleife wartet auf uns eine Überraschung: eine schöne Holzbogenbrücke, Pferde am Ufer, Gänse auf der Wiese, und an manchem Hang liegt ein sehenswertes Haus. Lange begleitet uns die Silhouette des Spitzturms der Tarper Kirche, und mit Zufriedenheit registrieren wir, dass

Tarp auch eine Kläranlage besitzt. In unzähligen, weit ausholenden Mäandern pendeln wir im flachen Wiesental zwischen teilweise bewaldeten Geestrücken und steuern unsere Boote um die flachen Sandbänke durch die Spitzkehren.

Manche Kehre wurde schon durchgebrochen, und so finden wir auch kleine Inseln im Fluss. Nach einem verfallenen Wehr, kaum als Stufe bemerkbar, paddeln wir unter der Eggebeker Straßenbrücke hindurch. Links am nahen Gasthof sehen wir die Kanustation in Langstedt; ein Holzponton dient als Einsatzstelle. Nachher begleitet uns ostwärts der ausgedehnte Staatsforst, und kein Haus stört mehr die idyllische Flussfahrt.

Von den Wiesenufern her beäugen uns neugierig schwarz-weiße Holsteiner Kühe, manchmal auch Pfer-

△ *Die Treene mäandert in engen Kurven durch sattgrüne Marschwiesen zur Eider.*

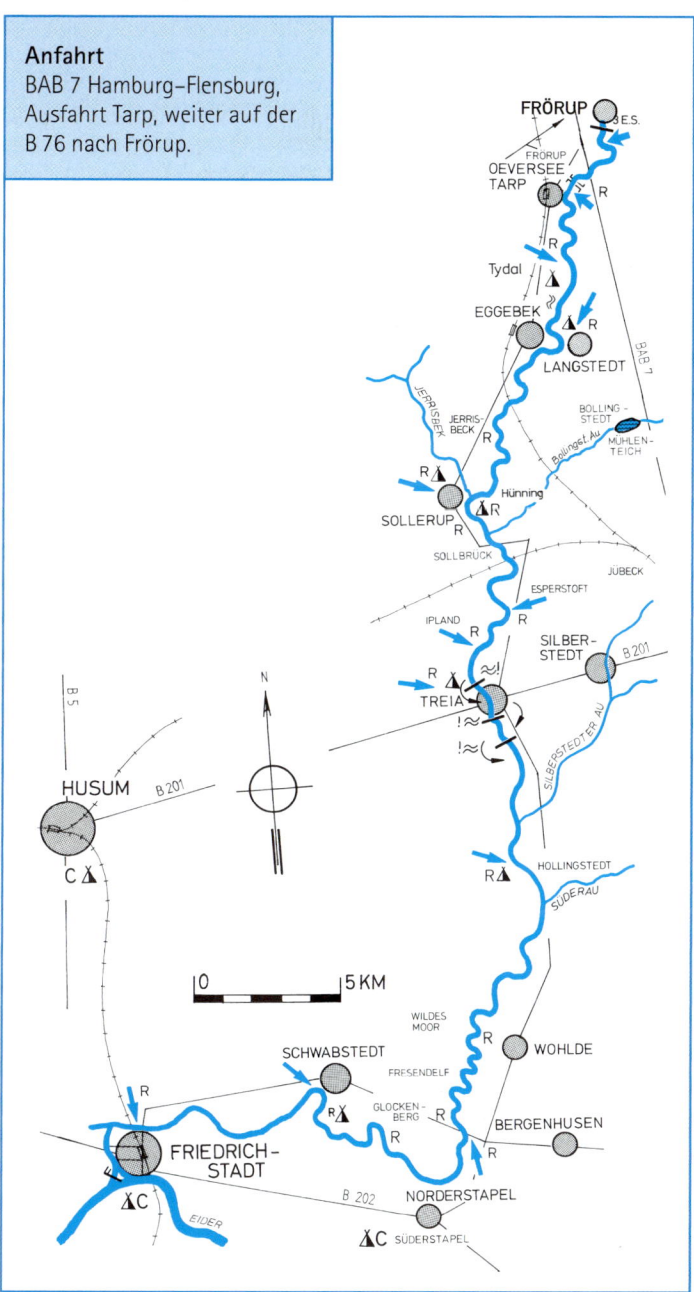

Anfahrt
BAB 7 Hamburg–Flensburg,
Ausfahrt Tarp, weiter auf der
B 76 nach Frörup.

FRÖRUP

OEVERSEE
TARP

FRÖRUP

Tydal

EGGEBEK

LANGSTEDT

BOLLING-
STEDT

MÜHLEN-
TEICH

Bollingst. Au

JÜBECK

JERRISBEK

JERRIS-
BECK

Hünning

SOLLERUP

SOLLBRUCK

ESPERSTOFT

IPLAND

SILBER-
STEDT

TREIA

B 201

SILBERSTEDTER AU

N

B 5

HUSUM

B 201

HOLLINGSTEDT

SÜDERAU

0   5 KM

WILDES
MOOR

WOHLDE

SCHWABSTEDT

FRESENDELF

GLOCKEN-
BERG

BERGENHUSEN

FRIEDRICH-
STADT

EIDER

B 202

NORDERSTAPEL

SÜDERSTAPEL

de. An der kleinen Brücke in Sollerup (übrigens eine gute Einsatzstelle) steht unter den Weiden ein gemütliches, einladendes Bänkchen. In Sollbrück, einem lang gezogenen Ort mit niedrigen Häusern unter prächtigen Baumalleen, überquert eine Eisenbahnbrücke den Fluss. Das Tal wird noch flacher, und die begleitenden Sandhügel werden immer niedriger. Rechts vor der Iplander Brücke zelten Kanuten.

Der Fluss trägt uns nun Treia entgegen. Hier erwarten uns die einzigen Wehre dieser Wanderfahrt. Vor dem Feuerwehrhaus (hier Aussetzstelle mit Parkplatz und Zeltmöglichkeit) bewältigen wir das halb zerfallene Wehr; wer sein Boot liebt, trägt besser rechts um. Unter der Straßenbrücke hindurch, am Sportplatz entlang, erwartet uns ein niedriges Stauwehr, an dem wir die Boote kurz links umtragen, oder wir lassen sie über die eingebaute Rutsche hinabgleiten. Die gleiche Situation folgt noch einmal $1\frac{1}{2}$ km flussabwärts.

Der Flusscharakter ändert sich, die Treene wird zum langsam fließenden, baumlosen, teilweise eingedeichten Wiesen- und Moorfluss. Viele Entwässerungskanäle und Bächlein sorgen für kräftigen Wasserzuschuss. Bald paddeln wir im 20–30 m breiten Flussbett. An der Hollingstedter Kirche vorbei, erinnern wir uns, dass hier die Wikinger schon vor 1000 Jahren einen Hafen betrieben, wo sie ihre schlanken Schiffe mit Ware beluden und auf der Treene und Eider in Richtung Nordsee fuhren. Eine einsame, weite Landschaft breitet sich um uns aus, nur ein paar Schafe am Deich, manchmal ein Storch oder ein Greifvogel beleben die Marschwiesen.

Die Strömung wird sehr träge; bis hierher macht sich der Siel-Stau von Friedrichstadt bemerkbar.

Langsam nähern wir uns nun den »Sandbergen« – rechts der aussichtsreiche Glockenberg, links die Stapelholmer Hügelkette, auf deren Höhen das bekannte Storchendorf Bergenhusen liegt, wo noch alljährlich mindestens zehn Storchenpaare nisten. Bester Ausgangspunkt für eine Wanderung zu den »Hoierboiern«, wie sie hier genannt werden, ist die Brücke zwischen Süderhöft und Holzkate, wo wir an einer Rampe gut anlegen können. Dann schwingt die Treene in westliche Richtung.

Nach einer engen Flussschlinge kommen wir unter der Eisenbahnbrücke hindurch und landen neben dem Strand des Flussbades in Schwabstedt. Die steinerne Wehrkirche diente in Kriegszeiten der Bevölkerung als Fluchtstätte vor feindlichen Soldaten; heute ist Schwabstedt ein reizender Ferienort, wo neben dem leiblichen auch das geistige Wohl nicht zu kurz kommt. Die Freilichtbühne bietet alljährlich Theaterveranstaltungen. Ab der Treenebrücke paddeln wir auf der völlig freien, aufgestauten Wasserfläche, die hier schon über 100 m breit wird. Oft wühlt ein frischer Gegenwind den Fluss kräftig auf. Vielleicht begegnen wir einem der weißen Ausflugsschiffe, deren Passagiere uns freundlich zuwin-

Charakter, Tipps

In den ersten 40 km durch Moränenhügel, Wiesen und kleine Wälder herrlich mäanderndes, doch zügig fließendes Geestflüsschen, das sich hinter Treia in einen Moor- und Marschfluss umwandelt, nun teilweise eingedeicht und langsam strömend immer mehr an Breite gewinnt und bei Friedrichstadt bei fast stehendem Wasser die Eider erreicht. Ab Tarp fast ganzjährig mit Kanus und Kajaks befahrbar. Im Oberlauf ist gute Kurventechnik erforderlich, im Unterlauf häufig heftiger Gegenwind. Bis Treia ist der Fluss auch aufwärts fahrbar, da kaum Strömung.

Befahrungsregelungen

Vom 15. 4.–15. 6. oberen Flussabschnitt bis Langstedt nicht befahren – Vogelbrut! Bis Treia sind nur Boote bis 5,5 m Länge und 1 m Breite zugelassen (keine Schlauchboote). Ein- und Aussetzen, Rasten und Zelten nur an ausgewiesenen Plätzen erlaubt. An Einsetzstellen rot-grüne Pegelregelung; wenn Pegel rot anzeigt, nicht einsetzen, sondern die nächste stromabwärts liegende Einsatzstelle aufsuchen (8-Punkte-Regelung zwischen Gemeinden und dem Landessportverband Schleswig-Holstein).

Zeltmöglichkeiten

Sankelmarker See bei Frörup, Tydal (Anfrage bei Pfadfindern), Langstedt, Sollerup, Treia, Hollingstedt, Fresendelf, Schwabstedt, Friedrichstadt, Süderstapel an der Eider.
Jugendherberge in Friedrichstadt.

Sehenswertes

Tarp: Windmühle
Treia: Rathaus, Kirche
Schwabstedt, Umgebung: Wehrkirche, NSG Hude, Glockenberg, Bergenhusen – Storchendorf, Norderstapel – Binnenlanddüne, Süderstapel – St.-Katharinen-Kirche.
Friedrichstadt: Grachten, herrliche Giebelhäuser, Alte Münze, Paludanushaus, Marktplatzbrunnen mit Pumpe, kath. und ev. Kirche, remonstrantisch reformierte Saalkirche, Mennonitenfriedhof u. v. a.

Auto nachholen

Bahn-/Busverbindung von Friedrichstadt nach Tarp (von dort 4 km nach Frörup) etwas umständlich, aber machbar.

Karten, Kanu-Literatur

Generalkarte 1:200 000, Blatt 1; amtliche Karten 1:100 000: Blatt Kreis Nordfriesland (ab Tarp), Blatt Schleswig (bis Sollerup); Kanuwanderbuch für Nordwestdeutschland; Kanuwandern in Schleswig-Holstein und Hamburg.

ken. Nach 2-stündiger Fahrt ab Schwabstedt laufen wir in Friedrichstadt ein. Eine Kanufahrt durch die Grachten und Gräben der Anfang des 17. Jh. von holländischen Siedlern gegründeten Stadt ist ein krönender Abschluss unserer Treene-Wanderung.

▽ *Eine Kanufahrt durch die Grachten von Friedrichstadt vor der Architektur des 17. Jahrhunderts.*

Anhang

Kanu-Infos

Die Kanusport-Verbände und -Fachfirmen verteilen gerne und reichlich kostenlose Informationen. Alle freuen sich übrigens über ein frankiertes, adressiertes Rückkuvert, falls Sie gedruckte Infos anfordern.

Deutscher Kanu-Verband (DKV)
Bertaallee 8, 47055 Duisburg
Tel.: 0203/9975900
Fax: 0203/9975960
E-Mail: Service@kanu.de
Internet: www.kanu.de
Der DKV hält umfangreiches Infomaterial bereit. Das Angebot reicht von kostenlosen Broschüren über Sicherheit im Kanusport bis hin zum Versand von faszinierenden Kanu-Kalendern. Monatlich erscheint die Zeitschrift »Kanu-Sport« mit vielen Tourentipps und brandneuen Infos. Für das wirklich riesige Angebot des DKV fordern Sie am besten das komplette Verlagsprogramm an. Hochinteressante Website u.a. mit den aktuellsten Informationen zu Befahrungsregelungen auf unseren Flüssen.

Verband Deutsche Kanu- und Outdoorschulung (VDKS)
Im Wasen 16, 87544 Bihlerdorf
Tel.: 08321/689 50
Fax: 08321/689 51

E-Mail: info@vdks-kanuschulung.de
Internet: www.vdks-kanuschulung.de
Hier bekommen Sie die Adressen der VDKS-Mitgliedsschulen. Diese Schulen bieten einen hohen Standard bei der Kanuschulung für Anfänger und Fortgeschrittene. Schnupperkurse werden über das Wochenende angeboten. Für Fortgeschrittene werden Perfektionierungskurse durchgeführt.

Kanu-Magazin
Mittlerer Lech 39, 86150 Augsburg
Tel.: 0821/3499190
Fax: 0821/3463190
E-Mail: redaktion@kanumagazin.com
Internet: www.KANUmagazin.de

Kanu-Reviere, Wettkampfberichte, Produktinfos, Expeditionen, Tourentipps. Das zweimonatlich erscheinende, reich bebilderte Magazin bietet für jeden etwas. Website mit vielen interessanten Links zur Kanuszene.

Prijon Kajaks
Innlände 6, 83022 Rosenheim
Tel.: 08031/30370
Fax: 08031/303799
E-Mail: prijon-gmbh@t-online.de
Internet: www.prijon.com

Toni Prijon ist der weltweit führende Hersteller von Kajaks. Im Katalog enthalten: Alles, was man rund ums Kanufahren so braucht und wissen muss. Wenn Sie die Kajaks einmal testen möchten, dann rufen Sie an, faxen oder schreiben Sie. Ein Testcenter ist sicher in Ihrer Nähe!

Gatz-Kanadier
Berg.-Gladbacher Str. 787, 51069 Köln (Delbrück)
Tel.: 0221/682300
Fax: 0221/6805231
E-Mail: Gatz.Kanus@gatz-kanus.de
Internet: www.Gatz-Kanus.de
Der Name Gatz ist Symbol für sorgfältige Arbeit und formschöne Kanadier. Im Katalog erfahren Sie alles über die Welt des Kanuwanderns im Kanadier. Auch Gatz stellt Ihnen gerne nach Vereinbarung ein Testboot zur Verfügung oder nennt Ihnen eine Vertretung in Ihrer Nähe.

Klepper Faltboote
Klepperstr. 18, 83026 Rosenheim
Tel.: 08031/21670
Fax: 08031/216777
E-mail: info@klepper.de
Internet: www.klepper.de
Klepper Faltboote werden nun bald 100 Jahre auf den Gewässern der Welt gepaddelt. Klepper ist auch heute noch Synonym für sorgfältige Arbeit und zuverlässige Kajaks. Im aktuellen Katalog und auf der Website erfahren Sie alles über die Welt des Faltbootfahrens.

Die wichtigsten Schifffahrtszeichen

Vorsicht

Begrenzte Fahr-Wassertiefe

Geschwindigkeits-begrenzung

Festmache-verbot

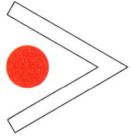

Verbot, in Häfen oder Neben-wasserstraßen einzufahren

Angezeigte Richtung einschlagen

Empfehlung, in Richtung des Pfeils zu fahren

 oder

Wellenschlag vermeiden

Liegeverbot

Liegeerlaubnis

Gesperrte Wasserfläche frei für Kleinfahrzeuge ohne eigenen Antrieb

Anker-verbot

Erlaubnis zum Ankern

Ende der Verbots-strecke

Abstand vom Ufer
halten

Nicht frei fahrende
Fähre

Wasserskistrecke

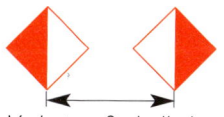
Verbot, außerhalb der
Begrenzungen zu fahren

Brückendurchfahrt
mit Gegenverkehr

Brückendurchfahrt
ohne Gegenverkehr

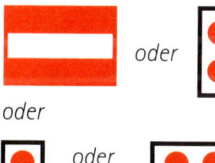
oder

oder

oder

Durchfahrt verboten

oder

oder

oder

Durchfahrt erlaubt

Wichtige Schallsignale

▬ 1 langer Ton: »Achtung«

▪ 1 kurzer Ton: »Ich richte meinen Kurs nach Steuerbord«

▪▪ 2 kurze Töne: »Ich richte meinen Kurs nach Backbord«

▪▪▪ 3 kurze Töne: »Meine Maschine geht rückwärts«

▪▪▪▪ 4 kurze Töne: »Ich bin manövrierunfähig«

▪▪▪▪▪ Folge sehr kurzer Töne: »Gefahr eines Zusammenstoßes«

▬ ▬ Wiederholte lange Töne
♣♣♣♣ oder Gruppen von Glockenschlägen: »Notsignal«

▬ ▪ 1 langer Ton, 1 kurzer Ton: »Ich wende über Steuerbord«

▬ ▪▪ 1 langer Ton, 2 kurze Töne: »Ich wende über Backbord«

»Kurzer Ton« ist ein Ton von etwa 1 Sekunde Dauer.
»Langer Ton« ist ein Ton von etwa 4 Sekunden Dauer.
»Folge sehr kurzer Töne« ist Folge von mindestens 6 Tönen, von je etwa 1/4 Sekunde Dauer.

Pegeldienst

Zu wissen, wie viel Wasser den Fluss hinunterfließt, interessiert bei der Fahrtenplanung jeden Kanuten. Reicht bei Kleinflüssen der Wasserstand, um mit dem Boot ohne größere Grundberührungen ans Ziel zu kommen? Das will nicht nur der Faltbootfahrer wissen, der die kostbare Haut seines Kajaks und die Kleinlebewesen auf dem Grund schonen will. Ist Hochwasser zu erwarten? In diesem Fall mutiert manches bei Normalwasser problemlos befahrbare Wehr durch einen starken Rücksog zur tödlichen Falle. Information über den Wasserstand ist angesagt.

Derzeit existieren Pegeldienste des Bayerischen Kanu-Verbandes und des Kanu-Verbandes Nordrhein-Westfalen, die einen großen Teil der hier beschriebenen kleineren und größeren Flüsse in Deutschland abdecken. Mit diesen Diensten kann die Befahrbarkeit von nahezu allen hier beschriebenen Flüssen überprüft werden. Und das sehr kostengünstig:

Flüsse in Süddeutschland:
Tel.: 089 / 1 57 02-4 43
Internet:
www.kanu.de/pegel/index.html
Videotext Bayern 3; Tafel 627-629

Flüsse in Nord- und Westdeutschland:
Tel.: 02 03 / 7 38 16 51
Faxabruf: 02 03 / 7 29 08 30
Internet: www.kanu-nrw.de

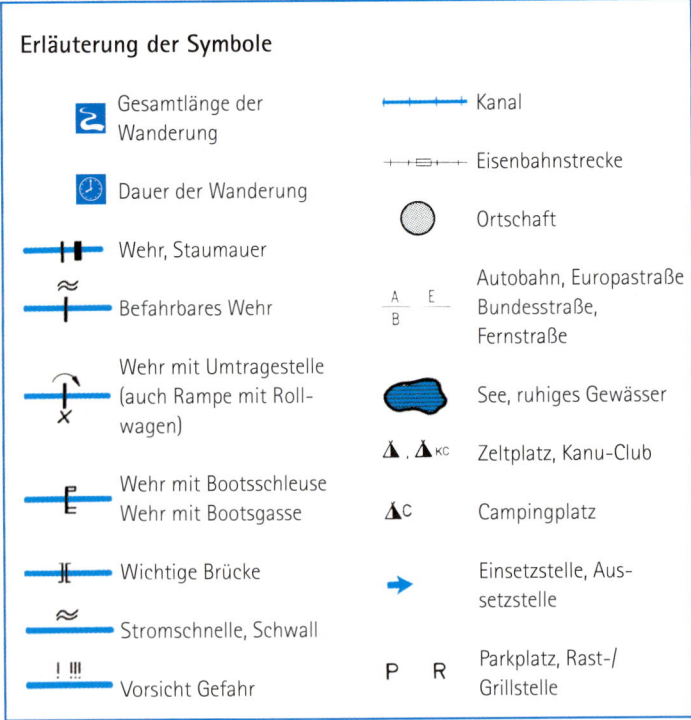

Erläuterung der Symbole

⧢	Gesamtlänge der Wanderung	⊢——⊣	Kanal
🕐	Dauer der Wanderung	⊢—⊟—⊣	Eisenbahnstrecke
——▮|▮——	Wehr, Staumauer	◯	Ortschaft
≈ —┬—	Befahrbares Wehr	A E / B	Autobahn, Europastraße Bundesstraße, Fernstraße
↱ —┬— x	Wehr mit Umtragestelle (auch Rampe mit Rollwagen)	🌊	See, ruhiges Gewässer
—E—	Wehr mit Bootsschleuse Wehr mit Bootsgasse	▲ . ▲ KC	Zeltplatz, Kanu-Club
—JL—	Wichtige Brücke	▲C	Campingplatz
≈ ———	Stromschnelle, Schwall	➜	Einsetzstelle, Aussetzstelle
! !!! ———	Vorsicht Gefahr	P R	Parkplatz, Rast-/ Grillstelle

Bibliografische Information Der Deutschen Bibliothek
Die Deutsche Bibliothek verzeichnet diese Publikation in der Deutschen Nationalbibliografie; detaillierte bibliografische Daten sind im Internet über htp://dnb.ddb.de abrufbar

BLV Verlagsgesellschaft mbH
München Wien Zürich
80797 München

Vierte, neu bearbeitete Auflage (Neuausgabe)
© BLV Verlagsgesellschaft mbH,
München 2003

Lektorat: Maritta Kremmler
Herstellung: Angelika Tröger
Umschlagfotos: Jürgen Gerlach
Layoutumsetzung und Lithografie: Uhl + Massopust, Aalen
Printed in Germany
ISBN 3-405-16457-5

Bildnachweis:
Alle Fotos und Flussverlaufsskizzen von den Autoren, außer:
Günter Siebke: S. 200, 201, 207, 212, 214, 222, 224
Alfons Zaunhuber: S. 87

Dank
Wir bedanken uns bei Gerd Burghart, Lothar Grutke, Heide Hassert, Ulrich Heß, Alfons Kettner, Gert Molewski, Günter Eck, Frank Schröer, Günter Siebke und Peter Walkowski für ihre freundliche Mitarbeit. Dank auch an alle unbekannten Kanuten, die uns als Fotomotive dienten.

Know-how für die Kanutour

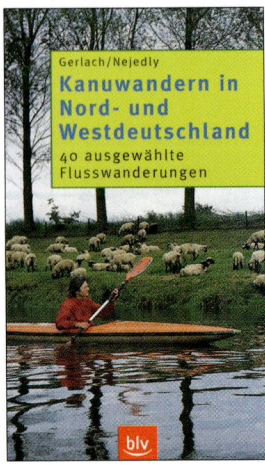

Jürgen Gerlach / Heinrich Nejedly
**Kanuwandern in
Nord- und Westdeutschland**
4 Tagesfahrten, 28 mehrtägige
Fahrten und 8 Ferienfahrten; alles
Wichtige zu jeder Tour – mit Fluss-
verlaufskizze.

Norbert von Frankenstein
**Kanuführer
Masurische Seenplatte**
Die schönsten Touren im Land
der tausend Seen

BLV Sportpraxis Top
Josef Giehrl / Michael Hahn
Richtig Schwimmen
Physik des Schwimmens, Lehren,
Lernen, Technik und Praxis, Training.

Jürgen Gerlach / Heinrich Nejedly
**Kanuwandern in
Süddeutschland**
Vorschläge für Tagesfahrten, mehr-
tägige Fahrten und Ferienfahrten
mit ausführlichen Beschreibungen,
Flussverlaufskizzen und Sehens-
wertem.

BLV Sportpraxis Top
Jürgen Gerlach
Richtig Kanufahren
Kanuwandern im Einklang mit
der Natur: Ausrüstung, Technik-
grundlagen für Kajak und Kana-
dier, Touren planen und erleben,
Kanuwandern mit Kindern,
Wettkampf.

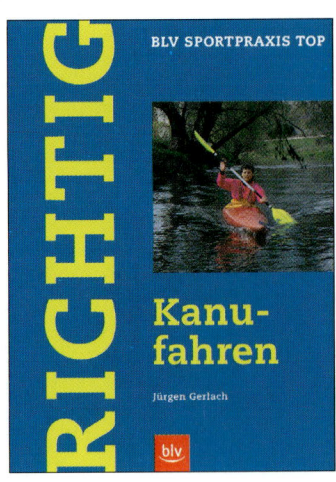